MINERVA
保育実践学講座 14

乳幼児保育の理論と実践

寺見陽子・西垣吉之 編著

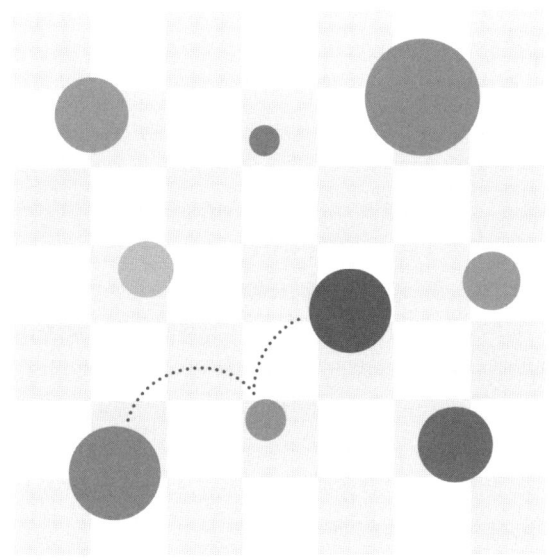

ミネルヴァ書房

刊行にあたって

　本講座『MINERVA保育実践学講座』では、新進気鋭の教育研究者や実践者の参画を得ました。幼児教育・保育に取り組む私たちがさわやかな風を感じあえるような企画を語り合いました。次のような心持ちを大切にして、本講座を整えることにしました。

　その一つは、子どもたちが、幸せになっていくことを求め続ける保育の世界をつかみたいと考えます。共存から共生へ、そして共生から共創へと、暮らしを創っていくことの中で、子どもたちは幸せになっていくのではないでしょうか。

　その二つは、「幸せになる」ことと重なりますが、子どもたちが自らの「育ち」や「学び」を実感できる保育の世界をつかみたいと考えます。「幼児期にふさわしい生活」は、一つのキーワードになります。

　その三つは、育ちゆく子どもたちに、そして子どもたちに寄り添い、育ちを支援していく人たちにエールを送りたいと考えます。いま、保育の任にある保育者、子育てのさなかにある保護者、これから保育者になる人たち、子育て支援に取り組んでいる人たち、といった多くの立場の人たちに、勇気や元気を吹き込むことができればと願います。保育にかかわることの必要と喜びを実感し、自信を持って踏み出して欲しいからです。

　その四つは、少しばかり難しくなりますが、「幼年教育実践学」を構想しながら、幼児教育・保育にかかわる理論と実践のゆるやかな練り合わせを試みるものにしたいと考えます。理論に重点が置かれすぎて、実践が見えてこないことがあったり、その逆の、実践の紹介に重点が置かれて、理論化への手がかりが見えてこなかったりすることがあります。こうした点を克服する「教育実践学」にかかわる最先端の取り組みをふんだんに盛り込み、納得のできる内容に取り組みます。

　本講座は保育者養成課程でのテキストにとどまらず、実践的理論書として、具体的な実践ストラテジーを提供できるものとします。「迷ったときに開きたくなる」「確かめたくなったとき開きたくなる」「手元に置いておくとなぜか安心できる」ような『MINERVA保育実践学講座』でありたいと願っています。

監修　田中亨胤

活を生活で生活へ，…目的の方からいえば，どこまでも教育でありま〔す〕けれども，ただその教育としてもっている目的を，対象には生活のそのま〔ま〕をさせておいて，そこへもちかけていきたい心を呪文にし，唱えてい〔る〕…子供が真にそのさながらで生きて動いているところの生活をそのまま〔に〕しておいて，そこへ幼稚園を順応させていくこと…幼稚園の真諦は，そ〔こ〕をめざさなくてはならない…。」（倉橋惣三選集1巻「幼稚園眞諦」23-24頁）

〔倉〕橋惣三の保育論は，乳幼児教育の基本理念として，今日の幼児教育にも〔脈々〕と受け継がれている。しかしながら，これらの言葉に語られる内容が，今〔日〕の幼児の生活や親の姿，幼稚園教育や保育所保育の現状とはかなり様子が変〔わ〕っていることを感じるのは，筆者だけであろうか。

「遊びやせむとやうまれける…」，これは子どもをこよなく愛した良寛の言葉〔で〕あるが，言葉通り，子どもは遊びながら育つ。子どもは，自分の身体が発達してくるにつれ，目にしたものに手をのばし，弄んで，その感覚を楽しむことで，その生活を始める。その楽しさ，面白さが次の行動への原動力となり，子どもの生活は遊びとなって広がっていく。そうして遊びながら，子どもは，自分の存在を確信し，さまざまな能力を身につけていく。しかし，今日の社会は，近代化・都市化の進行によって，自然環境や地域社会が崩壊し，子どもたちは，遊びながら育つ場を失ってしまった。

いま，保育現場は，大きな課題に直面している。生活経験に乏しく，狭い人間関係のなかで葛藤経験がないまま育ってきた子どもたちを，いかに保育するかという問題である。また，今日の親たちの多くは，子どもとどうかかわればよいか分らないまま養育している場合も少なくない。これからの保育は，個々の子どもの育ちの保障と同時に，その背景にある人的物的発達環境をいかに調整するかということも考慮に入れていく必要性がある。幼稚園・保育所（園）といった場での保育だけでなく，個々の子どもをとりまく環境，親，家族，地域を視野に入れ，社会的相互システムのなかで子どもの育ちを見通す必要に迫られている。

はじめに

　日本の幼児教育に，大きな変換をもたらしたのは倉橋[...]
児教育・保育が本格的に制度化されたのは第二次世界大[...]
保育は，外国人宣教師たちによって普及されたフレーベ[...]
倉橋は，そのフレーベル主義から脱却し，日本の幼児のた[...]
の生活と遊びを基本とした保育論を展開した。
　倉橋は，フレーベルの教育に学びつつ，自らの実践を通し[...]
を次のように述べている。

　　「人生の全過程に対する基本として，眞乎重要なるものは，[...]
　　得にあらずして，生命の発展勢力の増進と統制にある。無限の[...]
　　多面の興味であり，不断の試行力であり，しかして，年齢に相[...]
　　の自己統制力とである。皆これ，知能の成果でなくして，生活力
　　である。生活力は根の力である。根の力は，自己発展力である。[...]
　　就学前教育は，自己発展力の教育である。」
　　　　　　　　　　　　　　（倉橋惣三選集3巻「就学前の教育」423[...]

　「生活を生活で教育することに他ならず，教育方法でありながら，多[...]
　生活的であることである。生活的であることは，自発性と具体性をも[...]
　ければならぬが，その全体としては心もちが潤うており，心もちが滲ん[...]
　いなければならぬ。…方法というと，往々にして，仕方，法則，方策とい
　ったふうのかたになりやすいが，就学前教育の場合，心もちの伴わない[...]
　たは，決して生きたものにならない。幼児は常に心もちに生くると共に心[...]
　もちを求める。……心もちは感じである。就学前教育は，その意味におい
　て感じの教育である。」　　　（倉橋惣三選集3巻「就学前の教育」436-437頁）

はじめに

　保育の場は子どもをケアし発達を援助する拠点として，また，保育者はその援助をする専門家として，その役割が期待されている。これからの保育は，これまでの保育のあり方を見直すとともに，子どもと子どもをめぐる人々の相互的変化を人間の生涯発達的観点から見つめる目をもたなければならい。そして，親，家族，地域の資源や人材を取り込んだ関係性の構築と人間理解に視点をおき，保育実践のあり方とその人間現象を読み解く目が必要である。

　本書において，これからの保育や子育てに求められる視点と課題を明らかにし，その課題を踏まえた保育実践とその理論を構築にできればと願っている。これから保育者をめざす学生だけでなく，現場の保育者や子育て中の保護者の方も参考にしていただけるなら幸いである。

　最後になったが，本書の発刊にあたり，このような機会をお与え下さったミネルヴァ書房社長杉田啓三氏に心より感謝申し上げるとともに，編集に際して多大なるご尽力を賜った浅井久仁人氏はじめ，関係の方々に厚くお礼申し上げる。ありがとうございました。

　2007年12月

　　　　　　　　　　　　　　　　　　　　　　　編者　寺見陽子
　　　　　　　　　　　　　　　　　　　　　　　　　　西垣吉之

乳幼児保育の理論と実践　目　次

はじめに

第1部　乳幼児保育の基本——子どもの育ちと保育を考える

第1章　乳幼児保育の現状と課題 … 2
1　今日の乳幼児を取り巻く環境と生活 … 2
2　親と子の発達課題 … 5
3　これからの幼児教育・保育 … 8

第2章　子どもの育ちと環境 … 18
1　「発達」と「環境」の関係 … 18
2　人の発達のすじみちと環境とのかかわり … 22
3　「困る行動」の理解のしかたとかかわる工夫 … 35

第3章　環境を通して行う保育 … 40
1　保育の基本 … 40
2　子どもの遊びと保育 … 48
3　子ども主体の保育 … 51
4　総合的指導と保育 … 54
5　一人ひとりを育てる保育 … 56

第4章　集団とのかかわりと個の育ち … 60
1　集団の意義をどう捉えるか … 60
2　集団がつくられていく過程 … 62
3　一人ひとりが生きるとは … 67

4　個性をのばす……………………………………………………69
　　　5　集団が機能する条件……………………………………………73
　　　6　集団づくりと保育者の役割……………………………………77
　　　7　個と集団は循環しながら成長する……………………………79

第5章　保育の計画と実践……………………………………………80
　　　1　子どもの実態を捉える…………………………………………80
　　　2　子どもにとっての環境…………………………………………85
　　　3　環境構成と環境の再構成………………………………………91
　　　4　環境としての保育者……………………………………………96

第2部　乳幼児保育の実際──子どもの育ちを支える保育の実践

第6章　園生活をつくる………………………………………………104
　　　1　子どもの生活と自分づくり……………………………………104
　　　2　3歳未満児の生活と自分づくり………………………………115
　　　3　3歳以上児の生活と自分づくり………………………………123
　　　4　環境構成と保育者の役割………………………………………129

第7章　子どもと出会う………………………………………………134
　　　1　出　会　う………………………………………………………134
　　　2　受　　容…………………………………………………………142
　　　3　共　　感…………………………………………………………147
　　　4　信頼（安心感）…………………………………………………152
　　　5　自己表現と自己充実……………………………………………154

第8章　一人ひとりに寄り添う──個の理解と援助……………157
　　　1　保育のなかで気になる子ども…………………………………157
　　　2　「気になる」子どもとの出会い………………………………158

3　「気になる」ことの背景……………………………………………163
　　　4　一人ひとりに寄り添う──気になる子どもの理解と援助………167
　　　5　職員と親の連携と保育者の専門性…………………………………175

第 **9** 章　保育実践を読む………………………………………………………181
　　　1　保育における記録……………………………………………………182
　　　2　記録を保育に生かす手だてについて………………………………186
　　　3　家庭と園が有効な連携をとるための
　　　　　家庭連絡帳のあり方について………………………………………193
　　　　　──育ちを捉えるという観点から

第 **10** 章　保育において育ちを捉える…………………………………………201
　　　1　保育における"育ち"………………………………………………201
　　　2　つながりを解釈することと育ちを捉えること……………………208
　　　3　子どもの育ちと保育者の援助………………………………………211
　　　4　子どもの育ちを捉える指導計画……………………………………218

第 **11** 章　保護者とパートナーシップをつくる………………………………222
　　　1　保護者とのパートナーシップ………………………………………222
　　　2　家族全体に対する援助………………………………………………227
　　　3　地域との連携と支援…………………………………………………232
　　　4　信頼関係と人間関係づくり…………………………………………235
　　　5　保育者の育ちとチーム保育──保育者の姿勢とあり方…………238
　　　6　保育者の専門性………………………………………………………240

索　　引

第 1 部

乳幼児保育の基本
―― 子どもの育ちと保育を考える ――

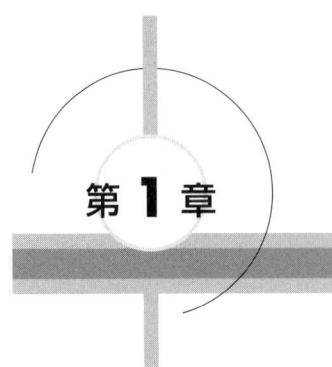

第1章 乳幼児保育の現状と課題

　今日の社会は，近代化・都市化が進み，人々の生活が便利で快適になった一方で，自然環境の破壊や地域社会の解体をまねき，環境汚染とともに生活の基盤となる人間関係を希薄化させてしまった。その結果，子どもを見守り，育ちをはぐくむ場が失われ，地域の教育力が低下した。子どもたちは遊びの場とともに，豊かな遊び経験や生活体験をもつ機会を失なった。また，核家族化と少子化が急速に進み，子どもは群れて遊ぶ仲間を，親は子どもを育てる仲間や援助者を得にくくなった。今日，子どもは子どもとして，親は親として，それぞれの人間性の形成や育ち環境にさまざまな課題が生じている。
　本章では，そうした現代社会における子育て，保育，幼児教育の現状と課題について考える。

1　今日の乳幼児を取り巻く環境と生活

（1）地域社会の崩壊と核家族化・少子化の進行

　従来，日本の社会では，地域で行われる生産活動と関連して人々の生活が営まれ，人々の価値観や生活様式はその共同体で共有されるものがあった。しかし，近代産業の振興に伴い，人々の生活は，生活の場での生産活動を中心とした生活から生活の場を離れて収入を得る生活が中心となり，地域の共同体が次第に解体した。また，生まれ育った地域を離れて都市で生活する人が急増し，人々の生活は大家族から核家族へと変化した。さらに，生活の近代化によって

女性の家事労働は軽減され，女性解放運動の影響もあって高学歴化やキャリア志向が進行し，女性の就労が一般化した。

　そうしたなかで，人々の生活は自由で自立的な反面，関係的には孤立した生活となった。また，生活スタイルの変化によって，「男は仕事，女は家庭」という従来の日本的価値観が次第に崩れ，親の性役割や家族関係も変容した。母親，父親の役割は，従来のように定型化され明確に共通理解されたものではなく，それぞれの家族間で合意され決定され，弾力的な役割になった。また，家族関係は家族成員の減少によって密着した関係になっていく。「家事・育児＝女性の役割」という通念の強い日本社会では，女性の就労によって家事・育児プラス仕事という二重の負担がかかり，結果的に少なく生んでよい子を育てようとする風潮が生まれ，子育てへの経済的負担の大きさもあって，次第に少子化が進行していく。

（2）子どもの育ちの変化と親の子育て不安

　都市化・近代化に伴う生活スタイルの変化や地域社会の崩壊，さらに核家族化・少子化の進行は，親の子育てや子どもの生活にも影響を与えた。

　自由で安全な遊び場，群れて遊ぶ仲間，子ども組や伝統行事といった地域の社会的装置を失った子どもたちは，友だち同士かかわり育ち合う関係がもてなくなった。遊ばない，遊べない，遊びを知らない子どもが増え，その一方では，今日のメディアや物の豊かさを反映して，テレビやビデオを見たりゲームソフトで遊んだり，キャラクターグッズなどの出来上がったおもちゃで，ひとり「モノ」に遊んでもらうような生活が多くなってきた。そうしたなかで，子どもの主体性の欠如，情緒の不安定さ，運動能力の低下，コミュニケーション能力の低下や社会性の未熟さなど，問題とはいえないがこれでいいとも思われない子どもの姿が見られるようになった。

　また，親の方も，従来，伝統的な生活の知恵や地域に伝承されてきた育児文化などを地域のかかわりを通じて見聞きする機会や，モデルとなる子育て経験者に出会う機会が少なくなった。そして，子どもとのかかわり方や遊び方，し

つけ方がわからず不安を感じながら育児書片手に孤軍奮闘し，子どもが自分の思うように育たないと自信喪失し，それを改善する手立ても見出せないまま孤独な日々を送らせざるをえない状況におかれている。そうしたなかで，子育て不安による鬱や子どもの虐待，親子心中など最悪な事態になるケースも見られるようになった。

　このように，今日の社会は，核家族化・少子化によって，子どもも親も仲間がいない，地域で子どもを遊ばせる場がない，子育てや子育ちに関する情報が得られない，援助を頼めるような近隣の人間関係もないなど，子育てにおける家庭や地域の力が低下している。そうした親子への社会的援助や支援が，今日の社会的課題となっている。

（3）親の子育て意識の変化と養育力の低下

　かつては，子どもを産み育てることは，大人の人生で大きな仕事の一つであった。それは，子どもは共同体の次世代の担い手として必要であり，期待されていたからである。子どもを産み育てることは生きがいであり，次世代を育成する意味でも重要な役割と考えられていた。親の子育てや子どもの成長への援助は地域の人々の協力のもとで行われ，親としての役割もそこで意識化され，共通認識されて果たされてきた。

　しかし，今日では，子どもをもつことは親の人生の選択であり，親の人生の充実感を高める一つの出来事と考えられるようになってきた。子どもは自分の人生設計のなかでつくるものであり，子育ても自分たちの意向で自分たちの子育てを楽しもうという人が増えた。子育てもするが，自身の自己実現もしたいと考える人が多くなり，子どもに対する思いも変わってきた。子どもは生きがいであり，思いやりがあって優しい，みんなと仲良くできる子どもに育ってほしいと願う気持ちに変わりはないが，能力面への期待が大きく，早くから自立を求める親が増えた。早期からの子どもの教育やお稽古事，お受験など，子どもを育てる意味や育ちの方向性が限定され，目先のことに一喜一憂する傾向が見られる。そして，子育てだけの人生になることに焦りを感じ，かえって不安

を高めてしまう親も少なくない。

　また，子育てについても，今日，親自身が少子化のなかで育ってきており，集団で遊んだ経験やいろいろな世代の人とかかわって育ってきていない。身近で子育てする人を見たり，子どもをあやして遊んだりした経験もあまりない。生活面でも，電化されたなかで育ち，生活はマニュアル操作だけ，家庭内の仕事もあまり手伝う必要がなく，生活の営みのさまざまな過程で必要な生活経験が乏しい。しかし，子育ては子どもとの人間関係であり，生活をともにしなければならない。子どもの養育は，生活諸般のことを子ども一緒にしながらモデルを見せたり，気持ちの葛藤を切り替えさせたりしながら，子どもの状況に応じてかかわっていく必要がある。そうした養育性は，子どもとかかわるなかで親の方に備わってくるものではあるが，それまでの親の生活経験の有無も大きく影響する。いざ子どもとかかわろうとすると，子どもとのかかわり方や遊び方がわからなかったり，生活習慣等に関する諸行動を自分なりのやり方でモデルを示すことができなかったりする。育児書で学んでするかかわりは，親自身がすることに気を奪われ，子どもと気持ちを共有させたり読み取ったりする余裕がもてなくなってしまう。結果的に，かかわりを演じることになってしまう。また，マニュアル世代といわれる親たちにとっては，「する」か「しないか」といったデジタル的かかわりになりやすく，かかわりが，甘えさせることと厳しくすることの両極に振れ，極端な養育になってしまう。結局，一生懸命しているのにしつけがうまくいかず，子どもは不安定になり，親自身も自信を失ってしまうことになる。

2　親と子の発達課題

(1) 今日の親子の気になる姿：大人の危機と子どもの危機

　家庭や地域の教育力，親の養育力の低下は，子どもの育ちだけでなく，親のアイデンティティの形成にも危機をもたらしている。今日の子どもの気になる行動や気がかりなかかわりをする親の姿がそれを象徴している。

保育現場では最近,「突然相手に噛みついたり突き飛ばす」「相手からのかかわりを拒否して受け入れようとしない」「すぐに拗ねて気持ちが切り替えられない」「多動で集中力にかける」「すぐにキレてパニックになる」といった子どもが多く見られるようになり,保育者を悩ませている。そうした子どもたちの背景には,「育児に自信がない」「子どもとのかかわり方がわからない」「思い通りにならないと虐待に近いことをしてしまう」といった親の姿がある。子どもも親も,今の自分に対する受容感や肯定感がもてず,自己信頼感を喪失しているのである（第8章「一人ひとりに寄り添う」参照」）。

　永田（1998）は,現代社会に見られる親の共通した特徴として,「言葉以外のサインが読めない」「言葉に頼り,客観的正確さにこだわる」「一生懸命しているにもかかわらず子どものマイナス面しか見ない」「あるべき子どもの姿に振り回される」ことをあげている。また,気になる子どもの姿としては「気質的に問題は見られないのに言葉に遅れが見られる」とか「落ち着きがなく,言うことを聞かない」などをあげている。そして,「我が子が可愛く思えない親」や「虐待する親」が増えてきたことを指摘している。

　こうした背景には,これまで述べてきたように,親の子育ての孤立化や地域の人間関係やサポートのなさがある。子どもの育ちの気がかりさは親の責任であるというのではなく,時代的背景や社会構造からくる実情があり,子育て・子育ちに対する社会的な支援が求められる。

（2）親と子の発達課題

　乳幼児期の子どもが人間性の基盤を獲得し,また,その子どもの育ちを支える親がそのアイデンティティを形成するためには,子どもも親も越えなければならない課題がある。

　子どもは未熟な存在であり,大人の保護と援助が必要である。しかし,その未熟さにはこれから伸びる可能性が秘められており,その可能性を芽生えさせる教育的援助も同時に必要である。子どもは,その保護と教育の過程のなかで,外界に対する愛着と信頼,自己への信頼と自律性を獲得していく。一方,その

保護と教育を与える親は，未熟な子どもとかかわるなかで，それまでの自分とは異なる自分，つまり，それまでの「育てられる」者から「育てる」者へと自己転換が図られる。幼い子どもの世話をすることは，自己の欲求や願いを一時凍結させ，他者のために自分を生きることを余儀なくされる。子どもに翻弄させられ，自己放棄せざるをえない。そのなかで，これまでの自己を見失い，そのことが同時に子ども（他者）と融合し親密な関係をつくる契機となる。つまり，他者を愛し他者のために生きることのできる新たな自己が生成される。

　エリクソン（Erikson, E.H., 1950）は，乳幼児と親の相互的な関係における自我発達の危機と課題について，乳幼児期は基本的信頼感と自律性の感覚の獲得，親の時期は親密性あるいは生殖性の感覚の獲得として説明している。彼によれば，乳幼児期の子どもの養育環境は，親密な関係と基本的な信頼感を寄せる重要な他者，つまり養育者（通常は親）によって左右される。養育者の相互調整過程の適切さが重要であり，そのかかわりの質が，子どもにとって「これでよし，万事OK」といった肯定的感覚と安心感の源泉となる。しかし，そうした子どもの情緒的安定の形成には，定められた様式があるわけではない。そのため，養育者は苦慮を強いられることになる。養育者は，子どものいまの状態に応じて様子を見ながらかかわっていくほかはない。子育ては，養育者と子どもが相互に育ちあう関係づくりの営みと言えるだろう。

　今日のように，地域社会の人間関係が希薄化し，子育てを伝承する社会的ネットワークのシステムが機能していないなかでは，親の気持ちを受け止め，安定した親子関係の形成や親子の相互性と自己存在感を高めてくれる人や，場，機会がない。今日の子どもの育ちの問題や親の育児不安は，そうした親子の発達課題の危機と言えるだろう。親の気持ちを受け止め，安定した親子関係の形成を促し，親と子の相互性と自己存在感を高めてくれる，人や，場，機会をいかに保障するか，親を取り巻く人間関係をどう再編成し，親の心理と親子関係をどう支えていくかが，今日の社会の重要な課題と言えるだろう。

3 これからの幼児教育・保育

　今日の子どもを取り巻く環境の変化と子どもや親の変容に，乳幼児の保育や教育も，新たな視点が必要になってきている。

(1) 少子化の現状と子育て支援施策

　1989（平成元）年，わが国の合計特殊出生率（1人の女性が生涯に子どもを産む数の平均）は1.57人となり，丙午の1966（昭和41）年の1.58人をわった。新聞各紙は「1.57ショック」と報じて危機感を募らせた。一般に，合計特殊出生率が2.08を下回ると，国の人口が維持できないだけでなく，経済や労働市場に深刻な影響を与えると言われる。

　こうした少子化の現状を踏まえ，国では，各省庁が連携してさまざまな少子化対策を施行してきた。しかし，その甲斐なく2002年に1.32，2003年・2004年には1.28，2005年は1.25と，1年で0.3～0.4の勢いで低下し続けている（**図1-1**）。

　1995（平成7）年，わが国としては初めて，旧厚生省・文部省・建設省・労働省の4省合同による施策が出された。これが「エンゼルプラン」である。エンゼルプランは，今後の子育て支援のための施策の基本方針が示されたものであり，具体的な実施計画は，1999（平成11）年に「少子化対策基本方針」が出された後，旧大蔵省・自治省がさらに加わって「新・エンゼルプラン」で示された。その重点的実施計画は，性役割分業の是正，仕事と子育て両立の雇用環境の整備とともに，安心して子どもを産み，ゆとりをもって健やかに育てるための家庭や地域づくりであった。母子保健施策を推進するとともに，子育てに対する相談・情報提供体制の整備と家庭教育の支援，子育て等に関する地域交流の活性化，多様な需要に応える地域の子育て支援体制の整備，児童虐待への対応，など子育て支援のための環境づくりが求められた。また，利用者の多様な需要に対応した保育サービスを整備するために，保育所の受け入れ枠の整備，

第1章　乳幼児保育の現状と課題

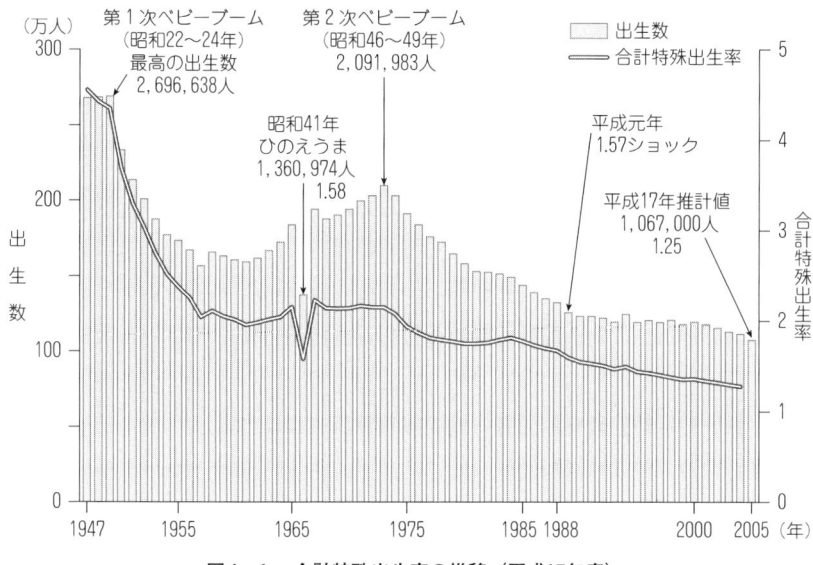

図1-1　合計特殊出生率の推移（平成17年度）

（出所）「人口動態統計」厚生労働省大臣官房統計情報部（2005）。

利用者の視点に立った多様な子育て支援サービスの普及促進，保育サービスの質の確保と情報公開の推進などがあげられた。これをさらに一段と進めるため，2002（平成14）年に「少子化対策プラスワン」が出され，男性を含めた働き方の見直し，地域における子育て支援，社会保障における次世代育成，子どもの社会性の向上や自立の促進の4つを柱に，国，地方公共団体，企業が三位一体となって取り組みが行われることとなった。

その後，少子化の流れを変えるためには次世代の育成が欠かせないとして，2003（平成15）年に「少子化社会対策基本法」および「次世代育成支援推進法」が国会で可決され，翌2004（平成16）年，その基本方針となる「少子化社会対策大綱」が閣議決定された。その具体的な実施計画として出されたのが「子ども・子育て応援プラン」である。「少子化社会対策大綱」では，①自立への希望と力，②不安と障壁の除去，③子育ての新たな支え合いの3つの視点と，①若者の自立とたくましい子どもの育ち，②仕事と家庭の両立と働き方の見直

し，③生命の大切さ，家庭の役割等についての理解，④子育ての新たな支えあいと連帯，の4つの重点課題が示され，それを受けて子ども・子育て応援プランでは，これから親になる若者を視野に入れ，より充実した子育て支援の方向性が示された。また，2006（平成18）年には「新しい少子化対策について」が，2007（平成19）年には「子どもと家族を応援する日本（中間報告）」が出され，社会全体の生命を次世代につなぐことや家族の大切さに関する社会全体の意識改革と施策の充実を図ることを視点に，新生児期から青年期までのスパンで次世代育成を目指した包括的な子育て支援の具体的内容が示された。

（2）少子化と幼児教育・保育－幼児教育振興プログラム

さまざまな少子化対策が出されるなかで，旧文部省は，1996（平成8）年「21世紀を展望したわが国教育のあり方」において「生きる力をはぐくむ教育」を提言し，翌年以降，「時代の変化に対応した今後の幼稚園教育のありかたについて」（平成9年）や「幼児期からの心の教育のあり方について」（平成10年）を出した。ここでは，生きる力と同時に道徳性の芽生えを培うことの重要性を指摘し，教師の役割の重要性，集団活動を通して学ぶこと，自然や社会への直接体験・具体的体験を取り入れること，幼児期にふさわしい知的発達を促すことなどが示され，これを受けて，幼稚園教育要領が改訂された（平成11年）。

さらに，2000（平成12）年，中央教育審議会は「少子化と教育について」答申し，家庭教育を見直すとともに，幼稚園が地域の子育て学習センター的な役割を担って子育て支援活動を推進すると同時に地域の異年齢・異世代間交流に積極的に取り組む体制を充実させることや中学生や高校生の保育体験による交流，園庭開放，幼稚園と保育所の相互交流，また地域行事への参加，老人ホームなどの訪問等地域社会との交流など，地域に開かれた幼稚園づくりの必要性が提唱された。そして，新たに「幼児教育振興プログラム」を策定して推進することとなった。

「幼児教育振興プログラム」は2001（平成13）年に出され，これからの新しい幼稚園教育の具体的なあり方が示された。すなわち，集団生活を通じて幼児一

人一人の発達に応じ，主体的な活動としての遊びを通して総合的な指導をすることが再確認されるとともに，「生きる力」の基礎や道徳性の芽生えを培うなどの教育活動・教育環境の充実を図ること，また，幼稚園教育の基本を踏まえつつ幼稚園運営の弾力化を図り，地域の幼児教育センターとして「親と子の育ちの場」の役割・機能を充実すること，幼稚園と小学校の連携や幼稚園と保育所の連携を推進すること，幼児期の家庭教育の重要性を見直し考える機会の提供や体験活動の機会の充実など地域で子どもを育てる環境整備を進めることなどがあげられた。これからの幼稚園は，地域の幼児教育センターとして地域や家庭と交流しながら幼児の健全な発達を図るために親子の育ちの場や異年齢・異世代がかかわる機会を提供したり，家庭教育の推進と子育て支援のために子育て相談をしたり，地域の子育てサポーターを配置して預かり保育などを実施したり，子どもを地域で育てるための活動の場や自然体験活動等の機会を提供したりすることが求められるようになった。さらに，2004（平成16）年には「子どもを取り巻く環境の変化を踏まえた今後の幼児教育のあり方について」が出され，①幼稚園等施設の教育機能の強化・拡充，②家庭や地域社会の教育力の再生・向上，③幼児教育を支える基盤等の強化の3つの課題と，①すべての幼児に対する幼児教育の機会の提供，②発達や学びの連続性を踏まえた幼児教育の充実，③幼稚園教員の資質及び専門性の向上，④幼稚園等施設による家庭や地域社会の教育力の再生・向上，⑤生涯学習振興施策や働き方の見直しによる家庭や地域社会の教育力の再生・向上，⑥地域の人材等の積極的活用，⑦幼稚園等施設を地域で支える基盤等の充実・強化などの7つの重点施策が提言された。これを受けて，文部科学省では，認定こども園の設置（後述）を決定するとともに，幼稚園における教育条件整備を中心とした幼児教育に関する総合的な行動計画「幼児教育振興アクションプログラム」（平成18年中央教育審議会答申）を出し，地域・家庭・幼稚園および保育所等の施設の連携の必要性と幼児教育全体の質の向上，教育の機会均等，教育水準の維持向上を目指した施策の展開を図った。そして，新たな幼児教育を実現するためには，ティーム保育を導入するなど実践のための条件や施設を整備することとともに幼稚園教員

の専門性や資質の向上が課題とされた。

(3) 保育の多様化と認定こども園の設置

　一方，旧厚生省でも，1996（平成8）年「少子化社会にふさわしい保育システム（中間報告）」において，少子化の現状を踏まえ今後の保育の方向性を示した。保育所は利用者が選択できるようにし，保育内容の情報提供と多様な保育サービスの拡充，地域の子育て支援，保育所サービスの質の確保と運営の弾力化が図られることになった。翌97（平成9）年，「社会福祉基礎構造改革に関する報告」において，すべての人の生活の質の向上をめざした「みんなの福祉」へという視点転換が行われ，保育所は子育てするすべての親の支援をする，誰でも利用できる地域の子育て支援センターとしての機能をもつこととなった。子育てする親の就労と育児の両立支援，家庭の子育て支援，地域の待機児童の解消と地域の子育て支援などを視野に入れて，これからの保育のシステムと保育所保育のあり方が見直された。そして，乳児保育の拡充，延長保育，夜間保育，障害児保育，一時保育，休日保育，病児保育など，多様な保育サービスを整備するとともに，待機児童の解消に向けた取り組みが行われることとなった。また，親の子育てを支援するために，通所する子どもの保育だけでなく保護者の育児への相談・助言や地域の在宅親子への子育て支援など地域活動事業や放課後保育クラブの推進も行われることになった。

　そうした保育所の機能の拡充と保育サービスの多様化に応じるためには，保育者の高い専門性が必要となり，2001（平成13）年，保育者の名称が保母から保育士に変更がされるとともに対人援助専門職として国家資格化された。また，保育の多様化に伴う保育の質の低下を避けるため，2002（平成14）年，保育所の第三者評価が導入されることになった。

　しかし，こうした教育・保育ニーズの多様化に伴い，これまでの幼児教育・保育のシステムでは対応できない状況が顕在化してきた。たとえば，幼稚園は原則として3歳からであり，保育所は原則として保護者が働いていることが条件となる。働いていない親で3歳未満の子どもをもつ人の場合，どこにも子ど

もを入園させることができない。子どもの育つ場が失われている今日の現状や，専業主婦層に最も子育て不安が高いこと，また待機児童が依然解消されないことなど，今日の課題を考えると，新たな受け皿を考える必要が出てきた。

そうした現状を打開し，社会の急激な変化に対応するために，2004（平成16）年「規制改革・民間開放3カ年計画」（閣議決定）において，誰でも利用できる幼児教育施設の必要性から，就学前の教育・保育を一体化した総合施設の設置に関する基本的構想が出された。中央教育審議会幼児教育部会と社会保障児童審議会の合同検討会議において，「就学前の教育・保育を一体として捉えた一貫した総合施設について」審議され，「認定こども園」の名称で，その役割と機能が明確化された。すなわち，認定こども園は，幼児教育と次世代育成の観点から，子どもが心豊かにたくましく生きる力の育成，親や地域の子育て力の向上，子育てに喜びを感じられる社会の形成を基本理念とし，教育と保育を一体化させて新たなサービスの提供を目的として設置されることとなった。その基本的機能は，親の就労にかかわらず，幼児教育・保育の機会を提供し，加えて子育ての相談，助言，支援および親子の交流の場を提供することである。

認定こども園は，地域の実情に応じて，4つのタイプが認められている。認可幼稚園と認可保育園が連携して一体的に運営し双方の機能を果たす幼保連携型，認可幼稚園が保育に欠ける子どものための保育時間を確保し，保育所的な機能を果たす幼稚園型，認可保育所が保育に欠ける子ども以外の子どもを受け入れるなど，幼稚園的な機能を果す保育所型，幼稚園・保育所いずれの認可もない地域の教育・保育施設が，認定こども園として必要な機能を果たす地方裁量型の4つである。いずれにしても，今日の幼児教育・保育の社会的課題を解決する新たなシステムとして今後が期待されている。

（4）幼稚園教育要領と保育所保育指針の改訂

少子化対策が次世代育成まで広がり，幼稚園・保育所の機能の拡充や認定こども園の設置にともない，幼稚園教育や保育所保育はこれからのあり方について見直す必要が出てきた。幼稚園では今後の幼稚園教育の取り組みの方向性を

どう考えるか，幼稚園教育要領のねらい・内容構成をどのように改善するか，遊びを通して学ぶ幼児期の教育活動から教科学習が中心の小学校以降の教育活動への円滑な移行を図るためにどのように改善するか，子育て支援や預かり保育が地域社会の再生・向上に果たす役割や親子がともに育つ教育的視点をどう組み込んで改善するか，また家庭，地域，幼稚園，保育所，小学校などの連携のなかでどう進められるかなどの検討が行われ，平成20年3月に幼稚園教育要領が，改定された。また，保育所保育指針もこれまでのガイドラインではなく大臣の告示となり，幼稚園，保育所に共通する基本的指針の必要性，家庭における子育て問題を支える基本指針の必要性，「人が育つ，人を育てる」基本指針の必要性，乳幼児の保育と教育の関係を明確にする必要性などを踏まえた指針内容に改定された。養護と教育の充実（情緒の安定，基本的生活習慣，規律の確立，遊びを通じた学びや社会性の形成），小学校との連携強化（発達や学びの連続性），地域の子育て拠点としての保育所の機能強化，児童福祉政策等の展開を踏まえた内容の充実（虐待，食育，障害児保育，個人情報の保護，健康安全への対応など）が図られた。

（5）求められる保育者の専門性と保育の質の向上

　いま，幼児教育・保育は転換期を迎えている。幼稚園も保育所も，家庭と地域の教育力の再生と，親の子育て不安の軽減と支援，生きる力と心の育ちを培い，子どもの健全で順調な育ちを促す援助が求められている。今日，幼稚園も保育所（園）も，地域の親子の居場所を提供したり，地域を巻き込み連携した保育・教育を展開したり，保護者のニーズに合わせて保育・教育に多様性をもたせたりして弾力的な運営を図り，地域に開かれた園づくりが行われている。そして，保護者とともに子どもの発達環境を整備し，豊かな発達経験をもたせるための工夫がなされている。

　しかし，一方で，このような幼稚園・保育所の機能の拡大化と保育の多様化が進むなかで，保育・教育の質をいかに保障するかということが大きな課題となってきている。また，そうした教育・保育と支援をコーディネートしながら，

親や子どもの育ちをいかに援助していくかという保育者の専門的な技量も問われている。親支援にしても，子どもの保育にしても，また，地域との交流にしても，基本的に重要なことは，そこにいる子どもや親たちの人としての育ちとその環境を整備することである。場や情報，技術の提供は，親と子がそれぞれの発達課題を乗り越え，それぞれの人生が充実したものになり，自己実現と自己変化を促す機会となるように，それぞれの育ちを見据えた援助や支援が求められる。

　幼稚園・保育所（園）は，これまで以上に，子どもが多様な人間関係と生活経験をもつ場として重要な役割をもつようになってきている。同年齢の子どもとのかかわりだけでなく，異年齢の子どもと地域の人々とのかかわりを取り入れ，集団生活を通して，さまざまなヨコとタテの関係が経験できるような場をつくり，個と個の関係が豊かになっていくような園の集団生活のあり方と，子どもが人とのかかわりを通して自分を生きる力を育てる保育実践のあり方が，これからの重要な課題である。また，そうした子どもの育ちには親のあり方が重要であり，親自身の親としての育ちや親を取り巻く人々のサポートやネットワークづくりを考える必要がある。子どもの育ちとともに親育ちを援助するカウンセリング的，ソーシャルワーク的かかわりと援助の技術やネットワークの構築に向けた取り組みも求められよう。

　これらのことについて，以下の章でその理論と実践について考えていこう。

○今日の社会における核家族化・少子化は，子どもの育ちの環境にどのような影響をもたらしたか，まとめてみよう。
○少子化社会におけるこれからの幼児教育・保育に求められるものは何か，また，これからの保育所（園）・幼稚園，さらに認定子ども園の果たす役割について考えてみよう。

参考文献
エリクソン，E.H.『幼児期と社会Ⅰ』みすず書房，1977年。
大日向雅美ほか編『子育て不安・子育て支援』（現代のエスプリ）至文堂，1966年。

第1部　乳幼児保育の基本

柏女霊峰編　「改正児童福祉法のすべて――児童福祉法改正資料集」『別冊発達23』ミネルヴァ書房，1998年。
旧大蔵省・文部省・厚生省・労働省・建設省・自治省「重点的に推進すべき少子化対策の具体的実施計画について（新エンゼルプラン）」1999年。
旧厚生省 中央児童福祉審議会1996「少子社会にふさわしい保育システムについて（中間報告）」
旧文部省・厚生省・労働省・建設省「今後の子育て支援のための施策の基本方針について（エンゼルプラン）」1994年。
旧文部省・厚生省・労働省・建設省・自治省・大蔵省「新エンゼルプラン」2000年。
厚生労働省「少子化プラスワン――少子化対策の一層の充実に関するK提案」2002年。
厚生労働省「少子化対策基本法」2003年。
厚生労働省「次世代育成推進法」2003年。
厚生労働省「少子化対策に基づく重点施策の具体的実施計画について（子ども・子育て応援プラン）」2004年。
厚生労働省「人口動態統計」2005年。
厚生労働省人口問題審議会「少子化に対する基本的な考え方について」1997年。
子どもと家族を応援する日本重点戦略検討会議「子どもと家族を応援する日本重点戦略検討会議における〈議論の整理〉およびこれを踏まえた〈重点戦略策定に向けての基本的考え方〉について（中間報告）」2007年。
時代の変化に対応した今後の幼稚園教育のあり方に関する研究協力者会議 1997「時代の変化に対応した今後の幼稚園教育のあり方について（最終報告）」
少子化社会対策会議「新しい少子化対策について」2006年。
少子化対策推進関係閣僚会議「少子化対策基本方針」1999年。
少子化対策推進関係閣僚会議「次世代育成に関する当面の取り組み方針」2003年。
少子化への対応を推進する国民会議「夢ある家庭づくりや子育てができる社会を築くために（提言）」1998年。
少子化への対応を推進する国民会議「国民的な広がりのある取り組みについて」2000年。
中央教育審議会「21世紀を展望したわが国の教育のあり方について」1996年。
中央教育審議会「新しい時代を拓く心を育てるために――次代を育てる心を失う危機」1998年。
中央教育審議会「子どもを取り巻く環境の変化を踏まえた今後の幼児教育の在り方について」2005年。
内閣府「少子化対策大綱」2004年。

永田陽子「現代社会に特徴的に見られる親子関係と子育て」『現代と保育』45号　ひとなる書房，1998年。
日本保育協会編『保育所保育指針の解説』日本保育協会，1999年。
日本保育協会編『保育資料』日本保育協会，2007年。
三沢直子・宮代真司・保坂展人『居場所なき時代を生きる子どもたち』学陽書房，1999年。
文部科学省「少子化と教育について」2000年。
文部科学省「幼児教育振興プログラム」2001年。
文部科学省「幼児教育振興アクションプログラム」2006年。
渡辺秀樹編『変容する家族と子ども――家族は子どもにとっての資源か』教育出版，1999年。

（寺見　陽子）

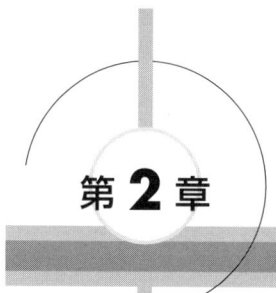

第2章 子どもの育ちと環境

　この章では,「発達」の観点から子どもの姿を理解することの大切さ,必要性を明らかにし,子どもの発達のみちすじとその過程における環境とのかかわりの特徴について述べる。子どもの発達にともなって環境の意味が変わっていくこと,子どもの側の発達的な条件と文化的な環境が組み合わさって「関係」がつくり出されていくことを学んでほしい。誕生してから幼児期の間に子どもたちがどのように環境とかかわり,そのことを通して自分自身を豊かにし,他者との関係をいかに築いていくのかを,すじみち立てて学べるようにまとめた。最後に,子どもの自我の発達や発達要求という視点から,大人が「困る行動」を理解する考え方を示した。それぞれの発達の時期における保育上の留意点,および大人の役割について考えてほしい。

1 「発達」と「環境」の関係

　「子どもたちが出会う事実のひとつひとつが,やがて知識や知恵を生み出す種子だとしたら,さまざまな情緒やゆたかな感受性は,この種子をはぐくむ肥沃な土壌です。幼い子ども時代は,この土壌を耕す時期です。
　美しいものを美しいと感じる感覚,新しいものや未知なものにふれたときの感激,思いやり,憐れみ,賛嘆や愛情などのさまざまな形の感情がひとたびよびさまされると,次はその対象となるものについてもっとよく知りたいと思うようになります。そのようにして見つけだした知識は,しっ

かりと身につきます。」

（レイチェル・カーソン『センス・オブ・ワンダー（*The Sense of Wonder*）』より）

（1）「環境」の意味は変わる

　見る，触れる，においをかぐ，音を聞く，味わう―感覚をとおして環境に出会い，心が動くことで，子どもはその次のなにかを知りたいと思い始める。大人も子どもも人間はすべて，そのときどきの発達の力をもってみずから環境にはたらきかけ，環境を変え，そのことを通して自分の内面を豊かにしていく。たとえば，「木片」を例にとって考えてみよう。その意味は，見るもの→＋つかむもの→＋なめるもの→＋打ち合わせる・音を出すもの→＋放り投げるもの→＋手渡すもの→…"積木"（という玩具）というように変化していく。子ども自身が変えていくのである。積み上げたり並べたりして喜び，"デンシャ"や"オウチ"，"カイダン"などにみたてて遊ぶようにもなる。みたて，イメージする力によって木片は限りなく意味づけられていき，そうしたイメージが他者と共有されると，また違った見方や面白さが産み出されていくのである。

　このように，「環境」を楽しいモノに変えていくイメージの力は，大人の生活を見てマネする経験や絵本の世界に浸る体験によってどんどん豊かになっていく。木の枝が"ホウキ"に，園庭の丸太は"トロルの橋"に，山や神社が"リュウの住処"になったりする。紙を丸めてボウエンキョウにしておさんぽに出た２歳児たちは，両手でしっかりとボウエンキョウを抱えてキョロキョロ，友だち同士のぞきっこしたり，いろんなモノに近づけてじーっと見入ったりする。繰り返し通る道や場所であっても，子どもの側の発達，そして，保育者の工夫・しかけによってその「環境」の意味はどんどん異なっていくのである。

（2）「発達」の捉え方

　子どもは「できそうでできないこと」を好んで何度もやりたがる。できるようになってしまうと逆に「やって」と甘えたり「カンチコチンや」とばかにしてやらなかったりする。できることを基にして環境にはたらきかけ，新たな能

力を獲得していくとともに新たに「できない」ことに気づき挑戦していくことを楽しんでいるようにみえる。

　何かが「新しくできる」ようになることだけが発達ではない。同じことであってもそれまでとは異なる場面でその力を発揮できることも発達であるし，それまでのやり方から新しいやり方に変わっていく過程では，「できなくなった」ように見えることもまた大事な発達過程である。「できないけれども，できないからこそやりたい」といった矛盾を，みずからつくりだしてのりこえようとするところに，発達を推し進めるエネルギー（＝「発達の原動力」）をみることができる。

　トイレ・トレーニングを例に考えてみよう。1歳なかばごろまでは嬉しそうにオマルに座っていた子どもが，ある時期からは「イヤ！」と言って座らなくなる。それは抵抗する自我のあらわれであったり，あそびを中断されたくないという気持ちの育ちであったりする。その一方で，大人用のトイレに誘うと「ジャー」と水を流すのが楽しくて行くことがある。その後，尿意を感じて出るまでに少し間がもつようになると，タイミングのいい声かけで，すんなりまたオマルに座るようにもなる。

　発達の原動力そのものは，外から与えるわけにはいかない。なぜなら，子ども自身が"そうしたい"と願い，それを実現する身体各部の連関や器用さが備わってくるという，その子なりのペースがあるからである。大人である私たちの役目は，そうした原動力に対して，その時どきの子どもが「一人ではできない」けれども，その手助けがあれば「やってみよう」「今度は自分で」と思えるような環境（＝発達の「最近接領域」をつくりだす教育の「源泉」）を用意していくことである。

　おしつけたりあきらめたりすることなく，発達の主人公である子どもたちに尊敬と信頼と期待とを寄せて，「待ちながら一歩先をいく」ようなはたらきかけを吟味していく必要がある。

(3)「関係」をつくりだす発達的な条件と文化的環境

秋を迎えた気持ちのよい朝，1歳児クラスでは，「どんぐり拾いに行こう！」（保育者）—「ドングリ，ヒロウ！」（子どもたち）と，お散歩に出かけた。

> **事例1　どんぐりを拾う子どもたち**
>
> 　♪ドングリコロコロ…と楽しく歌いながら近くの公園へ。着くと子どもたちはしゃがみこんで黙々と拾いはじめた。たくさん拾って両手に握りしめていたので，小さい袋をひとりずつ配ることにした。
> 　まだ2歳にならないタケちゃんにとって，その袋はジャマになった。もらった袋はポイっと放り投げ，右手にどんぐりを握りしめて，左手では，ナニカナイカナァ…と，草を分けてイイモノ探し。その瞳は真剣そのもの。でも，帰る頃には両の手からどんぐりは消えてなくなっていた。
> 　一方，2歳3か月を過ぎた子どもたちの様子はちがっていた。片手に袋をしっかり持ち，もう一方の手でせっせせっせとどんぐりを拾っては入れる。どんどん，どんぐり…袋がいっぱいになると，「ドングリ，イッパイ！」とうれしそうに見せてくれた。「いっぱいひろったね」と声をかけると，「センセノ，ナイネー」と，袋からどんぐりを1つ取り出して「ハイ！」と渡してくれた。

なんということはない微笑ましい光景なのだが，ここには人の発達をめぐる大事なつながりが描かれている。2歳前のタケちゃんと2歳3か月の子どもたちの様子をくらべてみると，「袋」が役に立ち始めるのには，いくつかの発達的な条件があることがわかる。

両足跳びができるようになる2歳なかば頃には，利き手でない方の手に役割がそなわってくる。ごはんを食べる時にお椀やお皿にちょっとそえるというように，利き手の主目的を「補う手」になっていくのである。どんぐりを拾う手と袋を持つ手とが補い合って「集める」ことができるようになり，モット，モット…とジブンノ袋に「気持ち」もいっぱい込めていくようになる。すると，「○○チャンノ，イッパイ！」と「満たされて」人にも見せ，時には「□□チャンノ，ナイネ」と気づき，じゃあ，「イッコ，アゲル！」とお友だちにワケワケする，という具合である。

つまり，どんぐりに接する子ども自身の身体機能（この場合は「補う手」）の発達が，そこに与えられた文化的な物（この場合は「袋」）を「道具」にし，

そこから「自分のもの」という認識がうまれ，自他の関係を新たにしていったのである。「友だちに分けてあげる」という「思いやりのある行動」は，性格の問題として考える以前に，手指の操作や自我の発達，保育者のはたらきかけといった条件が組み合わさって成り立っているのである。

2　人の発達のすじみちと環境とのかかわり

　人はそれぞれ個性的であり，誰一人として同じではない。しかし，多様性のなかに，「新しい発達の原動力の誕生」→「新しい交流の手段の獲得（発達の節）」→「"ジブン"を強く出すようになる」→「新たな自他関係がひらけてくる」——といった過程が繰り返されるという発達に共通したすじみちが明らかにされてきている。この節では，誕生〜幼児期に3度誕生する「新しい発達の原動力」と発達の節，自分づくり，他者との関係づくりの具体的な姿をみていくことにする。

（1）乳児期前半：「泣き」「笑い」による交流を豊かに

　ヒトの赤ちゃんが，きわめて未熟な状態で生まれることはよく知られている。生まれて数時間〜数日のうちに，立ち上がったりモノをつかんだりできる他の高等動物に比べると，「自分でできる」ことはほとんどないように見える。

　しかし，「泣く」ことを通して周りの人の援助を引き出し，コミュニケーションできるという点で人間の赤ちゃんはきわめて有能である。泣きかけた時，泣いた時に，周りにどのような変化が生じるのか，「…したら〜になる」という自分と環境とのかかわりを赤ちゃんは身体の感覚で感じとり，「もうすぐ〜してもらえる」と，この時期なりの「予期」ができるようになる。胎内で獲得される原始反射をもとに外界とかかわりながら，反射レベルで「〜のときは〜する」といった行動を選択する「条件反射」を獲得していく。

　近年，「2か月児革命」が注目されている（小西, 2003）。脳の視覚野（主に「見る」ことを司る部分）のシナプスが急速に増え始める，仰向け状態での足

の動きに「自由度の凍結」が見られる,「夜」を捉えて5時間ほどまとめて眠れるようになるといった変化のほかに次のような姿がみられる（服部, 2006）。

> **事例2　会話を楽しむ（生後2か月15日のKyo）**
>
> 日中，一人にされていると，呼ぶような泣き声をあげるか，そおっとチュパチュパし始める。「あ〜，指チュパしてる〜」と指さすと，照れたようにニッと笑って指を口からはなす。ご機嫌のとき，正面の人を見てよく「アック〜〜〜ン」というような声を出し，話しかけると実にいいタイミングで「返事」をする。

この時期の「会話」するような発声を「クーイング」という。2か月を過ぎるころからは，このように他者とコミュニケーションするようになってきて,「ひとりでいる」ことと「相手がいる」こととの区別ができるようになる。電気をつけているとなかなか寝ないけれども，暗くすると寝るというように，この時期なりに外界を区別し，変化に敏感になってくる。

生後4か月を過ぎると，赤ちゃんは「自分から」正面の人に向けて微笑むようになり，モノを見る時の眼差し，手指・足の先，声の出し方にエネルギーが満ちてくる。人を見つめ，人にねらいを定めて自分から訴えかけるという志向性がはっきりしてくる。首がすわることで周りを見回す自由さが増し，モノの動きを左右・上下方向にも途切れずに追って見るようになる。持たせてもらったガラガラなどを「自分から」口に持っていくようになり，仰向けの姿勢であれば胸の上に提示されたモノに対して手を伸ばせるようになる。「生後第一の新しい発達の原動力」が誕生してきた姿である。

> **事例3　人を見くらべる（生後5か月30日のUくん）**
>
> MがUを水平に抱いて床に座っている。来客の男性と私がMのそばに立つ。すると，Uは私とその来客を見比べるように視線を動かす。そして，そのうち，私と来客とを見比べるだけではなく，ときどきMの方も見つめ，3人を見比べるようになる。（注：文中「M」とは母親のこと）　　　　　　　　　　　　（麻生, 1992）

生後5〜6か月になると盛んに寝返って「あっち」と「こっち」の世界を行き来するようになり，欲しいモノをねらって手を伸ばせる（リーチング）ようになる。単に手を伸ばすだけではなく，Uくんの例（麻生, 1992）のように,

視野に入る人やモノを交互に見返り「選びとる」ようになる。

(2) 乳児期後半：手から栄養をとり人を選びとっていく

　　　　　　ヒトの赤ちゃんは自分の手の届かないモノにまで手を伸ばす。奥行きの知覚が発達しないのではない。ヒトの赤ちゃんの周りには，不可能を可能にしてくれる人たちがいる。「なんとかしてもらった」という経験の積み重ねから培われた周りの人への期待感や信頼感が，自分の能力を超えた要求を抱かせるのである。通常の場合，「モノへの関心」は「人への関心」と結びついている。

　6か月ごろの赤ちゃんは，腹這いで背をそらして「ひこうき」のようなポーズをとる。あたかも，発達の新たな地平へと飛躍するのを象徴するかのようである。また，寝返りや回旋（おまわり）ができるようになって，何度も何度も「あっち」—真ん中—「こっち」の世界を確かめるようになる。不安定ながらもお座りができるようになると，お座りの姿勢で盛んに人やモノを見返るようになる。生まれて6か月にして，ヒトの赤ちゃんは環境にあるものをさまざまに見比べて，自分で選びとっていく。環境をみずから選びとるという経験を通して，モノの違いがわかるようになっていく。

写真2-1　動くモノを見る目，見ているモノに向かって人差し指に力がこもる4か月児

> **事例4　ごまかされないのだ！（生後6か月10日のKyo）**
>
> 夕方に泣き出す。ミルクまではまだ早いので番茶をあげようとした。すると，激しく泣いたままで乳首をくわえようとしない。口の中に入れても吸い始めない。しかたなくミルクに替えると，ぱくっとくわえてごくごく飲み始める。

　手に持ったガラガラは，一方の端と他方の端とを交互になめたり，「なめる」—「じっと見る」を繰り返したりする。口を媒介にして一方の手から他方

の手に何度も持ち替える。その「間」で，正面の人をじっと見る。

　7～8か月児の場合，2つのモノを同時に扱うことはできず，一方に注意すると他方はポロっと落としてしまう。しかし，またとろうとする。すると，今度は逆の方がポロリ…。この頃，うつぶせでは，前方に進もうとしてかえって後退するという姿がみられる。できないにもかかわらず，「よりよい」方，「もう一つ」の世界を求めてやまないという矛盾をはらむ姿に，発達的な自由を増していく力強さを感じることができる。寝返りやお坐りを獲得していくときもそうであるが，「失敗を上達させていく」ことが発達であることを実感する。

　「こっち」と「あっち」，「こういう感じ」と「ああいう感じ」というように，世界を二分的に捉え始めるころ，「人見知り」をするようになる。見知らぬ人を，見返っては泣き，泣いてはまた見返る。「8か月不安」「特定の第二者の形成」とも呼ばれるこの現象は，赤ちゃんが，さまざまな環境事物のなかから自分にとって「大切な人たち」を選び分けたという証でもある。

　このころ，新聞紙などがそばにあると，ビリビリ…っと2つに引き裂くことがある。左右の手をそれぞれ独立して動かせるようになったのである。人見知りも含めて「世界を2つに分ける」力をもとにして，次には「2つのモノを関連づける」ことが好きになってくる。モノを両手に持って力強く打ち合わせたり，床や机に打ちつけたりする。靴下を持って打ち合わせていることもある。

　こうして左右の手が協応し合うようになると，手足をしっかり交互に出してはいはいで動き回り，生活環境を探索し始める。9か月頃になると袋や引き出しに入っているモノを引っぱり出したり，お茶碗を転がしてカタカタ揺らしてみたりする。変化をつくり出し，繰り返す中で関係を発見し，再現しようとする。自分の行為と，目の前で起こる変化とを見比べて，「…したら～になる」と理解していく。大胆ないたずらをする一方で，段差を前に周りの大人をうかがい見る，手を伸ばしてみるといった慎重な姿もみられる。環境内の事物のしくみを知っていくと同時に，親しい大人たちが，どういう時にどういう反応をするのかも知っていくのである。選びとった人の胸や膝を借りてエネルギーを補給すると，新しく不安な環境に対しても立ち向かっていけるようになる。

第1部　乳幼児保育の基本

> **事例5　隠れている世界を探索（生後9か月29日のKyo）**
>
> 目の前にあるモノはすべて裏返す。チョウダイで差し出した母の手，鏡，フタ，木琴まで……隠れている世界を探索する。机につかまり立ち，右手で支えて左手で引き出しの中を宝探し。ガサゴソっと手を入れてはつかんだものをじっと見てまた返す，を繰り返す。落とすとしゃがんでとろうとし，とると引き出しの中に入れる。ティッシュケースがあると，ひたすら交互の手で取り散らかして紙の山。

　このように，手応えをもって「環境にはたらきかけるジブン」を感じ始める頃，目の前でモノをすっかり隠されても探し出せるようになる。「いない，いなーい…」と布で顔を隠されても，「ばあ！」と現れる前に笑うようになる。8か月頃までの赤ちゃんにとっては，モノは隠されると「世の中からなくなる」。9か月児は，見えなくなったけれども布の向こうには人やモノがちゃんと存在していて，また現れるという予期ができるようになる。これは，環境の事物を「イメージ（表象）として保存する力」の発生を意味し，「いま，ここ」をこえる言葉でのコミュニケーションが成り立つための重要な条件の一つである。

　10～11か月ごろは，つかまり立って身体のバランスをとる，ねらいを定めて手指をコントロールするなど，生理的な成熟をもとに，環境へのかかわり方を新たに能動的にする発達のエネルギーが発生してくる時期である。まだ，持っているモノをねらってしっかり手放すことはできないが，「ちょうだい」「ありがとう」と言って手を受ける大人がいると，やりとり遊びへと発展する。食べさせてもらったものをわざわざ口から出して相手の口に差し出すことがよく見られる。

　モノをずっと打ち合わせている時期には「おぅおぅおぅ…ばっばっば…」などと喃語を発声し続けていたが，ねらった所でモノを手放すとい

写真2-2　「特定の第二者」のひざをかりて気になるくモノを第三者に指し示す10か月児

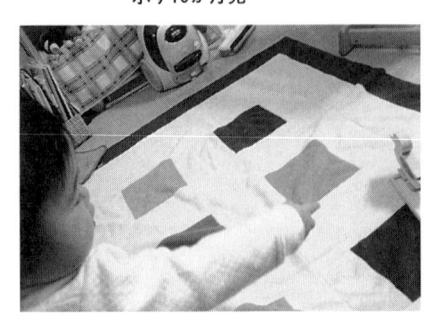

う「区切り」ができるようになるのとほぼ同時に，言葉も区切れてくる。自分の意志で自分の身体からモノを切り離すことができるようになって，離れた所にいる人やモノを指さして「アッ，アッ」と養育者に訴えたりするようにもなる。「自分から」，特定の相手との「間」で第三者を共有するようになる。「おつむてんてん」「あわわわ」など，養育者との間で「模倣」が成立し，しだいに，他の人との間でもできるようになる。

　モノとモノ，モノと人とを結ぶ活動を盛んに行い，大人を模倣し，大人に意味づけてもらうことによって，モノを道具的に理解（「○○は～するモノ」）し始める。ブラシを髪にあてたり，コップに何かを入れようとする。文化によって具体的な行動は異なるが，それぞれのモノにふさわしい扱い方を調整するようになっていく。モノが「道具」になっていくこの時期に，特定の音声が何かを意味する「道具」となって自分の気持ちや事物，状況に結びつき始め，マンマ，ネンネなどの初語が出始める。名前を呼ばれると振り向くなど，「我」の誕生をみることができる。

　自分の身体のバランスをとって歩き始める1歳児は，身体の外にあるモノのバランスもとろうと努力しはじめる。そのことで，環境内のモノをおもしろいオモチャに変えていく。それまでは，「ただの四角い木片」にすぎなかったモノが，1つの木片の上に「定位」しようと調整し始める時，「積木」というオモチャになる。散歩中に出会う排水溝や格子のマンホール，壁穴，金網などが大好きになり，のぞいてモノを突っ込んだり落としたりすることにも熱中するのも，こうした発達上の関心の現れといえる。

（3）幼児期前期：自我を誕生させて「対」の世界の形成へ

　1歳前半の子どもの場合，すべり台をのぼると，のぼった方向のまま頭からすべりおりてしまう。それが，1歳後半になると，頂上でいったん姿勢をととのえて方向転換し，ちゃんと足からすべりおりるようになる。方向転換する時に周りの人に声をかける余裕もできてくる。スプーンなどの道具操作では，手首を内転できるようになって，「食べ物をすくって口にもってくる」という折

り返しができるようになる。スコップで砂をすくって器に入れることもできるようになり，大人とのやりとりのなかで「みたて・つもり遊び」が展開するようになる。言語面では，自分から一方的に指さして声を出すだけではなく，相手の言葉を聞いて折り返して答えるような指さしが現れる。

つまり，1歳なかばごろは，「人間」の特徴として知られる「歩く」「道具を使う」「言葉で自分の要求を伝えようとする」といった点で大きな変化がみられる時期である。1歳後半になると，いろいろな形の穴があいている箱のオモチャを前に，「ココじゃなくてコッチ」と心のなかで折り返して決めるかのように穴の形を見くらべ，手に持ったブロックを入れようと試行錯誤するようになる。「違う」ことがわかり，「やり直す」という心のバネが育ってくる。

"…デハナクテ〜ダ"と見くらべて自主決定したり，やり直して確かめたりする力が育ってくる頃，「〜しなさい」という言葉かけに対して必ず「イヤ！」と首をふるようになる。「ごはん食べるよ」と言われると「イヤ」。「じゃあ，食べないの？」と言われてもやはり，「イヤ」と首をふる。ごはんを食べるのが本当にイヤというのではなく，一方的な指示やたずねられ方に対して，抵抗を示すのである。言いなりにはならないぞ！という「自我」の誕生である。

2歳半ば頃にかけては，スコップや器を使い，土や砂，粘土などの素材を食べ物などに見立てて「加工」できるようになる。コップに砂を入れ，ひっくり返して「プリン」，お皿に泥を入れて棒でくるくるかきまぜて「カレー」など，素材と一緒に気持ちも入れ込んで作ったものを何度も大人に見せにくる。

身体運動や手指の操作，言葉の交流面で「方向転換」や「折り返す」力を存分に発揮して，「モット，モット」「モウイッカイ」と遊び込むようになる2〜3歳児は，「…デハナイ〜ダ」という心の動きをいろいろなものにぶつけて，周りの環境を

写真2-3 まだ自分でオモチャを取りにいけないお友だちにオモチャをわたしてあげる1歳2か月児

「対の世界」として知り分けていく。"ジブンノ（デハナイ）○○チャンノ""チョット（デハナイ）イッパイ""アカチャン（デハナイ）オニイチャン""キレイ（デハナイ）キタナイ""明るい（デハナイ）暗い""イマ（デハナイ）アト"…のように，反対の世界を認識し始める。

　それまではただの「ツミキ」だったのが，「○○チャンノ，ツミキ」「アカイ，ツミキ」「オオキイ，ツミキ」として認識されるようになる。二語文の世界がひろがり，「ジブンノ」ではない「○○チャンノ」モノが，とても素敵に見えてきて，同じように作ってみようとし始める。また，ものの状態や性質を表す言葉を獲得し始めることで，他者との共感の仕方を一層豊かにしていく。

> **事例6　ごはん「あついね」(2歳児)**
>
> なほ（2歳7か月）が，ごはんを食べながら「あついね」と言うと，しほ（2歳5か月）は「あつくない」と答える。が，少しして，「しほもあつーい」と言う。
> 　　　　　　　　　　　　　　　　　　　　　　　　　　　　（加用，2000）

　2歳児クラスの食事場面でのエピソードである（加用,2000）。なほちゃんの言葉かけに対して，最初はおもわず「～デハナイ」と答えてしまったものの，食べているうちにやっぱり「あつい」という状態を感じとって「しほも」と共感し直している。心のなかでも「～デハナイ…ダ」と折り返せるようになる。ケンカして気まずくなった後なども，「あ，○○ちゃんのズボン，□□ちゃんのシャツの色とイッショだね」と声をかけてもらうと，「ほんとだ！」とお互いに顔を見合わせてニッコリする。"イッショ―チガウ"という反対の関係がわかって，お友だちと何かがイッショであることがとても嬉しくなる時期なのである。その一方で，「イッショにしなさい」と強制されると，逆に，「イッショニシナイノ！」，「ヒトリデスル」，と主張するのも2～3歳児である。

　2～3歳児は，人の行動や自然の事物に強い関心をもって，「なぜ？」「どうして？」を連発する。たとえば，夜に公園を通って帰る道すがら，「どうしてお月さまは夜に出るの？」などとたずねてくる。「それはね，えっと…地球は自転していて月は…」などと説明し始めると，ますます「なぜ？」の問いから抜けられなくなる。因果的な説明を求める4～5歳ごろの子どもとは異なり，

2歳後半～3歳前半の子どもにとっての関心事は，「今はっきりしている世界」の反対，「ウラの世界」の確定にある。「そうね。夜になるとお月さまが出るね。じゃあ，お昼には何が出てるのかな？」——こんなふうに聞き返してみると，「おひさま！」と高らかに答えて納得する。知的好奇心に満ちた「あまのじゃく」になる時期といえよう。

（4）幼児期中期：理由を言う自我の育ち

　くしゃみをしたゆっくん，「エンフルンザ？」。「インフルエンザのこと？よく知ってるねえ」—「ユックン，サンサイ（だ）モン！」—「じゃあ，おっきくなったし，お医者さん行けるね」—「イヤ！　ユックン，チッチャイ」—「赤ちゃんのお医者さんだから大丈夫」—「チガウ！　ユックンオッキイノ！」。どっちやねん?!　とつっこみたくなるのが3歳児である。手助けしようとすると「ジブンデ！」，できるでしょ，〜しなさい，と言われると「デキナイ！」「シナイノ！」と切り返すなど，「大きい（自立したい）自分」と「小さい（甘えたい）自分」の両極を揺れ動き葛藤がおこりやすいという発達的な特徴がある。

　力だめししてデキル自分を確かめたいし，同時に「今の自分でいいよね？」も確かめたい。「依存しながら自立していく」時期と言われるように，大人に体当たりしながら「いいこと—悪いこと」，「できること—できないこと」を知り分け，自分の思いをぶつけることで「対話する」ことを学んでいく時期といえる。とことんアマノジャクな姿に，大人はほとほと疲れはてるのだが，この「ハンタイ確かめ」を通して，ほかでもないジブン，受けとめてもらっているジブンを実感していく時期である。

　3歳児は，膝のバネを使ってとんだり跳ねたりする運動能力の発達が著しい。三輪車で近所の「遠く」まで出かけたり，土手をよじ登って自然の地形を身体全体で感じとったりする。排泄や着替えなど身辺自立もすすむ。毎日の生活の見通しがもてるようになって「生活の主人公」としての自信に満ちた時期である。大人の口まねをして「お店やさん」を楽しむなど，生活上の「つもり」が

豊かになる。それゆえ，1～2歳児の「抵抗」とは異なり，3歳児の反抗には，強い「つもり」が存在している（瓜生, 2000）。

> **事例7　クツがかわくまで？（3歳児）**
>
> 夕方，保育園に迎えにきた母親が「早く帰ろう」と促している。穴掘りに懸命のてつや（3歳4か月）は，母に「まだ帰らない。おクツかわくまで待ってるの」と，追っ払うように言っている。確かに，砂場のそばにはドロドロになった靴が脱ぎ捨ててある。でも，これって，かわかしているというのだろうか？

　時期を同じくして「牛乳をのんで人形たちを全部寝かしつけてから自分も寝る」，「側溝の上をぴょんととぶのを3回やって"オンブ！"してもらってやっと保育園に入る」など，次に進むためには必ずある行動パターンをしないと気がすまないことも多い。忙しい親にとって，こうした儀式的な行動に付き合うのはつらくもあるのだが，「"入ーれーて"と言ったら友だちのなかに入れる」，「"かわりばんこ"と言ったら3回やって交代」，「"ごめんね"と言われたら"いいよ"と答えて仲なおり」のように，友だちとかかわるルールを了解していく力につながっていると考えられる。

　これまで，「ハンタイ確かめ」を通して対の世界をひらいてきた子どもたちは次に，2つの世界を結びつけるような力を獲得していく。「○○シナガラ□□スル」のように，2つの方向に注意を向けて2つの行動を一つにまとめあげ，コントロールし始める。利き手で道具を使いながら他方の手で調整する，考えながら話す，話しながら調整する，といった姿がみられるようになる。身の周りの出来事の原因と結果を結びつけて「～したら～になる」という因果関係を発見し，友だちと伝え合って盛り上がる4歳児たちである。

　このころ，「～のときは～すること」「～したら～になること」というルールのある遊びを楽しむようになる。歩道と車道の区切りの上をバランスをとって歩きながら「ここから落ちたらトロルに食べられるんやで」。大人までがその上を歩かされてしまう。「ここは玄関，な，だから，ゴメンクダサーイっていうんやで」「ごめんくださーい！」…など，ある種の約束ごとをつくり，それに向けて調整することが，楽しさのもとになっていることがわかる。ルールを

まじめに守ろうとし，ちょっと融通がきかないけれども，「～だから～する」と自分をコントロールし励ます「自制心・自励心」がめばえてくる。

> **事例8　お月さまの「理由」（4歳児）**
> 　夏の朝，公園を通って保育園に行く途中のこと。母親がさとし君（4歳4か月）に話しかけた。母「朝なのにお月さまが出てるねえ」。すると，さとし君は，空に浮かぶ白い月をじっと見上げて，「それはね。お月さまが，さみしくなって，"公園にだれかいないかなー"と思って見にきたんだよ」

　生き物でないモノにも命や心があると考える幼児の心理特性は「アニミズム（汎心論）」と呼ばれる。大人が無生物を生き物に見立てて話しかける影響もあるが，4歳なかば頃からは，「動かないから生きていない」「一緒に遊んだら生きている」などと自分で理由づけて答えるようになる。

　「～しながら～する」という力を発揮して，友だちがやるのを見ナガラ自分のやり方を工夫したり，相手のやり方に寄り添いナガラ教えてあげたりできるようにもなっていく。「わかる？」と相手にたずね，「そうそう！」と，相手の変化を細やかに捉え，自分の教え方を変えてみることもできる。デキタ！という他者の経験が自分の喜びの経験にもなり，「自分が～したら～になった」，「○○ちゃんは～になった」というように，自他ともの「変化」を認識していく力が育っていく。このように導き導かれる関係のなかで，「わかる」ことに誇りをもち，失敗からも互いに学び合い，自身の行動を意識して調整しようとする「ワタシ」「ボク」が発達していく。

（5）幼児期後期：仲間と求める「第3の世界」

　5～6歳になると，「走る」―「踏みきる」―「手をつく」跳び箱や，「まわす」―「とぶ」―「はしる」縄跳びなど，3つの活動を一組にしたコントロールが可能になってくる。これら一連の動きの間にリズムやアクセントを入れて「力を込めるコツ」がつかめるようになる。友だちや家族と一緒に長い山道を歩ききるだけの気力，体力も充実してくる5～6歳児は，「始まり」から「終わり」の「間」の過程について，言葉や絵で力強く表現し始める。

「山登りどうだった？」とたずねてみると，「～してね，それから，ながーい坂道をズーッと行って，そこでごはん食べて，またズーッと行ったら～」と何度も息つぎしながら話してくれる。「～のときは～」「～だから～」などと，問いと答えの「間」を多様にきざみながら，「えっと…」「あのね，あのね…」と，文と文の間をつなぐ努力をする。途中の目印を入れてすじみちを描き，話している途中で，「あ，そうだ，ここで～した」と思い出した場面を挿入するなど，「間」の世界を豊かにしていく。思い出に残る空間の移動が，時の流れに杭を打つかのように，「イマ」が，「マエ」と「アト」の「間」に位置づくものとしてしっかり捉えられるようになる。

　価値にかかわる見方にも「間」ができてくる。ここで，お泊り保育に行った直後の年長児との会話を紹介しよう。

> **事例9　「こわかったけど，ちょっとだけ…」（5歳児）**
>
> 　朝のあつまりの前，いすを並べていたミナコ（5歳10か月）が近寄ってきて，「これ，だれからのてがみかしってる？ やまんばからのてがみだよ」と，部屋のかべにはってあるおどろおどろしい字でかかれた手紙を指さす。「やまんば，やっぱりこわかった？」とたずねると，「うん…。でも，ファイヤーの火つけてくれた。こわかったけど，ちょっとだけやさしかったよ」

　「こわかったけど，ちょっとだけやさしかった」のように，他者の捉え方が多面的にやわらかくなってくる。「ちょっとずつ」「だんだん」変化する人やものごとの状態を捉え，表現するようにもなってくる。好き―きらい，いい―悪い，といった両極の間に，「ちょっとだけ」，「ふつうくらい」，「どっちでもない」と表現する世界がひろがり，「～だけど…」と考え直す力が育ってくる。ものを見たり，感じたりするし方が，生理的な基盤の成熟ともかかわって細やかに変化してくる。色を混ぜ合わせて中間色をつくって楽しむようになるのもこのころであろう。

　こうした「間」の価値をすくいあげていくことで，人との共感の幅を広げていく。「チガウ」ものの間に「オナジ」部分を見つけるのが得意になり，「あつい時にもさむい時にも着るものなあーに？」といったなぞなぞに熱中しはじめ

る。目に見える部分にとどまらず，異なってみえる人やモノの「間」に存在する共通性にも注目する。外国から来た子どもや障がいがある子どもに対して，その子どもたちの独自性はきちんと認めたうえで，「オナジ〇組」「すきなものイッショ」「□□ちゃんもイッショに〜やりたいって」などと共通性を大事にして関係をむすべるようにもなる。ルールのある遊びのなかでも，「〜だったらいいよ」「〜だからいいよ」と，寛容に受け入れあえるのが5歳児のいいところである。勝ち負けにこだわるようにもなるが，みんなで知恵を出し合って続けていくという過程そのものが，遊びの要素として重要となる。

　5歳半ば頃は，学童期半ば頃の飛躍的な移行をなしとげていくための「新しい発達の原動力」が誕生してくる時期である。生後10か月半ば頃の姿に似て，親密に築いてきた自他関係の「間」に，積極的に「第三者」をとり入れようとする。何かの問題を解決する時など，友だちや身近な人の得意不得意がわかっていて「〇〇ちゃんに聞いてみよう」「□□ちゃんにやってもらおう」と，その場にいない友だちを求め，役割を分担する。グループ活動の時には，他のグループを「視察」に行き，「あのグループはあんなふうにしてるよ。私たちももっと〜しようよ」と提案したりする。意見が対立している時には，「じゃあ，〜ってしてみたら？」などと両者の言い分を聞いて「第三の道」を示すアイデアを出す子も現れる。子ども同士の話し合いに「まかせて待つ」度量が保育者に求められるようになる。

　また，連れだって少し遠くの友だちの家に遊びにいくなど，生活圏を広げる一方で，すべり台の下や物置のすみ，近所の公園の一角に「ひみつ」の場所を作って大切にする。特定の友だちや「子どもたち」の間で，「ひみつ」を共有するということ，また，家や保育室といった日常的な生活空間をこえて，少し非日常的な，自分たちの空間を共有しているということを誇りに思う年頃である。こうした「第三の世界」をもつことで，家や保育園での生活経験や人間関係を新鮮な目で捉え直し「…してね，それでね〜」と語る文脈を豊かにしていく。

　次の2組の絵を見てほしい。紙の中央部にあらかじめ〇を2つ書いておき，

第2章　子どもの育ちと環境

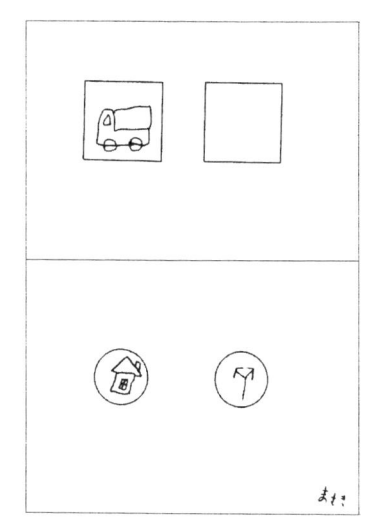

図2-1　対図形描画
（左）5歳前半児：与えられた枠の中におさめる。
（右）6歳前半児：与えられた枠を利用し、より大きな枠組みで表現する世界をつくり出す。

「この形をつかって何か好きな絵をかいてね」と教示した時の年中児（5歳前半）と年長児（6歳前半）の絵である。年中児の場合、与えられた○の中で完結させる傾向が強く、「周りの状況に合わせて調整する」という特徴があらわれている。一方、年長児の絵は、与えられた2つの○をうまく利用して、より大きな枠組みで表現する世界をつくり出している。ここには、既成の枠を無視したり、そのなかにおさまったりするのではなく、「第3の世界」をつくり出そうとする6歳児のエネルギーをみることができる。

3　「困る行動」の理解のしかたとかかわる工夫

子どもたちは大人に思いをぶつけ、大人を頼りながら自立していく。その過程では、「どうしてそんなことするの？」と大人たちを困らせることも多い。この節ではそうした行動の意味を発達的な観点から理解し、どのように関われ

ばよいのかを考えてみる。

（1）イヤイヤが強くなる時期には

ものごとをイメージとして保存し，言葉と行動とが結びつくようになる1歳ごろから，子どもたちは「〜したい」「〜しよう」という自分なりの「つもり」を強くもつようになる。何かさせようとすると抵抗されることが多くなる。

> **事例10　ていねいな保育でいこう**
>
> 担任の先生より。「Kyoちゃん（1歳2か月）が何かしているときに『あっちいくよー』とか後ろや横から声をかけながら体を動かそうとすると怒って動こうとしないけど，正面からきちんと言葉で次のことを伝えてから『あっちいこ』って誘ったらすんなり動くの。やっぱり，納得が大事やねえ。ていねいな保育でいかんとなあ」

「口が先，手は後」という原則がある。言葉できちんと伝えて，子どもが次のことをイメージする「間」をおいてから，手をとって導くのである。このことは，ことばで表現したり納得したりする力を育てていく上でも重要である。

1歳後半になって，さらに「イヤイヤ」と抵抗するようになるのは，「折り返し」の行動スタイルを獲得して「…デハナイ〜ダ」という見比べ，選択ができるようになるからであることは先に述べた通りである。そのような時，「するの？　しないの？」といった一次元的な選択条件で迫るのではなく，「〇〇ちゃんのお隣で食べる？　それとも□□ちゃんのおイス持ってきて食べる？」「いいにおいのおつゆ食べる？　それとも，お魚から食べようか？」などと，2次元的な選択肢のなかでどちらかを自主的に決定できる条件を与えてみる。すると，「ん？」と一瞬目を大きくして，生き生きと行動を始める。ジブンのモノを大事にする，友だちの間に入りたい，好きな方をジブンで選んで決めるという，環境に対する「自我」のかかわらせ方をうまく引き出すことが求められる。

（2）拒否と甘えが強まる時期には

　言葉で表現する世界をひろげ，知りたがりやの2～3歳児だが，一方で，外部からの訪問者や慣れない場面，新しいことへの誘いかけに対して強い不安を示し，拒否することもよくみられる。リズム遊びなどをする際に，ホールの中央で活動する友だちの姿を，壁際で指をくわえながらじっと見ていたりする。その姿は，「8か月不安」の姿と通じるものがある。2～3歳児の場合は，"見られる所（真ん中）―見る所（端っこ）""ワカル―ワカラナイ""デキル―デキナイ"といった対比的な認識と見通しがもてるようになって，「わからない」「できない」「出おくれた」と思う場合にしり込みしてしまうようである。対の関係で世界を切りひらいていく過程で，新たな迷いや悩みが生じるのである。

　したがって，1歳児よりもむしろ強く大人の膝を求める場面も多いが，タオルやお気に入りのオモチャなどを「心の杖」にして，前向きに頑張ろうとする姿もみられる。「そんなもの持っていたらできないでしょ！」と，「杖」を蹴飛ばしてしまうのではなく，葛藤をくぐってでも「やってみたい」と思える魅力的な場面を目の前に提示することが大切である。

　やることは同じでも，好きな友だちに誘ってもらったり，風呂敷マントで「ヘンシン」させてもらったりすると，一変して張り切ることもみられる。「やらない！」という拒否要求の奥に潜む「ヤッテミタイ」という発達要求を汲む姿勢が求められる。「イマはいやだったら，アトでしようか？」「ココじゃなくてアッチでする？」「センセとする？　お友だちとしようか？」など，ひらかれてきた対の認識にはたらきかけて，歩み寄るアイデアが必要とされる。「～しないと…できないよ！」と否定に否定を重ねて迫るのではなく，「～したら…できるね」と，共感を基本に未来にひらかれた言葉かけを心がけたい。

（3）ケンカや「荒れ」が目立つときには

　誰かの言いなりではなく，お互いに要求をぶつけ合うケンカは集団の育ち合いで大切な意味がある。「悪いこと」と決めつけるのではなく，お互いの主張をわかりやすくして納得できるよう解決をはかりたい。

たとえば，三輪車やブランコの取り合いになった時を考えてみよう。保育者は声を荒げて「順番よ！　ジュンバン！」と仲裁に入る。しかし，2～3歳児にとって，やりたいことを制止されて「ジュンバン」と言われても受け入れにくいものである。そうではなく「だれの次にやりたい？　次にできることをジュンバンっていうの」と穏やかに教えられると受け入れられることも多い。初めて出会うコトバを心地よく伝えたいものである。一人ひとりの気持ちを受けとめる配慮のもとに教えてもらう「ジュンバン」「かわりばんこ」「入れて―いいよ」といったことばは，子ども同士をつなぐ「魔法のコトバ」になっていく。

　5歳児クラスでケンカが多発する場合，5～6歳児の運動・思考能力を発揮して遊ぶにふさわしい空間と素材が不足しているということが少なくない。アイデアを出し合い，ダイナミックに遊ぶための素材と機会が乏しい場合にいたずらや乱暴な行為でエネルギーを発散しがちになる。また，話したいエネルギーがあふれているのに，その中味となる経験が不足していると，テレビで見たことをあたかも自分の体験のように話して「ウソをつく」ことになり，そのことがケンカの原因になっていることもある。散歩や遠足のし方を工夫して「第三の世界」でホンモノの自然・文化的な素材と出会えるようにしてみよう。絵本の世界を「探検」にいくようなごっこ遊びが，協同して創造性を発揮し，あそびと生活をつくりだしていく5，6歳児たちの心を強く結びつけることだろう。

学　習　課　題

○身近にいる子どもがどのように環境とかかわって遊んでいるかを観察し，月齢・年齢による違いを調べてみよう。
○その遊びがよりおもしろく展開するようにかかわり方を工夫してみよう。
○自分の幼少期，どんなことで家族を困らせたか，そのときにどのような対応をしてもらったのかを聞いてみよう。

参考文献

麻生武『身ぶりからことばへ――赤ちゃんにみる私たちの起源』新曜社，1992年。
瓜生淑子「3歳児」心理科学研究会編『育ちあう乳幼児心理学』所収，有斐閣，2000

年。
加用美代子「2歳児」心理科学研究会編『育ちあう乳幼児心理学』所収，有斐閣，2000年。
小西行郎『赤ちゃんと脳科学』集英社新書，2003年。
子安増生・服部敬子・郷式徹，『幼児が「心」に出会うとき』有斐閣，2000年。
田中昌人・田中杉恵・（写真）有田知行『子どもの発達と診断1　乳児期前半』大月書店，1981年／同　2　乳児期後半，大月書店，1982年／同　3　幼児期Ⅰ』大月書店，1984年／同　4　幼児期Ⅱ，大月書店，1986年。
服部敬子「5・6歳児」心理科学研究会編『育ちあう乳幼児心理学』所収，有斐閣，2000年。
服部敬子「生活の中にみる乳幼児の発達——理論とゲンジツ（一）」『保育びと』第20号，京都保育問題研究会，2006年。

　　　　　　　　　　　　　　　　　　　　　　　　　（服部　敬子）

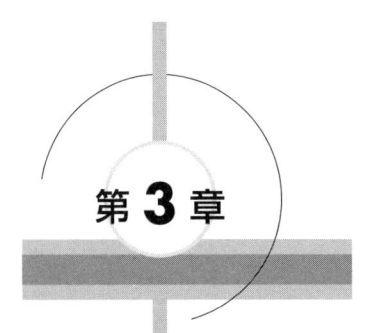

第3章 環境を通して行う保育

　本章では，まず保育の意義とその基本について，幼稚園教育要領と保育所保育指針を取りあげ，そこに示されている幼児教育・保育の原理を概説する。そして，それを踏まえつつ，「環境を通して行う保育」を実践する上で押さえるべき要点として，「子どもの遊びと保育」と「子ども主体の保育」，「総合的指導と保育」，「一人ひとりを育てる保育」といった諸原則について触れていく。

1　保育の基本

(1) 幼稚園教育要領の示すもの

　幼稚園における保育内容については，学校教育法第22条の「目的」及び第23条の「目標」に関する規定を踏まえ，「文部科学大臣が定める」とされている（学校教育法第25条）。そして，それを受け，学校教育法施行規則第38条において，「幼稚園の教育課程その他の保育内容については，この章に定めるもののほか，教育課程その他の保育内容の基準として文部科学大臣が別に公示する幼稚園教育要領によるものとする」と規定されており，法的拘束力をもつものとして告示されている幼稚園教育要領に基づいて，実際の保育が行われる形となる。幼稚園教育要領は，1956（昭和31）年に初めて示されて以降，1964（昭和39）年，1989（平成元）年，1998（平成10）年，2008（平成20）年の４度にわたって改定

されてきた。現行のものは，2008年3月28日に告示されており，翌2009（平成21）年4月1日からの施行となる。今回の改定では，幼稚園教育へのニーズが多様化するなかで，幼稚園と小学校の連携や親子登園を通じた子育て支援など，新たな課題に対した内容へと改められた。

　幼稚園教育要領では，その第1章「総則」の冒頭において，「幼児期における教育は，生涯にわたる人格形成の基礎を培う重要なものであり，幼稚園教育は，学校教育法第22条に規定する目的を達成するため，幼児期の特性を踏まえ，環境を通して行うものであることを基本とする」と述べ，「環境を通して行う保育」が「幼稚園教育の基本」である点を強調している。幼稚園は，「幼児を保育」する場所となるため，いわゆる学校教育的な教育内容や教育方法ではなく，「幼児の健やかな成長のために適当な環境を与えて，その心身の発達を助長すること」がふさわしいというわけである（学校教育法第22条）。

　幼児期は，生活のなかで，自分の興味や欲求に基づいた体験を通して，自己形成を図る時期だとされる。その教育においては，周囲に存在している人・もの・こと・雰囲気などといった環境からの刺激を受け止め，幼児自らが環境にかかわりながらさまざまな活動を展開して，充実感や満足感を味わう体験が重視されなければならない。そうした意味から，幼稚園教育では，幼児期の発達の特性を踏まえて，生活の実情に即した教育内容を基盤とする計画的な環境づくりが図られ，そのなかで幼児が主体性を十分に発揮しながら，望ましい方向へ向かって発達を促していくことが求められる。幼稚園教育要領においては，幼児の主体性と教師の教育的意図による環境構成とがバランスよく絡み合って成り立つ教育を，「環境を通して行う保育」として捉え，「幼稚園教育の基本」に位置づけているのである。

　また，幼稚園教育要領では，「教師は幼児との信頼関係を十分に築き，幼児と共によりよい教育環境を創造するように努めるものとする」とも述べており，幼稚園で展開される生活や教師の指導が幼児期の特性にかなったものでなければならないことを強調している。そして，特に，「幼稚園教育の基本」に関連して重視すべき事項として，次の3点があげられるという。

(1) 幼児は安定した情緒の下で自己を十分に発揮することにより発達に必要な体験を得ていくものであることを考慮して，幼児の主体的な活動を促し，幼児期にふさわしい生活が展開されるようにすること。

(2) 幼児の自発的な活動としての遊びは，心身の調和のとれた発達の基礎を培う重要な学習であることを考慮して，遊びを通しての指導を中心として第2章に示すねらいが総合的に達成されるようにすること。

(3) 幼児の発達は，心身の諸側面が相互に関連し合い，多様な経過をたどって成し遂げられていくものであること，また，幼児の生活経験がそれぞれ異なることなどを考慮して，幼児一人一人の特性に応じ，発達の課題に即した指導を行うようにすること。

 すなわち，これらの「幼児期にふさわしい生活が展開されるようにすること」や「遊びを通しての総合的な指導が行われるようにすること」，「一人一人の特性に応じた指導が行われるようにすること」の3点が重視されなければならないというのである。また，その際には，「幼児の主体的な活動が確保されるよう幼児一人一人の行動の理解と予想に基づき，計画的に環境を構成しなければならない」として，教師による環境構成の重要性も指摘している。特に，教師は，「幼児と人やものとのかかわりが重要であることを踏まえ，物的・空間的環境を構成しなければならない」し，「幼児一人一人の活動の場面に応じて，様々な役割を果たし，その活動を豊かにしなければならない」という意味で，その果たすべき役割は重要である。

（2）保育所保育指針の示すもの

 保育所の保育内容については，旧・児童福祉施設最低基準第35条に，「保育所における保育の内容は，健康状態の観察，服装等の異常の有無についての検査，自由遊び及び昼寝のほか，第12条第1項に規定する健康診断を含むものとし，厚生労働大臣が，これを定める」と規定されていた。その保育内容は，歴史的に見れば，幼稚園とは異なり，法令に基づいた基準が示されてこなかった。しかし，1963（昭和38）年の文部省初等中等教育・厚生省児童局長連名通知

「幼稚園と保育所との関係について」を受け，1965（昭和40）年に保育所保育指針が初めて作成されて以降，それが保育所における保育内容の「ガイドライン」となってきた。

保育所保育指針は，1990（平成2）年及び1999（平成11）年の2度にわたって改められており，2008（平成20）年3月28日，その3度目の改定が行われた。翌2009（平成21）年4月1日からの適用となる。今回の改定における特色としては，①雇用均等・児童家庭局長通知となっていたものを厚生労働大臣告示に格上げし，位置付けを強化すること，②養護・幼児教育に関する機能の充実や小学校との連携強化，③地域の子育て支援の拠点としての保育所の機能の拡充，④児童虐待や食育などの児童福祉政策の展開を踏まえた内容の充実，⑤保育士の資質向上といった点をあげることができる。また，その告示に伴って，児童福祉施設最低基準第35条は，「保育所における保育は，養護及び教育を一体的に行うことをその特性とし，その内容については，厚生労働大臣が，これを定める」と改正された。

保育所保育指針は，その第1章「総則」で，児童福祉法第39条に規定された「目的」を踏まえて，「保育所は，……保育に欠ける子どもの保育を行い，その健全な心身の発達を図ることを目的とする児童福祉施設であり，入所する子どもの最善の利益を考慮し，その福祉を積極的に増進することに最もふさわしい生活の場でなければならない」と述べている。そして，「保育所は，その目的を達成するために，保育に関する専門性を有する職員が，家庭との緊密な連携の下に，子どもの状況や発達過程を踏まえ，保育所における環境を通して，養護及び教育を一体的に行うことを特性としている」との前提に立ち，幼稚園教育要領のいう「環境を通して行う保育」を養護と教育の両面から捉えて，それを実現するような保育の環境づくりが欠かせないとする。そこには，「保育所のもつ機能のうち，教育に関するものは，幼稚園教育要領に準ずることが望ましいこと」から，その基本が保育所保育にも取り入れられているというわけである（文部省初等中等教育・厚生省児童局長連名通知「幼稚園と保育所との関係について」）。

ところで、「養護及び教育を一体的に行う」とは、たとえば、食事や排泄など、保育士が生活の援助・世話をする養護的かかわりのなかで、子どもの心身ともに健やかな成長を促すような教育的働きかけがなされたり、子どもの主体的な活動である遊びの場面においても、子どもの心身の状況を的確に把握した養護的配慮がされたりするということである。保育所の保育は、養護的働きかけと教育的働きかけを区分するのではなく、両者を不可分のものとして捉えて行うところに特性がある。

　保育の環境について、保育所保育指針では、「保育士等や子どもなどの人的環境、施設や遊具などの物的環境、更には自然や社会の事象などがある」と捉えている。そして、「こうした人、物、場などの環境が相互に関連し合い、子どもの生活が豊かなものとなるよう、……計画的に環境を構成し、工夫して保育しなければならない」という形で、幼稚園教育要領のいう「環境を通して行う保育」が基本とされる。しかし、保育所における保育の特性から、施設などでの「保健的環境」の向上や「安全の確保」とともに、保育室が「温かな親しみとくつろぎの場」や「生き生きと活動ができる場」となるように配慮することが、その環境構成で幼稚園以上に求められる点を忘れてはならない。

　特に、実際の保育においては、「人的環境」の1つである保育士の言動が子どもに大きな影響を与える。その意味では、「保育所における保育士は、児童福祉法第18条の4の規定を踏まえ、保育所の役割及び機能が適切に発揮されるように、倫理観に裏付けられた専門的知識、技術及び判断をもって、子どもを保育するとともに、子どもの保護者に対する保育に関する指導を行うものである」という。保育所保育指針（案）では、そうした保育士の果たすべき役割が、「保育の方法」として、次の6点にわたって示されている。

　ア　一人一人の子どもの状況や家庭及び地域社会での生活の実態を把握するとともに、子どもが安定感と信頼感を持って活動できるよう、子どもの主体としての思いや願いを受け止めること。

　イ　子どもの生活リズムを大切にし、健康、安全で情緒の安定した生活ができる環境や、自己を十分に発揮できる環境を整えること。

第3章 環境を通して行う保育

　ウ　子どもの発達について理解し，一人一人の発達過程に応じて保育すること。その際，子どもの個人差に十分配慮すること。
　エ　子ども相互の関係作りや互いに尊重する心を大切にし，集団における活動を効果あるものにするよう援助すること。
　オ　子どもが自発的，意欲的に関われるような環境を構成し，子どもの主体的な活動や相互の関わりを大切にすること。特に，乳幼児期にふさわしい体験が得られるように，生活や遊びを通して総合的に保育すること。
　カ　一人一人の保護者の状況やその意向を理解，受容し，それぞれの親子関係や家庭生活等に配慮しながら，様々な機会をとらえ，適切に援助すること。

　このように，保育所保育指針では，「子どもの権利条約」の理念を踏まえ，「入所する子どもの最善の利益」を保障するため，「十分に養護の行き届いた環境」を整えるとともに，幼稚園教育要領と同様に，「環境を通しての保育」を基本として，子どもの主体的な活動の尊重や遊びを通しての保育，一人ひとりの発達の特性に応じたかかわりを求めている。そのような保育の環境は，「人，物，場などの環境が相互に関連し合い，子どもの生活が豊かなものとなるよう」に，計画的に構成されるべきものであり，子どもの生活の安定を図る人やものなどの条件整備とともに，多様な活動が展開され，育ちを促していくような保育上の工夫が生かされるべきものであるというのである。

(3) 保育のねらいと内容

　幼稚園教育要領では，幼稚園教育の目標について，「幼稚園は，家庭との連携を図りながら，幼稚園教育の基本に基づいて展開される幼稚園生活を通して，生きる力の基礎を育成するよう学校教育法第23条に規定する幼稚園教育の目標の達成に努めなければならない」と述べ，「幼稚園は，このことにより，義務教育及びその後の教育の基礎を培うものとする」としている。学校教育法第23条の規定では，次の5つの目標が示される。
　一　健康，安全で幸福な生活のために必要な基本的な習慣を養い，身体諸機

能の調和的発達を図ること。
二　集団生活を通じて，喜んでこれに参加する態度を養うとともに家族や身近な人への信頼感を深め，自主，自律及び協同の精神並びに規範意識の芽生えを養うこと。
三　身近な社会生活，生命及び自然に対する興味を養い，それらに対する正しい理解と態度及び思考力の芽生えを養うこと。
四　日常の会話や，絵本，童話等に親しむことを通じて，言葉の使い方を正しく導くとともに，相手の話を理解しようとする態度を養うこと。
五　音楽，身体による表現，造形等に親しむことを通じて，豊かな感性と表現力の芽生えを養うこと。

　ところで，保育の内容は，保育の目標をより具体化した「ねらい」と，このねらいを達成するための「内容」から構成されている。保育の計画（教育課程・保育課程や指導計画）を立てる際に最も必要とされるものが，この「ねらい」と「内容」である。

　幼稚園教育要領では，「ねらいは，幼稚園修了までに育つことが期待される生きる力の基礎となる心情，意欲，態度などであり，内容はねらいを達成するために指導する事項である」とする。これらは，幼児の発達の側面から，次の5領域にまとめて示す形がとられている。

（1）　心身の健康に関する領域「健康」
（2）　人とのかかわりに関する領域「人間関係」
（3）　身近な環境とのかかわりに関する領域「環境」
（4）　言葉の獲得に関する領域「言葉」
（5）　感性と表現に関する領域「表現」

　また，幼稚園教育要領は，これらの「各領域に示すねらいは，幼稚園における生活の全体を通じ，幼児が様々な体験を積み重ねる中で相互に関連をもちながら次第に達成に向かうものであること，内容は幼児が環境にかかわって展開する具体的な活動を通して総合的に指導されるものであることに留意しなければならない」としている。つまり，幼児の発達は様々な環境とのかかわりを通

して徐々に遂げられていくため，各領域に示されているねらい及び内容は，教師が幼児の生活を通して総合的に指導していく際の視点であり，幼児のかかわる環境を構成する場合の観点でもあるということである。

　一方，保育所保育指針では，「保育の目標」が，「子どもを保育する」こと，「子どもの保護者に対する保育に関する指導を行う」ことの 2 つから示された。前者について，「保育所は，子どもが生涯にわたる人間形成にとって極めて重要な時期に，その生活時間の大半を過ごす場である」ととらえ，「このため，保育所の保育は，子どもが現在を最も良く生き，望ましい未来をつくり出す力の基礎を培う」ために行われるべきものであるとしている。そして，その目標に関して，次のような 6 つの事項をあげる。

　㈎　十分に養護の行き届いた環境の下に，くつろいだ雰囲気の中で子どもの様々な欲求を満たし，生命の保持及び情緒の安定を図ること。
　㈏　健康，安全など生活に必要な基本的な習慣や態度を養い，心身の健康の基礎を培うこと。
　㈐　人との関わりの中で，人に対する愛情と信頼感，そして人権を大切にする心を育てるとともに，自主，自立及び協調の態度を養い，道徳性の芽生えを培うこと。
　㈑　生命，自然及び社会の事象についての興味や関心を育て，それらに対する豊かな心情や思考力の芽生えを培うこと。
　㈒　生活の中で，言葉への興味や関心を育て，話したり，聞いたり，相手の話を理解しようとするなど，言葉の豊かさを養うこと。
　㈓　様々な体験を通して，豊かな感性や表現力を育み，創造性の芽生えを培うこと。

　保育所保育指針では，これらの目標を受けて，「保育の内容は，『ねらい』及び『内容』で構成される」としている。「ねらい」とは「保育の目標をより具体化したものであり，子どもが保育所において，安定した生活を送り，充実した活動ができるように，保育士等が行わなければならない事項及び子どもが身に付けることが望まれる心情，意欲，態度などの事項を示したものである」と

いう。つまり，前者を養護的なねらい，後者を教育的なねらいとし，ここでも両者を一体のものとしてとらえているのである。

また，「内容」については，「『ねらい』を達成するために，子どもの生活やその状況に応じて保育士等が適切に行う事項と，保育士等が援助して子どもが環境に関わって経験する事項を示したものである」としている。ここでも，養護的な前者と教育的な後者が一体のものとされている点に変わりはない。それについては，「保育士等が，『ねらい』及び『内容』を具体的に把握するための視点として，『養護に関わるねらい及び内容』と『教育に関するねらい及び内容』との両面から示しているが，実際の保育においては，養護と教育が一体となって展開されることに留意することが必要である」と述べられている。

なお，保育所保育指針においても，「五領域並びに『生命の保持』及び『情緒の安定』に関わる保育内容は，子どもの生活や遊びを通して相互に関連を持ちながら，総合的に展開されるのである」としている。それは，幼稚園教育要領での捉え方と同じく，保育における5領域が小学校などの教科のように独立したものとは異なっている点で，領域別に保育の計画を立てたり，特定の活動に結びつけて指導したりするなどの扱いをしてはならないということである。

2　子どもの遊びと保育

(1) 子どもの遊びとは

身のまわりの世話が必要な乳児期を脱して幼児期になると，その生活の大部分は遊びによって占められる。遊びとは，周囲にある人・もの・ことなどの環境との多様なかかわり合いを楽しむ行動であり，その本質は，遊ぶという行為自体が喜びやおもしろさを感じさせるところにある。つまり，それ自体が目的の活動であって，何か役に立つような結果を生み出すためのものではないということである。

しかし，幼児期の遊びは，大人がするものとは性格が異なり，成長や発達を促す重要な体験が数多く含まれている。幼児が周囲の環境にかかわりながら遊

ぶということは，そこに未知なるものの発見や意味の捉え直しを含む行為であって，その中で想像力や思考力などを発揮しての経験が積み重ねられていくこととなる。そうした意味では，高度な知的な行為であると言える。また，遊びの喜びやおもしろさは，自分自身の身体を使って表現されたり，友だちと共有されたりすることによって感動がより深められ，環境に対する興味や関心，それにかかわる意欲も高められていく。子どもたちは，そうした体験を通して，達成感や充実感，あるいは葛藤や挫折感などを味わい，精神的な成長を遂げるのである。

　子ども自身が自発的に取り組む遊びは，心身の働きを総動員せざるをえないものであり，そのような体験を積み重ねることで，幼児は心身の調和が取れた発達の基礎を培っていくこともできる。遊びとは，幼児期にとって欠かすことができない学びの行為や機会であって，幼稚園教育要領が「遊びを通しての総合的な指導」を強調する意味も，そこにある。

　もちろん，遊びは子ども時代の全体にわたって行われ，発達を促していくものであり，幼児期に特有の行為ではない。乳児にとっても，母親とのかかわりは遊びを含んでいる。たとえば，赤ちゃんは，授乳をされている間，ずっと飲み続けるのではなく時々乳房から口を離すしぐさをし，それに気づいた母親が，赤ちゃんに声をかけるということが繰り返される。このことは，赤ちゃんが「ねぇ，おかあさん」と呼びかけ，それに対して，母親が「なぁに？　どうしたの？」と応えることで反応を楽しんでいる状態であり，赤ちゃんにとっては最初の遊びであると言える。赤ちゃんの求めに応じて母親が語りかけるその瞬間から遊びが成り立っているのである。

　保育の対象となる乳幼児期の子どもにとって，遊びは必要不可欠の活動として幼稚園や保育所の生活で積極的に位置づけられなければならない。そのための環境づくりが，保育の場では十分に配慮される必要がある。

（2）遊びを通しての総合的指導

　子どもは，遊びを展開するなかで，心身の働きが相互に呼応し合うことを通

して，発達に必要な経験を積み重ねていく。各経験には心身の様々な側面の育ちを促す契機が数多く含まれており，それらを経験する過程で，乳幼児は諸能力を相互に関連させ合いながら，総合的な発達を遂げていくのである。

　遊びを通して子どもの総合的な発達が促されていくのは，心身の様々な機能を個別に発揮するのではなく，1つの活動のなかで個々の機能を同時に働かせ，協働する経験から得るものが大きいことに基づいている。それは逆に言えば，個々の遊びは，さまざまな側面の育ちを促していくために必要な体験が盛り込まれている活動であって，そのような特徴をもっているからこそ，個々の子どもの発達を遂げさせていくことも可能となるのである。

　たとえば，子どもたちが何人か集まり，砂場で山づくりをしているとする。その場合，子どもたち同士の間で，お互いが完成させようと考える山のイメージを共有し，一人ひとりが力を合わせなければ，それをみんなで築きあげることはできない。そこにおいては，友達と一緒に遊ぶなかでコミュニケーションを取ろうと努め，自己中心的な思考から相手の立場に立ったものの見方へと移っていくことで社会性や道徳性が培われ，自分の想いを伝えたり，相手の話を聞いたりする言語表現能力も高められる。また，スコップなどの道具を使い，友達と協力して全身を動かしながら遊びに取り組むことで，子どもたちは基礎的な運動能力も養っていく。さらに，個々の場面において，砂や水などの素材の特質を知り，見立てやごっこを支える想像力も豊かになる。

　このように，1つの遊びを展開するなかで，子どもたちは数多くの経験をし，様々な能力も獲得していく。こうした意味で，幼稚園や保育所で遊びを指導する場合においては，子どもが育つ姿を発達の様々な側面から総合的に捉え，多様な能力や態度の形成を促すために必要な経験が得られるよう，計画的に環境を構成することが必要となる。幼稚園教育要領や保育所保育指針で示されているねらいを総合的に達成していく上で，保育者は，子どもの生活そのものと言うべき遊びの展開に留意し，活動の場面に応じて様々な役割を果たして，子どもの主体性が大切にされるような指導を行わなければならないのである。

3 子ども主体の保育

(1) 保育者との信頼関係に支えられた環境

　幼児期の子どもは，自分が周囲の大人によって受け入れられているという安心感をもつことで，自立した生活ができるようになっていく。自分を守ってくれる大人がいて，そのもとで自身の世界を拡大していくことができるという信頼関係によって，子どもの自立は促されるのである。

　この時期の子どもは，自らの生活世界を広げていくにしたがい，あらゆることに挑戦し，自分でやりたいという意欲が高まってくる。しかし，その気持ちは，信頼する大人に自分の存在を認めてもらい，愛され，支えてもらっているという実感が基盤にあってこそ育つものである。幼稚園や保育所における生活では，特に教師や保育士への信頼関係が重要であり，そうした保育者との関係によって得られる安心感が，子どもの主体性を引き出すこととなる。

　幼稚園教育要領においては，前節で述べたように，「教師は幼児との信頼関係を十分に築き，幼児と共によりよい教育環境を創造するように努めるものとする」としており，幼児の主体性と教師の意図がバランスよく絡み合って成り立つものである点を強調している。つまり，幼稚園の教育では，「幼児は安定した情緒の下で自己を十分に発揮することにより発達に必要な体験を得ていくものであることを考慮して，幼児の主体的な活動を促し，幼児期にふさわしい生活が展開されるようにすること」が原則になるというのである。

　一方，保育所保育指針でも同様に，「一人一人の子どもの状況や家庭及び地域社会での生活の実態を把握するとともに，子どもが安定感と信頼感を持って活動できるよう，子どもの主体としての思いや願いを受け止めること」や「子どもが自発的，意欲的に関われるような環境を構成し，子どもの主体的な活動や子ども相互の関わりを大切にすること」，「特に，乳幼児期にふさわしい体験が得られるように，生活や遊びを通して総合的に保育すること」などが，「保育の方法」として確認されている。保育所保育の特性として「養護」の側面が

強調されてはいるものの，保育士との信頼関係に支えられた生活のなかで，必要な時には適切な援助を受けながら，子どもが意欲的にいろいろな活動へと取り組むことのできる環境構成を求めている点は，基本的に変わらない。

（2）興味や関心に基づいた直接的な体験が得られる環境

　子どもの生活は，その大部分が興味や関心に基づいた自発的な活動となる。そうした興味や関心に裏づけられた直接的な体験は，子どもの発達を促す重要なきっかけとなるものであり，そこから自らを取り巻く生活世界についての具体的な認識や理解が深まっていき，子どもは様々な力を獲得することにもなる。

　そのなかでも，遊びは「自発的な活動」の中核となるものであり，幼稚園教育要領でも，「心身の調和のとれた発達の基礎を培う重要な学習である」と捉えられている。興味や関心から発した自発的な遊びへと十分に取り組むことは，子ども自身に充実感や満足感を与え，それらがさらなる興味や関心を高めていく契機にもなる。そのような意味で，幼稚園や保育所における生活は，子どもが主体的に環境とかかわり，十分に遊ぶことを通して充実感や満足感が得られるようなものとならねばならない。

　「環境を通して行う保育」においては，子ども自らが心身のすべてを発揮して対象とかかわっていく活動によって，対象やそれとのかかわり方，そうした状態へと身を置いている自分自身について学ぶことができる。子ども自身が感じている関心や興味から，対象にかかわってみたいという意欲が発せられてこそ，環境とのかかわりが成り立つことにもなる。そうした意味では，関心や興味に基づく子どもの主体性が，保育においては，まず大切にされねばならないのである。

　そのためには，何よりも，子どもが自発的に取り組むことのできるよう，自由に活動できる時間が必要である。すべきことが常に決められていたり，園生活の大半が保育者の指示通りに動く流れとなっていたりしては，子どもの主体性が発揮されにくい。また，子どもの関心や興味を引き出し，主体的な活動を展開させるためには，人的環境としての保育者の援助も欠かせない。物的環境

に対する子どもの興味や関心は，保育者がモデルとしてかかわりを示すことによってより高められ，主体性に基づく充実した活動を生み出していくこととなるのである。

（3）友だちと十分にかかわることができる環境

　幼児期の子どもは，自分以外の他者である友だちの存在に目を向け，一緒に遊びたいという気持ちを高める。幼児は，社会性が著しく発達していく時期を過ごしており，友だちとのかかわりが盛んになっていく。

　相互にかかわりをもつことは，子どもに自分自身の存在感を確認させたり，自己と他者との違いに気づかせ，他者への思いやりを深めたりするきっかけとなる。また，それは，集団への参加意識を高め，そこでの葛藤などの経験を通して，子どもが自立性を身につける契機ともなっていく。

　家庭での生活では，自分自身の生活世界における経験しかすることができない。しかし，幼稚園や保育所における生活は，それぞれの子どもがもつ経験が相互にかかわり，結びつくことを通して相互に刺激し合い，一人だけでは体験することができない様々な活動をしたり，人・もの・ことなどの環境に対する関心や興味を深め，それらにかかわる意欲を高めたりすることができる。

　たとえば，ルールを守ったり，役割分担をして仕事に取り組んだりするなどの社会的な能力は，集団生活を子ども自身が経験することによって，初めて身につくものである。そこへ至るまでには，幼児期の特徴である自己中心性から，お互いの自己主張のぶつかり合いがくり返され，けんかや衝突も生ずることとなる。しかし，子どもたちは，そうした経験を通して，自分だけでなく相手にも想いや主張があり，自己理解や他者の受容が欠かせないことに目を向け，どうしたらけんかや衝突なしに生活ができるのかを考えたり，体験のなかから少しずつ学んだりしていく。そして，その積み重ねを経ることで，子どもたちの社会性の発達は促されるのである。

　そうした社会的な能力を園生活のなかで育てていくためには，保育者の果たすべき役割はきわめて重要であると言ってよい。保育者は，日頃から，子ども

たちが友達とのかかわりへと目が向くように援助したり，一人ひとりを大切にするような行動を取るモデルとなったりすることが求められる。また，けんかや衝突の場面には，他者の感情や相手の視点に気づかせるような働きかけをしたり，集団生活における約束事へと関心を向けさせ，それが守られなければならない意味について考える機会を与えたりしていくことも重要となる。

　幼稚園や保育所における生活は，子どもが，保育者との愛情や信頼感を基盤にしながら，友だちと触れ合って活動する経験を通して，関心や興味に支えられた子ども自身の主体的な生活を確立していくものとして，その役割を果たさなければならない。そうした子ども主体の保育を展開していく上で，園生活全体を見通した計画的な環境の構成は不可欠のものであり，保育者は，自らが重要な環境の一部となっていることを念頭に置き，友だちを含めた人的環境の構成にも努めることが求められるのである。

4　総合的指導と保育

(1) 総合的指導と計画的な環境の構成

　幼稚園や保育所における保育は，第1節でも述べたように，乳幼児期の発達の特性から，子ども自らが周囲の様々な環境とかかわり，活動が展開されるなかで充実感を味わいながら，成長が促されていくような体験を重ねるものでなければならない。しかし，子どもが主体性を発揮していくことのできるように願い，そのための環境構成を行ったとしても，それが「乳幼児期にふさわしい体験が得られるように，生活や遊びを通して総合的に保育すること」(保育所保育指針)へとつながらなければ，子どもの興味や関心は引き起こされず，活動を通しての経験も発達が促されるものとはなりにくい。

　環境との多様なかかわりを通して，子ども自身が発達に必要な経験をバランスよく積み重ねていくためには，幼稚園や保育所での生活が計画性をもち，総合的な指導を行うものとなる必要がある。つまり，園生活を通して，幼稚園教育要領や保育所保育指針で示されている保育の目標（それを具体化したねらい

や内容）を達成していくためには，まず，個々の発達の時期にはどういった経験が求められるのかを見通し，総合的に指導していくための保育内容や保育方法を予想した計画（教育課程・保育課程や指導計画）の立案が求められる。また，日常の保育において，具体的な指導を行っていく上では，あらかじめ立てた計画を念頭に置きながら，子ども一人ひとりの状況に応じた柔軟な対応も欠かせない。環境の構成は，固定的なものではなく，子どもの活動の展開に伴って，発達に向けた総合的な指導がなされるため，絶えず再構成が求められるものであり，それを保育者の具体的な援助によって充実を図っていくべきものと捉えなければならない。

（2）活動の見通しと総合的指導

　総合的な指導を計画的に行うための視点としては，"発達の見通しや活動の予想に基づいた環境構成"と"子ども一人ひとりの発達の特性に応じた指導"という2つをあげることができる。発達の過程に沿って設定されたねらいや内容を達成するための環境構成はもちろんのこと，実際の保育における個々の子どもへの柔軟な援助がなされることで，計画性のある総合的な指導が行われていくのである。

　その例として，幼稚園や保育所で取り組まれることが多い共同製作の場面で考えてみよう。段ボールなどの身近な素材を用いて，みんなで取り組む共同製作は，それを完成させた喜びや満足感を味わうといった結果だけにとらわれがちだけれども，そこへ至るまでの過程において，子どもたちの成長を促すさまざまな具体的活動がステップとして位置づけられる計画性や保育者の総合的な指導がより重要なものになっている。保育者が積極的にかかわり，お互いのイメージを「言葉」にして伝え合うことで，仲間意識が高まり，協力し合えるようになって，「人間関係」もより深まっていく。また，自らの全身を使って素材や道具・仲間とかかわることの充実感・満足感は，保育者の環境構成によって，働きかける対象の段ボールがもつ「環境」的な性質への理解を深めたり，心身の「健康」を図ったりすることにつながる。そして，造形することの楽

しさやそれを使って遊ぶおもしろさは，保育者との共感によって，「表現」する喜びへと発展していくものでもある。

　こうした環境構成や保育者による援助を行う際，総合的な指導がなされていくためには，場や空間，人・もの・こと，身の周りに起こる事象，時間の流れなどを関連づけ，子どもの発達に必要な体験が得られる状況を予想していなければならない。子どもが主体的に活動できる場や空間，適切なもの（素材・道具）や友だちとの出会い，個々の活動のなかで十分に充実感や満足感を感じられるような時間的余裕や実践の流れ（展開）が，保育者によって考慮されているべきものなのである。また，いつも保育者が環境を作り出すのではなく，子ども自身の気付きや発想を大切にしたり，活動の過程における心の動きへと共感したりする援助が，そこに組み込まれていくことも欠かせない。保育における総合的指導とは，こうした形で，保育者による環境構成と柔軟な援助がもととなって展開されるものである。

5　一人ひとりを育てる保育

（1）一人ひとりの発達の特性

　子どもは，一人ひとりの家庭環境や生活経験が異なり，その発達も一様ではない。とりわけ乳幼児期の子どもにとって，発達の特性から，人やものへのかかわり方はそれぞれ違い，環境からの刺激の受け止め方も異なってくる。

　子どもが主体的に環境とかかわり，自己を形成していく過程が発達そのものであるならば，そうした過程を一人ひとりの特性として捉え，個々の子どもらしい見方・感じ方・考え方を大切にしながら，発達の課題に応じた指導をすることが，保育者には求められる。しかし，一人ひとりの子どもに応ずるといっても，ただ単に要求を受け入れて応えてさえいればよいというものではない。幼稚園や保育所の保育は，幼稚園教育要領や保育所保育指針に示されているねらい及び内容を踏まえて行われるべきであり，集団生活のなかで子どもたちがお互いに影響し合うことを通して，一人ひとりの発達を促していくものとなる

必要がある。つまり，個々への指導とは，子ども集団がもつ教育力を前提とし，一人ひとりの発達の特性を生かした集団の形成が常に考えられながら，保育の目標の実現をめざす過程において行われるべきものなのである。

　そうした一人ひとりに応じる指導では，愛着や信頼感を築くために，まず子どもを受容することが必要だけれども，それだけに留まってしまっては，乳幼児の主体的な生活を支える保育には必ずしもつながらない。保育者は，子どもの願いや要求へと即座に応えることだけでなく，自分自身で取り組ませたり，友だち同士で助け合っていくように促したりして，それぞれの状況に応じてかかわり方を変えていななければならない。

（２）一人ひとりに応じるための保育者の基本姿勢

　子ども一人ひとりに応じた指導をする上では，第３節でも述べたように，保育者には，まず，子どもの言動に温かく目を向け，その心の動きに応答して，共に考えるなどの基本姿勢が求められる。それぞれの発達の特性に応じた保育をする前提として，まず保育者との信頼関係に支えられた環境が，そこには必要なのである。

　一人ひとりの子どもへと適切な指導をするためには，個々の子どもが見せる発達の状況，その内面を理解することが欠かせないとはいうものの，目の前に表れている状況は，保育者としてかかわることで見えているものに過ぎない。子どもの姿を深く理解していく上で，保育者は，子どもとかかわっている自分自身の心の動きや態度にも目を向けていく必要がある。子ども理解だけでなく，自己理解も同様に求められるのであり，それを欠いた子どもの受容などありえないと言ってよい。

　子どもとのかかわりを絶えず振り返り，自分自身を見つめることは，保育者としての自己に気づいていく行為であり，そうした「省察」に努めることが，子ども一人ひとりに応じた適切な指導をしていくための基盤となる。そして，自らの心の状態を意識し，できる限り安定し，落ち着いた状態でいるように努めることが，子どもに寄り添う姿勢へとつながっていく。いらいらしたり，落

ち込んでいたりしている場合には，子どもへのかかわりが不安定なものとなり，理解や援助も困難になる。保育者は，機会があるごとに，自分の心理状態を冷静に見つめ直し，不安や心配などがあれば，その要因を取り除くように努めながら，精神の安定を図ることが大切である。

　また，保育者が子ども一人ひとりを理解し，心の動きに応じる保育とは，特定の子どもだけを援助したり，個別対応に終始したりすることを意味するものではない。幼稚園や保育所における子どもの主体的な活動は，友だちとのかかわりを通して充実していくものであって，一人ひとりの子どもがもっているよさが集団のなかで生かされ，それが伸ばされるような環境構成や保育者の援助を意識的に行わなければならない。

　そのためには，個々の子どもが抱いている思いや活動への意欲をつなぎ，お互いがかかわり合うことのできるような環境を構成し，子ども集団がもつ教育力を積極的に引き出すことである。それと同時に，保育者には，子ども一人ひとりの発達の特性を踏まえ，個々の子どもが主体的な活動へと取り組めるように，活動に応じた援助も求められる。そこには，計画的な環境構成だけでなく，それを子どもとともに再構成することやモデル・共同作業者・競争相手としてかかわること，温かく見守ることなど，多様な役割を果たす援助の形態が含まれている。そうした友だちとの集団生活を基盤に据えた上で，保育者によって，環境構成が絶えず検討され，一人ひとりの子どもに応じた指導が行われなければならないのである。

　さらに，子ども一人ひとりを育てていくためには，保育者が協力して個々の子どもを捉えていくことも望まれる。子どもの興味や関心は多様であるものの，一人の保育者に見せる姿はきわめて限られている。したがって，一人ひとりの子どもを丸ごと捉えるためには，日頃から保育者同士が連絡を密にし，幼稚園や保育所の全体として適切な環境構成をして，総合的な指導を心がけることが必要である。

　保育者同士が相互に様々な子どもとかかわり，お互いに感じた点や捉え方などを話し合うことによって，一人ひとりの子どもを深く理解し，適切な援助を

するための共通理解も築かれていく。つまり，日々の保育を保育者が共に振り返ることは，自分一人では気づかなかった部分や違った視点，考え方に触れる重要な機会であり，そのような開かれた関係があってこそ，園全体で一人ひとりの子どもを育てる指導ができるというわけである。

　言い換えれば，保育者自身が一人ひとりの持ち味を生かし，お互いのよさを認め合いながら，専門性を高めていくことがないとしたら，保育実践に対する視野がきわめて狭い状態となり，子ども一人ひとりに応じる保育をするのも難しくなる。「一人ひとりを育てる保育」とは，子どもだけでなく，保育者自らが保育を通じて育つことを意味するものなのである。

―― 学習課題 ――
○幼稚園教育要領及び保育所保育指針について，それぞれに示されている「保育の基本」と「ねらい」や「内容」の意味を理解しよう。
○子どもの発達をうながすための遊びを構成する際，保育者の配慮にはどのようなものが要求されるか考えてみよう。
○一人ひとりの遊びの過程を集団保育に生かすために，人的環境として保育者に望まれる資質を考えてみよう。

参考文献
文部科学省「幼稚園教育要領」(2008年3月28日告示)。
厚生労働省「保育所保育指針」(2008年3月28日告示)。
厚生労働省雇用均等・児童家庭局保育課「保育所保育指針解説書」(2008年3月)。

（浅野　俊和）

第4章 集団とのかかわりと個の育ち

　本章では保育の場における集団がどのようにして形成されるのかを，子どもの育ちを基に考え，その際の保育者の配慮や具体的な保育内容について実践事例をあげながら解説する。自我が芽生え，個を育む乳幼児期に集団はどのような意味をもつのか。幼稚園や保育所の集団生活は，他者とかかわることによって自己を意識し，さまざまな葛藤を経験しながらも次第に他の子どもたちとともに過ごす喜びや楽しみを味わっていく。したがって，集団は個を磨くために必要な環境であることを示したい。

　また，個が満たされていると，子どもたちは生活圏や人間関係の広がりにつれて集団の規模を広げ，所属集団に対する親愛の情と誇りをもち，仲間のために自分の力を役立てたいと思うようになる。こうした育ちが，幼児期の生活を充実させ，やがて成人したときには他者と共に生きる豊かな社会人の基盤になることを理解してもらいたい。

1　集団の意義をどう捉えるか

（1）核になるのは保育者との信頼関係

　保育所や幼稚園に在園している子どもたちは，集団で生活しているように見えるが，基本的には保育者との一対一の関係をもとに保育が行われている。初めから集団という形があって，それに当てはめていくのではなく，個々の子どもの育ちに伴って徐々に集団が作られていくのが幼児の世界である。

入園当初は見知らぬ大勢の子どもたちのなかで不安を感じていた子どもも，母親のように信頼できる担任保育者と出会ってやっと平常心を取り戻し，周囲を見回す余裕がもてるようになる。乳児であれば保育者の腕に抱かれて，3歳児であれば手をつないだりエプロンの端につかまるなどしながら，他の子が遊んでいる様子や遊具などに目を向け始める。低年齢児ほど依存の欲求が強く，接触という形でそれが満たされなければ自分から遊びに入れないことがわかる。しかし，自分で遊びを見つけられるようになった4〜5歳児でも，わからないことを聞く，困ったときに助けを求める相手として，また，いろいろなゲームや歌，お話などを提供してくれる人として，保育者に親しみと尊敬の気持ちを抱くようになってくる。これも形を変えた依存の要求と言えるのではなかろうか。

　保育の場（クラス）で複数の子どもたちが一日を支障なく過ごすためには，核になる保育者の存在が不可欠である。子ども同士の人間関係がつくられていなくても，一人ひとりが保育者との信頼関係を確立させていると，ちょうど花びらと芯の関係のように，しっかりと芯につながっている花びら同士も次第に親しくなってくる。それとともに空間と時間を共有することの多いクラスの構成メンバーたちの間に，同じ家族のような親しみが育ってくる。

（2）友だちを見つける

　園のなかに砂場，ままごとコーナー，積み木，絵本，乗り物，大形遊具など，ルールを知らなくてもすぐに参加できるものがあると，そこに集まってきた見知らぬ子ども同士が言葉を交わし，いっしょに遊ぶようになる。面白さに夢中になることもあるが，物の取り合いや意見の食い違いなどによる葛藤も経験する。しかし，それが自分と異なる他者の存在を知るきっかけとなり，「こんなことをしたら，もういっしょに遊んでくれないのではないか」と，他者の目に写る自分を意識することにもなる。

　つまり，それまで家庭で競争相手もなく自分の欲求が抵抗なく受け入れられていた生活から，自分とは異なった他者の意志にぶつかり，とまどいや悔しさ

を覚えながらも今まで知らなかった遊びの魅力との間で，なんとか自分自身と折り合いをつけようとする姿が，社会化のプロセスと言えるのではなかろうか。

そのように見ていくと，幼児にとっての集団生活の経験は自己を確立するために必要不可欠のように思えてくる。言い換えれば，集団は個を磨き育てる刺激の役割を果たしている。欲しいおもちゃの取り合いや，保育者の隣の席の奪い合いは，自分と同じような要求をもつ子どもがいることに気づかせ，自分が確実にそれを手に入れる方法を考える機会になる。力づくでという段階から，泣いて威嚇する，大人に訴えるなどを経て，相手に頼む，話し合う，ルールの取り決めをするというように社会化が進んでいく。その間，物は手に入れたいものの相手との関係を壊したくないというディレンマに陥り，譲る，贈るという行為も見られるようになる。

このように，状況判断をする思考力や相手に対する思いやりが生まれるのも他の子どもたちといっしょにいればこそである。幼稚園の3歳クラスに入園した一人っ子がおもちゃを独占し，近づいてくる子どもを片端から攻撃する姿は，まだ仲間という意識がなく，物を共有する観念が育っていないからである。しかし，時が経つうちに自分の行為がみんなに受け入れられず，かえって他の子から攻撃される辛さを味わうと，自分の行為を転換せざるをえなくなる。しかし，そのことによって今まで知らなかったみんなといっしょに遊ぶ面白さや気の合う友だちをもつ喜びを手に入れることも経験する。幼児が集団生活に慣れるために必要なのは，集団適応のためのきびしいしつけや説教ではなく，その方が楽しいと思える生活を演出することであろう。

2 集団がつくられていく過程

(1) ものや場を共有することで

入園当初，大勢の見知らぬ子どもたちのなかで不安を感じている子どもは，自分の居場所を見つけようとする。あたりを見回して，馴染みのある遊具や玩具が目に入るとそこへ行って遊び始める。そこには同じ思いの子どもがいて，

何かのきっかけでかかわりが生まれる。ままごとのお皿を差し出したり，砂場で川を掘っていた子ども同士がお互いの川をつなげたり，いつのまにか共同作業に変わっていくことがある。言葉が交わされ，おもしろいアイデアに笑い声が湧き，途端に遊びが活気づいてくる。思いがけなく楽しい時間を過ごした二人は「またあしたもやろうね」と約束し，次の日から相手の登園を待って，いそいそと砂場に出かけて行く。

また，靴箱やロッカーが隣り合っていたり，いつも食事やおやつのときに同じテーブルにつくなど，生活の場でいっしょにいることが多い子どもたちも顔見知りになり，次第に親しみを覚えるようになる。隣に空席があると「○○ちゃんはどうしたの？」と気にかけるのは，友だちという意識が育ってきたからであろう。

（2）仲良しグループができる

毎朝，二人で楽しそうに川を掘り進めながら，他の子が作った山を迂回して行くと，山を作っていた子が手を休め，仲間に加わってきた。こうして三人，四人と増え，互いに声を掛け合い砂場全体を使って遊びが発展していく。こうなれば，同じ目的をもって協力し合うグループといってもよい。園のあちこちに小グループの遊びの輪が生まれてくる。

いつもままごとコーナーでおうちごっこをしているグループは，今日はお花見に行くとみえ，みんなでお弁当らしきものを持って，いそいそと園庭に出かけて行った。

三輪車を連ねて円周を走っているグループの顔触れもほぼ定着してきた。

ホールで大形積み木の迷路づくりをしていた年長児たちのグループに数日前から年中組の子どもも数人交じっている。毎日うらやましそうに

写真4-1　仲良しグループができる

見ていたのでだれかが入れてくれたのであろう。こうした異年齢児を交えた遊び仲間もこのごろでは見られるようになった。

(3) 集団が育つための条件と配慮

　このように環境が子ども同士を結びつける機会を与えると同時に，保育者は，みんなですると楽しいと感じられる活動を提供していく。歌をうたったり，手遊びやリズム運動などはいっしょにするからこそお互いの声を聞き合い，身体の動きをまねながら楽しむことができる。はっきり覚えていなくても，見よう見まねで満足感が得られるのも集団の効用である。ここで留意しておきたいのは，運動会などでみごとに揃ったマスゲームを披露できるのは，もっと年齢の進んだ学童期になった子どもであり，幼児期には一糸乱れぬ行動をとらせるのが集団づくりの目的ではないということである。むしろ，集団で動くために情報を収集し活用する経験を大切にしてやりたい。これも集団のもつ大切な機能である。

　この集団効果は園生活の随所に見られ，保育者の指示を言葉だけでなく，他児の行動を見て理解する場合がよくある。保育者一人の受け持ち幼児数が3歳以上になると20人と多くなるのは，子ども同士の学び合い効果を考慮してのことである。「さあ，お部屋に入りましょう」と呼びかけられても気にとめずにブランコに乗っていた3歳児も，他の子どもたちが園庭から引き上げてしまうのを見ると「あれ，どうしたのかな？　お部屋に入るんだ」と気づいて自分も部屋に入る。

　おなかがすいても，だれもがテーブルにつかないうちはお弁当を出すのはためらわれる。保育者の呼びかけでお弁当を広げ，いきなり食べようとしても，あたりを見回してだれも箸をつけないでいるのを見ると「あ，まだかな？」と待つ。「おあがりなさい」という先生の声を聞いてから「いただきます」と食べ始める習慣も他児と一緒だから身につきやすい。

（4）お当番の始まり

　4～5歳児組では四～六人がテーブルを囲むことが多いが，何かを配るとき，クラスの全員が一斉に保育者のもとに殺到すると混乱するため，「テーブルのだれか一人が取りに来てね」と指示することがある。みんながやりたがると，じゃんけんをしたり「今日はぼくがやる。でも，明日は〇〇ちゃんだよ」と順番を決めるグループもでてくる。集団生活に必要なルールが自分たちのなかから生まれたのである。

　最初から集団生活に当てはめようとすれば，真っ先にルールを持ち出さなければならないが，人間関係の広がりに伴ってグループが形成されるなら，そのなかで自発的にルールの必要性に気づく方が自然であり望ましい。当番という役割を自覚した子どもは，自分のテーブルの人数を確かめ過不足のないように品物をもらってきてメンバーに配る。

　慣れないうちは自分をカウントしなかったり，欠席の子どもの分を引き忘れることもあるが，グループ全員のことを絶えず気にかけるようになってからはほとんど間違えることはなくなっていく。これも仲間意識が育ったためと見てよい。年長組になるとお茶を配ったり，保育所では給食の配膳もするようになると一層の集中力を要求され，大人の仕事を受け持っているという喜びや誇りも味わうことができる。何よりみんなの役にたっているという実感が新鮮な喜びになる。

　当番活動を，役割分担に伴う責任感の育成と捉えるのはあまりにも短絡的で，幼児にふさわしいとは思えない。喜んでする日もあれば遊びに夢中で忘れたりめんどうがることもあるのが幼児の姿である。形よりもそれをする子どもの内面の育ちが目標であることを忘れてはならない。

　こうして小さな集団が育っていく過程で，親しい仲間といっしょにいる安心感や，みんなでする活動の楽しさ，さらに自分が仲間にとって必要な存在であるという自信が生まれてくる。これらの経験から，社会生活を営む上での大切な心情，意欲，態度が養われていく。

（5）クラスから園全体へ広がる仲間意識

　入園当初は，ただ大勢の見知らぬ子どもの群れであった園児たちも，時が経つにつれ見慣れた顔が増え，町で出会うと「ママ，あの子〇〇組さんだよ」と親に教えるなど，同じ園の仲間という親しみが生まれてくる。遠足で訪れた動物園で他の幼稚園の団体に出会うと「あ，よその幼稚園だ」と興味をもって眺めるのは，自分が所属している幼稚園とは違う団体という意識が育っている証拠と言えよう。服装は違っても同じようにリュックや水筒を持っているからあの子たちも遠足に来てるんだと，親しみとかすかな対抗意識の交じった目でお互いを見合っているのがおもしろい。お弁当の後で「さっきの幼稚園の子もきれいに片付けていたね」と感心してみせると，「ぼくたちだってもっときれいにできるよ」と張り切ってごみ集めをするのもほほえましい。自分たちの方が優れていることを強調したいのは，園を愛する帰属意識の高まりである。このような意識は公共の場におけるしつけにとても役立つ。電車やバスのなかでみんなの迷惑にならないように静かにしましょうといった後，「〇〇幼稚園の子どもはお行儀が悪いなんて言われないようにしなくちゃ」と言えば，「大丈夫，ちゃんとやれるもん」と頼もしい答えが返ってくる。自分たちの園の名誉のためというプライドが働くとみえる。

　こうして仲良しの小グループから，クラスへ，さらに園全体へと所属している集団の意識が広がるにつれ，組織のなかの一員として自分がどのように振る舞えばよいかという社会性が自然に身についていく。その基盤は仲間への親しみと信頼であり，所属団体（幼稚園や保育所など）への愛と誇りではあるまいか。運動会でのクラス対抗リレーや紅白で競うゲームでは，たとえ直前にけんかをしていた相手とも，力を合わせて所属グループの勝利をめざす。子どもなりに私心を捨てて，共通の目標に向かって協力することを学んでいる。

3　一人ひとりが生きるとは

（1）個々の子どもの気持ちに添うことから

　集団帰属意識を育てるとは，一人ひとりの欲求や主体性を無視することではない。幼児期には個を犠牲にしてまで存続させる集団の価値はないのだから。集団の質は個の質の高さと正比例しており，豊かな個が集まってこそ優秀な集団が構成される。前節で集団形成のプロセスを述べた。逆説のようであるが，幼児期の課題は自我を確立させることである。集団形成は目的ではなく個を成長させる場としての環境であり，個と集団の関係は相互補完的に成長していく。したがって，集団が作られていく過程の幼児期には急いで形を整えるより，むしろ混乱があるほうがかえって豊かな環境になることがある。

　入園当初の3歳クラスの例をあげてみよう。

事例1　集団に入れない子（3歳児）

　NとKは住居が隣同士で，月齢も低いせいか手をつないで不安そうにあたりを眺めている。なにをしてよいかわからない様子なので担任保育者が遊びに誘ってもカバンもかけたまま首を横に振るばかり。しばらくして「みんなお部屋に入りましょう」と声をかけても動こうとしない。目ざとくカバンのドラえもんのシールを見つけた担任が「あら，NちゃんとKちゃんがいない。どうしよう。［どこでもドア］を通って帰っちゃったのかな」と心配そうに探しに行くのをくすぐったそうに見ていたNとKは，たまりかねて「ここにいるよ」と担任のエプロンをつかんで引き戻そうとした。それを見ていた子どもたちも「先生，NちゃんもKちゃんもここにいるよ」と懸命に訴え，担任も「あらほんと，いつのまに帰って来たの，先生心配したのよ」と二人を抱きしめると，二人はうれしそうにてれ笑い。あとの子たちも担任の行動をおもしろがり，二人の無事帰還？にほっとして笑顔で保育室に入った。このことで二人はみんなの人気者になり，わけなくクラスにとけこむことができた。そのあと，［どこでもドア］ごっこが流行したのはいうまでもない。図らずも二人はクラスのみんなを一体化させる役割を果たしたと同時に，新しい遊びのきっかけまで提供したのだ。おもしろい先生！と担任の人気も高まり，NとKも担任が大好きになって，毎朝いそいそと登園するようになった。

この事例は学期始めによく見られる光景だが，クラス集団に入りにくい幼い3歳児が，担任の機転で当人たちだけでなくみんなの気持ちを一つにしたできごとが記されている。普通なら「みんなお部屋に入ってるでしょ，さあ，あなたたちも入りなさい」というところで，何度も呼びかけていると，他の子どもたちはその二人を（いうことを聞かない子）（わからずや）と思ってしまいがちである。（ここにいるのに先生は見えないのかな）（早く教えてあげよう）と半信半疑の興味が，みんなを（今はお部屋に入るとき）という目的に向かわせることになった。集団行動は形よりも気持ちを大事にという良い例である。

（2）絵本にみる人間関係の広がりのプロセス

さて，自我の形成過程と社会との関係をわかりやすく表した興味深い絵本を紹介したい。

『わたし』谷川俊太郎 文・ 長新太 絵　福音館書店

絵本を開くと女の子の絵があり，「わたし　やまぐちみちこ　5歳」とある。ここから，いわゆる我とはなんぞやという論が展開されていく。「おかあさんからみると　むすめの　みちこ」「おばあちゃんからみると　まごの　みちこ」「おにいちゃんから　みると　いもうと」「あかちゃんからみるとおねえちゃん」というふうに，同じ自分が相手の立場によって存在の意味が異なることに気づいていく。その関係は身近な家族から友だち，先生，近所の人，お店によって変わる呼び名「おきゃくさん」「おじょうさん」，お巡りさんには「まいご？」と見られ，お医者さんにはカルテの記入内容というふうに，生活の広がりに伴って地域社会との関係もふくらんでいく。さらに，動物から，外国人，果ては宇宙人まで登場して比較・対比がなされ，「レントゲンで見ると」と，がいこつまで登場させている。これは外からは見えない自分の内面にも目を向けさせる意図だろうか。そして，最後のページには群衆のなかにシルエットが描かれ，「おおぜいのなかの　ひとり」という文で終わっている。

これは一人の子どもが次々に出会う人々との関係をつくり，やがては社会人

第4章　集団とのかかわりと個の育ち

となり地球人として成長していくプロセスである。自分は相手にとってどういう存在なのか，親しい大人には甘えられるが，自分より小さいもの弱いものに対しては優しく保護する立場であることを自覚する。社会にはみんなの役にたつさまざまな職業があり，自分もそのお世話になっていることや，ていねいに遇されても，それは自分の価値ではなく客という立場に対するものであることもわかってくる。目や髪の色が違う外国人も同じ人間であり地球人同士であること，最終ページの，群衆のなかに（わたし）が安心して混ざっていられるのは，たとえみんな知らない人でも，今までに出会ってきた人々とよい関係を結んできた経験で，人間理解ができていることを物語っている。

4　個性をのばす

（1）特色を活かす

　オーケストラの演奏を思い浮かべてみればわかるように，さまざまな楽器がそれぞれ異なったメロディやリズムを奏でているからこそ美しく壮大な響きで聞く人を感動させる演奏になっている。もしもすべての楽器が同一のメロディとリズムを演奏すれば（その効果をねらう場合もあるが），長く続くと単調さに退屈するかもしれない。また，各奏者の技能が低いとよい演奏が望めないように，優れたオーケストラの特徴は優秀な演奏者が集まっていることである。

　実習生や新任保育者が苦労するのは，任されたクラスの子どもたちをまとめられないことであろう。先生のいうことを聞かずに自分のやりたいことをしているので，計画どおりの保育をすすめることが難しくなる。みんなが指示どおりに行動してくれたらどんなに楽なことかとため息がでるかもしれない。しかし，みんながロボットのように自分の意志をもたず保育者の意のままになるとしたら保育する意味はなく，こんなに恐ろしいことはない。いろいろな個性の子どもがいて喜ばされたり悩まされる毎日が保育の醍醐味ではなかろうか。あの子にどう対応しようかと作戦をたてるうちに，いうことを聞かせようと焦るよりも，相手の好きなこと，興味をもつことを探す方が効果的であることを学

んでくる。

次の事例はそのことを物語っている。

事例2　「A男くんすごい」と大喝采（5歳児）

　年長組に転入してきたA男は進級児のなかに一人だけの新入児ということもあり、既成の集団になかなか溶け込めない様子だった。体格もよく、しっかりしていて、おそらく以前の幼稚園ではリーダー的な存在であったとみえ、彼にとっては異文化ともいうべきデイリープログラムの違いや、ちょっとした生活上の約束ごとの差にとまどう自分がみじめに思えたのだろう。自分の存在感を示そうと「変なの、前の幼稚園ではそんなことやらなかったよ」とことごとく反発するようになった。担任は困惑しながらも、そうせずにいられないA男の気持ちを思いやって、何かA男の実力を生かす機会を探していた。

　あるとき、だれかが飛ばした紙飛行機が園庭の青桐の高い枝に引っ掛かってしまった。友だちが竹馬や旗竿などを探して来て振り回すが届かない。すると、A男がボールを持ってきて2〜3回位置を変えながらねらって投げ、みごとに枝に当たり、飛行機はひらひらと落ちてきた。見守るみんなから「A男くんすごい！」と大喝采。「A男くん、野球好きなの？」と聞いてみると「うん」と得意そうにうなずく。「今までこの組ではサッカーばかりやってたんだけど野球もおもしろそうね。やってみようか、A男くんはもちろんピッチャーよね」

　A男はみんなに認められたことがうれしかったとみえ、素直に指導力を発揮し、みんなも喜んで遊びに加わってきた。仲間に批判的だったA男が、仲間の有用な一員になったのは、A男の能力が活かされる場が与えられたからであろう。

　社会性の育ちというと、保育の場ではすぐに集団適応と捉えがちであるが、むしろ、他児に関心をもち、ともに楽しもうとする気持ちや姿勢を育むことである。その子どもたちの特徴を活かす場面を捉え、それがみんなの財産になるように援助するのが保育という営みである。

（2）磨かなければ個性とはいえない

　個性は磨かなければ単なる性癖にすぎない、いわゆる"なきむし""おこりんぼ""いばりや"などと呼ばれている子どもの表現をそのまま個性と呼んでいいのだろうか。その状態をどう見てどのような方向に育てていくかが保育の計画になる。"なきむし"は感情の繊細さゆえであれば、人や物に対する優し

さや想像力を伸ばしてやりたい。"おこりんぼ"は、正義感や論理性につながる大切な感情でもあり、徐々にコントロールする手立てを学ばせたい。"いばりや"は、リーダーの素質を活かして、他の子どもの役にたってヒーローになることもできよう。

　年齢にもよるが、自己を確立するための第一段階としては、一人の子どもをありのままに受容して信頼関係を築き、大切にされている実感を味わわせてやること。次に、見守られて自分の好きなこと、やりたいことを心ゆくまで楽しむ経験をさせること。ここで大切なのは見守りの意味であり、方向づけである。危険防止を心がけるのは当然だが、慎重過ぎては子どもの意欲をそいだり冒険心の芽を摘んでしまうこともある。また、やりたいからと他人の迷惑になる行為を放任してよいわけはない。しかし、指導性が強いと自主性や伸びやかさが失われる。保育者の人間性や保育観が問われるが、可能な限り許容性をもちたいものである。

（3）好きなことを見つけてやってみる

　入園当初の子どもがさまざまな遊具を試し、次々にいろいろなおもちゃを手にとり、園内を歩き回っているのは、自分の好きなもの、興味をひかれるものを探しているのである。やがて、ブロックを見つけて座り込みじっくり組み立て始める子、園庭の花壇で虫探しに夢中になる子もいる。画材を用意しているコーナーで何枚も飽きずに描き続ける子や、年長の女児たちが踊っているのを遠くから見ながら思わず手足を動かしている子など、自分のなかでやりたいことがむずむずと動き出している様子がうかがえる。

　こうした一人遊びの大切さは、これをしたいと目的をもち、そのためになにをすればよいかを考え、行動に移し、試行錯誤しながら目的を果たしたときの達成感、満足感を味わうプロセスにある。

事例3　鉄棒愛好仲間ができる（5歳児）

　M子は保育室の窓から、他の子が鉄棒で遊んでいるのを見て自分もやりたくなった。靴をはいて鉄棒のところまで行ったものの、空いている鉄棒には背伸びしても

> 手が届かないので、隣の低い鉄棒に移った。楽々と握れるので体重をかけてぶら下がる。ひざを曲げて身体をゆすっていたが、しばらくすると物足りなくなって隣のやや高い鉄棒に再度挑戦してみる。今度は飛びついてぶら下がることに成功。足を伸ばしても地面につかず、前後に揺れると空を飛んでるみたいだ。うれしくて毎日、登園すると鉄棒にとりつき、他の子のしているのを真似て中抜や足かけ上がりもできるようになった。こうなると鉄棒愛好仲間と友だちになり、幼稚園に行くのが楽しくてたまらない。おかげで両手のひらはまめだらけになった。
> 　母親が迎えに行くと「ママ見てて」といろいろな技を披露する。それを聞いた父親からも「ほう、よくがんばったね、今度の日曜に公園に行ってパパにも見せて」といわれて大得意。この一連の行動パターンを習得したのは大きな収穫で、他のことに取り組むときもきっと力を発揮するに違いない。

　幼稚園教育要領にある『心情、意欲、態度を養う』というのはこういうことを指している。

　M子が鉄棒をするきっかけになったのも、いろいろな技能を習得したのも鉄棒が好きな子どもたちがいたからである。ここでも集団の意味は大きく、他の子の様子を見て自分のなかにある（ああなりたい）という願いが生まれ、それを実現させるために（手が痛くて、もうやめたい）と思う自分を克服して根気強く何度も練習を重ねたのだ。やる気を起こさせてくれるのが身近なモデルの存在であり、達成感を強めてくれるのも、「できたね」と喜んでくれる保育者や友だちである。だれもいない園庭では鉄棒への興味はさめてしまったかもしれない。M子が鉄棒を仲立ちにして他の子と出会い、技術とともに自分の内面（向上心、根気強さ、研究心など）も磨いたように、一人遊びが充実していると共通の関心をもつ子どもたちが集まり、お互いに技能やアイデアを交換し合うので、個人も、そのグループ全体のレベルも向上してくる。他の子の出すアイデアに感心した経験をもつ子どもは、知恵を出し合って共通の遊びをするおもしろさに気づいていく。

5 集団が機能する条件

(1) 言葉の効用・話し合うこと

　ある時，トランプ大の同じ形の積み木セットを年長組用に購入し，そのピースを使ってどんなものを組み立てるかと興味をもって観察してみた。従来のものなら円筒形の長さの揃ったものを集めて柱にし，長い四角の棒を梁に渡して三角積み木を並べて屋根にするなど，作ろうとするイメージに合うものを探して組み立てていた。ある程度，何を作ろうとしているかが一目瞭然だったので，「入れて」「いいよ」と仲間入りがしやすかった。しかし，新しい積み木では，先ず何を作るかをみんなで相談し，合意に達しなければ遊びが始まらないので，車座になって議論する時間が長くなった。口々に作りたいものを言葉で説明しても，なかなかイメージが伝わらない。身振りも加えながら必死で言葉を探す様子に，聞く方も熱心に「じゃ，こうするんだよね」と助け舟を出しながらわかり合おうとする努力がみられた。

　こうしてやっと意見がまとまると，目的が共有できているので，途中で建設的なアイデアが出てくるとみんなで検討してどんどん取り入れていく。初めのうちはビルやお城を喜んで作っていたのが，やがてどれだけ高い塔が作れるかに関心が集まってきた。胸の高さくらいになったとき，うっかりして内側に取り残された子どもがいるとさあ大変。どうしたら壁を壊さずに内側の子どもを助け出せるかをめぐって知恵を絞る。「先生に頼もうよ」「もっと力持ちじゃないと無理だよ」「バスのおじちゃんならだいじょうぶ」と早速呼びに行くと，おじさんが出かけたあとでがっかり。「しかたないよ，壊してまたつくろうや」ということになった。

写真4-2　息を呑んで見守るなかでの作業

二度目はみんな外側から積むことを確認し、身の丈を越えるほど高くなると踏み台代わりの椅子に乗って慎重に積み重ねていく。ここまで作ったのだから不用意な行動で壊しては大変と、みんな息を呑んで見守るなかで作業がすすめられる。椅子や机の上に乗っても手が届かなくなると満足して「先生、見て、こんなに高くなったよ」と他の保育者たちにも知らせにいく。成果を見てもらい、いっしょに喜んでもらいたいのだ。小さい子どもたちも集まってきて「すごーい」「わあ高いねえ」とうっとり眺めている。年長児たちはうれしそうにそれを聞きながらも、一方ではあまり近寄ってこないように警戒しているのが面白い。

　この年長組の活動は、集団の意義をよくあらわしている。第一に、共通の目的をもつために各自が心のなかに描いているイメージを言葉を使って相手に伝えようと努力し、相手の言葉にも耳を傾け理解しようとする姿が育っていること。そうして話し合いながら異なった意見を調整し、一つの方向性にたどり着くプロセスを経験したこと。

　第二には、塔のなかに取り残されそうになった友だちを助けるためにいろいろな具体案を考え、大人の助けを借りることを思いつき（これも大切な知恵）それがかなわないときに、みんなでこれまで作ってきたものを壊しても友だちを助け出す方を選んだこと。遊びのなかの小さな出来事のようであるが、ものを考える際の選択の基準ができつつあることに注目したい。ものよりも人を優先すること、すなわち大きな目的のためには一人の心細い思いなど顧みなくてもよいなどとは考えなかったことである。

　それと、微笑ましいのは自分たちの労作を親しい大人に認められたいし、友だちや小さい子どもたちにも誇らしげに見せてやりたい気持ちが生まれていることである。子どもは自分のしていることに対する判断が十分に育っていないので、大人による裏づけが必要であり、それによって自信が生まれる。達成感も自分のなかに湧きあがってきたものに周囲の同感や賞賛が加わると一層満足度が増すに違いない。また、みんなで築きあげたものを守ろうとする気持ちも育っていることがわかる。小さい子どもたちに見せてやりたいけれども、近寄

らせないよう一生懸命気を配っている様子もうかがえる。これらのことは，集団が形成され育っていくプロセスそのものと言えるのではなかろうか。

写真4-3　園全体を巻き込んで

（2）園全体を巻き込んで

　その後，積み木を使ってのドミノ倒しに興味が移り，保育室の机や椅子を片寄せてどんどんカードの列を並べていく。壁に届きそうになるとゆるいカーブを描いて方向転換するこつも覚え，とうとう廊下にまで伸ばしていった。廊下では他の組みの子どもにぶつかられては「あー！」と残念がることしきり。この頃にはクラス全員の遊びに広がっていたので，みんなで対策を考えることになった。

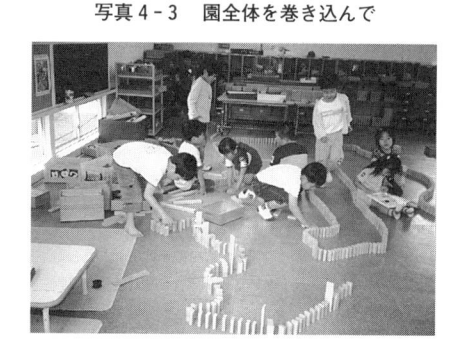

　一つが倒れても全体にひびかないように所々にくさび代わりの別の積み木をいれると倒れてもその部分だけ直せばよい。なるほど名案と，早速列全体に一定の間隔で角積み木を入れていった。もう一つは見張りを強化するだけでなく，他の組にもドミノ倒しの準備をしていることを知らせて「だから倒さないよう気をつけてね」「倒すときは知らせるから見に来て」と伝えに行った。効果はてきめんで，積み木の残りが少なくなると，興味津々の子どもたちが続々と廊下に出てきた。くさびの積み木をはずし「いい？　いくよっ！」と最初の積み木を押すとパラパラと流れるように倒れていく。「わーはやい，しんかんせんみたい」と小さい子どもたちも大喜び。年長組のみんなは顔を紅潮させ大仕事をやり終えた達成感に浸っている様子。その日はお弁当のときも帰りの集会のときもドミノ倒しの話題でもちきりで，何度もそのときの様子を言葉で再現して感動を分かち合っていた。

　最初は数人のグループで始められた遊びに次々に仲間が加わり，ついにはクラスの全員から園全体を巻き込んでいった過程は興味深い。直接積み木を並べ

ない子も，他の遊びをしながらもいつも気にかけ，進捗状況を目で追いながら楽しんでいる様子で，時々見に行ってはまた自分の遊びに戻っていた。事情を知らない大人や他の組の子どもが側にくると，「触らないで」「気をつけて」と声をかけるのも周辺にいる子どもたちだった。毎日いろいろな方向へ列が伸びていくのを楽しみに応援し，何とか成功させたいと願っていることがよくわかる。参加の仕方は異なっていても目的を共有し，自分なりの協力の仕方と楽しみ方を味わっているのは，幼児の段階ではかなりレベルの高い集団の意識ではなかろうか。保育者の指導や指示のもとに動くのではなく，それぞれが自分の意志と興味に応じて自発的に行動し，しかも，目的を一つにする活動への参加意識は高く，わくわく感や達成感も十分に味わっていたと思う。

（3）お互いのことを気にかける

運動会が近づくと，欠席している友だちのことを心配し，早く元気になってみんなといっしょに運動会に参加できたらいいのにと，足の手術をしたＤちゃんのことがクラスで話題になった。「でも練習していないからダンスは無理かも」「じゃあずっと前にやってたＤちゃんの知ってるのを一ついれようよ」「足が痛かったのなら走れないよね」「そうだね，ゴールテープを持つ役とかもあるよ」などと真剣に考えている様子。担任が「Ｄちゃんと，お母さんにも相談してＤちゃんのやりたいことをやってもらったら」ということになった。

見るだけでもいいからと当日出席したＤちゃんは，みんなからの提案を喜んでいくつかの種目に参加した。まわりの子どもがなにかと気配りをしているのがよくわかって，いつもと違う心暖まる運動会になり，事情を知らぬ他の組の保護者たちも様子を察して惜しみない拍手を送っていた。

日常のちょっとした事柄，たとえば，だれかのなくしもの（靴，帽子，制作物などたいていは置き忘れ）をみんなで探したり，生き物を怖がる子どもの飼育当番のめんどうをみてやる，どろだんごがうまく作れない子にこつを教えるなど相互扶助の働きが自然に行われている。ときには気が弱くて先生に言えない悩みを代弁する子もいる。「先生，この子もう食べられないんだって」など

と。いっしょに暮らしている仲間のことを気にかける姿勢は集団を構成する大切な要素である。

6　集団づくりと保育者の役割

(1) 子ども同士が出会う場を用意する

　保育所や幼稚園に入ってきた見知らぬ子ども同士が仲良くなるには，子どもが出会う環境を整えてやらなければならない。4月の保育者の主な仕事は，どうすれば子どもが園にきたときに「これで遊んでみたい」と思わせる場をさりげなく演出することである。園庭にある固定遊具（ブランコ，ジャングルジム，滑り台，低鉄棒，砂場など）は，それだけで子どもを引き付けるが，ブランコのように数が限られているものには順番争いや待ち時間をもて余す子もいるので，他の子どもを邪魔者と思わせないよう保育者の配慮が必要である。

　また，砂場にはシャベル，カップ，ふるいなど遊びが進展し，よりおもしろくなる道具を用意しておく。同じように，ままごと道具，積み木，人形などもそれを手にすることで遊びがつくりだされ，そこに同じ興味をもった子どもが集まってきやすい場（コーナーなど）を整えておくと，ふとしたきっかけで言葉が交わされいっしょに遊ぶようになる。友だち関係が生まれる条件は，共通の興味と場所を共用することと言えよう。

　保育者はそうした物や場を用意するとともに，そこで見知らぬ子ども同士が楽しい時を過ごせるような配慮も必要である。

(2) ルールやマナーの必要性を伝える

　幼稚園や保育所の3歳クラスと4・5歳クラスでは全く違って見えるのは集団の質の違いである。年齢が低いほど個人の要求の度合いに応じなければならないが，年齢が進むにつれまわりの子どもたちの存在に気づかせていく。同じような要求をもつ子どもたちが納得するには順番，交替などのルールの必要性や「貸してちょうだい」「ありがとう」「ちょっと待ってね」などの言葉のマ

ナーも伝えていく。マナーは集団生活の潤滑油である。
　そのうち，遊びのなかで自然に役割分担がなされ，リーダーが誕生してくる。これも集団活動には欠かせない営みであることを学んでいく。

（3）みんなでするほうが楽しめる活動を
　他の子どもたちと感情を共有する場と活動を用意する。一人では体験できないおもしろさ，楽しさ，わくわく感やどきどき感を分かち合うことで一体感が得られる。たとえば次のようなものがそれに当たる。
- 歌う，合奏する，体操やダンスなどはみんなでやってこそ楽しめる。
- お話し，紙芝居，絵本を読んでもらうなどいっしょに感動が味わえる。
- ゲームは一定以上の人数で取り組める遊びであり，自然にルールを体得できる。
- 園外保育，散歩など。

（4）情報の仲介をする
　子どもの遊びを観察して見ると，行き詰まったとき，考えあぐねたときなど，ぼんやりあたりを見回していることがある。そんなとき，保育者はさりげなくもののあり場所を知らせたり，別の場所でおもしろい試みを活かしているグループを「見に行ってごらん」と紹介したりするとよい。また，子どもの年齢や興味に応じて社会のできごとや自然の変化を伝えるのも方法である。「〇〇で地震があったの知ってる？お家がたくさん壊れたのですって」「先生が来る途中でつばめの巣を見つけたの。子どもがたくさん生まれてたよ」などと話すと，子どもは自分の見聞きしたことをもとに活発に意見交換をするなど，子どもたちの社会生活は情報を伝え会うことによって内容がぐんぐん豊かになっていく。

7　個と集団は循環しながら成長する

　園の特徴は保育方針が基盤であるが，それが定着し継承されるのは，子どもたちがいつも生活をともにしている年長児に影響を受けて育ってきたからである。いつのまにか考え方や感じ方，表現の仕方まで似てくる。その国の文化がそうして伝承されたように，それぞれの園の文化もそうして受け継がれていく。

　また，集団で生活していると，知恵や技術は横のつながりだけでなく，各児が家庭で受け継いだ縦のつながりによる知恵も共有されるという利点がある。

　確立された豊かな個が集まって形成された集団は，当然，質の高いものに育ち，そのなかの個もますます磨かれていくという関係にある。集団は個を確立するための環境であると同時に，そこで磨かれた個が所属集団の質を高めていくという循環が行われているのが保育施設の集団の意義なのである。

学習課題

○保育施設の見学や実習の機会があれば，次のことを観察し，その意味を考え，わからないことがあれば質問してみましょう。
　① 年齢による集団遊びの種類やグループの大きさを比較してみよう。
　② ブランコや乗り物遊具の順番待ちのルールや遊び方を観察し，記録してみよう。
　③ 当番制を取り入れているところではその内容や取り組み方を観察してみよう。また，当番をおかないで生活している園では，だれがどのように仕事をしているか，その理由も考えてみよう。

（吉村　真理子）

第5章 保育の計画と実践

　保育の計画は，入園から卒園までの子どもの育ちを見通して作成しなくてはならない。個人差の大きい乳幼児期の子ども，発達に応じた心身の育ちを見通した保育計画の立案が望まれる。立案した保育の計画は，実践し次の保育の立案，実践へとつながりをもって展開する。この章では，以下のように考察する。
・保育の計画を立案するとき，まず子どもの実態から多様な情報を捉えることが必要である。その際，基盤とする子どもの実態から何を情報として捉えたらよいのかについて考える。
・子どもを取り巻く環境と子どもの育ち＝実態の関連について理解する。
・子どもおよび子どもを取り巻く環境から摂取した情報を生かしてイメージした保育の環境構成と，進み行く保育の流れに沿って行われるべき環境の再構成の方向について省察する。
・最後にそれらをコーディネートする保育者の存在について述べ，保育の立案と実践の双方向性をもった関係について理解を深める。

1　子どもの実態を捉える

(1) 保育の計画とその構造：教育課程・保育計画

　私たちは子どもたちが自由にのびのびと，主体的に行動できる子どもに育ってほしいと願う。自由にのびのびと遊ぶ子どもたちは何の制約も制止もなく，勝手気ままに振舞っているのではない。自由にしかも主体的に行動する子ども

たちは，実は一人ひとりが自分なりの意思や目的をもって動いている。

　幼稚園や保育所では育ってほしいと願う子どもの姿をイメージし，そのような子どもを育成することを目標に，計画的に保育を構成してねらいと内容を定め，計画を具体化したものとして日々の実践を重ねている。

　立案される保育の全体的な計画として，幼稚園においては「教育課程」，保育所においては「保育計画」がある。

　前者は，幼稚園教育要領第1章総則に「各幼稚園においては，教育基本法及び学校教育法その他の法令並びにこの幼稚園教育要領の示すところに従い，創意工夫を生かし，幼児の心身の発達と幼稚園及び地域の実態に即応した適切な教育課程を編成するものとする」と述べられている。後者は保育所保育指針第四章　保育の計画及び評価「保育所は，第一章（総則）に示された保育の目標を達成するために，保育の基本となる「保育課程」を編成するとともに，これを具体化した「指導計画」を作成しなければならない。保育課程及び指導計画（以下「保育の計画」という。）は，すべての子どもが，入所している間，安定した生活を送り，充実した活動ができるように，柔軟で発展的なものとし，また，一貫性のあるものとなるよう配慮することが重要である。また，保育所は，保育の計画に基づいて保育し，保育の内容の評価及びこれに基づく改善に努め，保育の質の向上を図るとともに，その社会的責任を果たさなければならない。」とある。教育課程・保育計画は，入園から卒園までの子どもの育ちを見通して作成しなくてはならないが，何よりも個人差の大きい乳幼児期の子どもの心身の発達，子どもを取り巻く環境の状況などからその実態を捉えて，発達に応じた心身の育ちを見通した保育の計画を立案することが望まれる。

（2）保育の計画とその構造：指導計画

　保育の計画は階層的に構築されるとともに，それぞれの階層は相互性をもっている。全体的な保育の計画が「教育課程」或は「保育計画」であり，実際に保育を実践する際に，「教育課程」或は「保育計画」から，より具体的な内容の計画を作成したものが「指導計画」である。指導計画には長期と短期のもの

があり，長期指導計画には年間の計画・期（1～3学期，Ⅰ～Ⅳ期など）の計画・月間の計画が，短期指導計画には週案・日案がある。

　長期指導計画においても，短期指導計画においても，保育の計画の基盤は子どもの実態であることは言うまでもない。

　全体的な保育の計画である「教育課程」「保育計画」を上位におき，より具体的な内容の計画を長期・短期の指導計画として階層的に考えているが，保育はまずそこに子どもがいないと成立しない。日常の一コマ一コマが1日の保育を構成する。その一コマが保育の実践であり，そこに子どもの実態が見える。その実態を捉えるのが保育者であることは言うまでもないが，保育者の捉え方が重要な意味をもつことを忘れてはならない。

　子どもの実態を捉えた，子どもの事実の積み重ねが保育の計画作成の基盤になるのである。

（3）実践の事例的記述から

　ここで，ある園における5歳児の保育事例を時系列を逆順させてみてみよう。

事例1　経験したことをもとに製作をする（5歳児）

　12月にある園で印象的な虫たちに出会った。ダンボール板をダンボールのこぎりで切り，組み立てたそれぞれに創造的で個性的な製作物である。よく跳べるようにと羽を巨大化したもの，ジャンプする脚に興味をもち，弾力がある方向を確認して細く切った素材を折り畳んだもの，もっとバネを効かせたいと厚い段ボールを蛇腹折にしたものなど，貼ったり剥がしたり苦心の跡がいかにも滲み出ている。虫の身体など，造る子どもの姿が浮かぶ虫たちである。壁面には虹を渡るバッタがきらきら輝く画面に描かれた絵画が貼られ，描画を通して子どものお話の声が聞こえてくるようである。現実に，虫を作ったり，虫を描いたりしている子どもたちは，興味をもった対象を興味ある素材で表現しながらイメージを共有し，その時々に友だちと意見交換して遊びに没頭していた。

　この年のお泊まり保育は，自然豊かな山村で9月初旬に行われた。子どもたちは野山を歩き，自分が移動する環境にある背の高い草や銀色に光る蜘蛛の巣，土の上を駆ける小さな蟻，不意に跳びだしたバッタなどに，視線を遣ったり追いかけて捕まえようとしたり，捕まえた虫を手のひらにこわごわ載せて友だちと会話をしたり，

それぞれに興味をもってかかわる経験をした。興味あるものとの出会いが一段落すると、束ねた紙に見つけたものを詳しく絵に描き始める。よく見ると、子どもたちは一人ひとりノートのような紙の束をもっていた。

　このクラスの子どもたち一人ひとりは4歳児期から個性豊かで、概ね表現活動が好きであった。年長の春から夏にかけて、子どもたちは、園庭でダンゴムシやアリを見つける、固定遊具で遊ぶ、砂場で遊ぶなど、自然環境に興味をもつ、身体を十分動かして遊ぶ、室内のコーナーなどで絵を描く、ものを造るなどの遊びを楽しんでいた。このなかに対象への興味は敏感に示すが、関心が長く続かない子どもがいるのが保育者の気がかりだった。

　年間の保育は、このような子どもの生活や活動を軸とした、無数の保育実践の積み重ねによって成り立っている。年間指導計画にはこれまでの保育の履歴が詰まっているといえる。

（4）子どもの実態をどう捉えるのか

　子どもの実態を捉えることは、保育における子どもの生活・遊び・活動から多様な情報をキャッチすることから始まる。ここでいう情報とは、子どもの身体全体の動き、目の動きや表情、手指の操作性、言葉、ものや空間へのかかわり方、友だちや保育者など人とのかかわり方、好きなおもちゃや場所、食事の仕方、興味・関心があるものや事象など、視覚、聴覚など、身体すべてを傾けて"いま"、"ここ"にいる子どもに関するデータである。この一見表面的な文脈のなさそうに見える一人ひとりの子どものデータを分析し、検討することで一人ひとりの子どもの現在の状況が把握でき、一人の子どもの心身の発達や興味・関心を情報として読み取れる。もちろん、その子どもの育った家庭環境や地域の特性など、背景となる要因を検討する時点で忘れてはならないが、そのときそのときの子どもの実態をまず捉えることが、子ども理解に結びつく。子ども理解は保育の計画を立案するときの基盤になるものであり、短期の計画には子どもの"いま"を反映させることが最優先される。

　幼稚園や保育所における保育は、一人ひとりの子どもを大切にして保育に当たるのであるが、個々の子どもが形成している集団も、子どもの育ちに意義あ

るものである。集団のなかの子ども，集団としての子どもの実態もまた情報とする必要がある。そのとき，そのときの"いま"の子どもの姿を時間的につなげば，時系列における一人ひとりの子どもの変化が把握できる。また，個々の子どものデータを横断的に見れば，これらの子どもが属する集団の特徴を読み取ることができる。このように子ども集団の情報は，長期の計画の立案において重要な情報である。

(5) 子どもの興味・関心を捉える

　保育の構想はクリエイティブな行為である。捉えた子どもの実態と，願う子どもの姿をもとに保育を創るのであるが，具体的な活動内容は子どもの興味・関心から組み立てるとよい（後掲図5－4参照）。前掲の事例で説明しよう。

　12月の子どもの姿は，自分が興味をもった対象や素材を選択し，一人ひとりが自分なりにイメージを展開して個性ある表現をした。子どもたちはイメージを共有し情報を相互的に交換することで，より豊かな表現活動をしているものであった。子どもの興味ある対象は虫であり，虫の身体の構造である。また，材料用具としてのダンボール板やダンボールのこぎりであった。

　子どもが興味・関心をもった対象には，9月のお泊り保育，春から夏にかけての遊びにその伏線となる活動があった。バッタやダンゴムシへの興味・関心，束ねた紙への描画による記録，コーナーで描いたり造ったりの活動の継続である。保育者が子どもの興味・関心を捉えて長期の指導計画に反映した例である。

(6) 保育者の願いを反映する

　指導計画は保育者の願いを表現したものでもある。この事例では，4歳児期の保育実践の履歴を生かして5歳児期の保育を構想した。子どもたちは束ねた紙を持って興味ある対象を記録していたが，これは対象への興味・関心をもつが活動が長続きしないという5歳児前半の子どもが，目的をもって対象にかかわるように保育者が提案した方法である。保育者は原点を子どもの実態において保育を構想するが，育てたい子どもの姿をイメージしてその願いを指導計画

に反映し，子どもが興味・関心を示す内容で具体的方策を考え，実践を積み重ねることが必要である。その実践を通して，指導計画を見直し，次の指導計画を再編成するといった循環作業が，計画と同時に実践も質の高いものにする。このように指導計画は実践を基にして，さらに実践から学び変化していくものである。

2　子どもにとっての環境

(1)「人・もの・場」相互の関係性

　赤ちゃんは生まれたときから周囲にいる人間やその空間にあるさまざまなものを，五感を通じて認知していく。それは身体を通して自分と世界との関係を一つひとつ認識し，自己の存在を把握していく過程でもある。1歳ごろから盛んになる探索活動は，積極的に環境とかかわり，自分で試す行為を繰り返すなかで自己有能感を獲得する活動でもある。子どもの育ちは，遺伝的要因もあるが，環境的要因の影響が大きい。人はそれぞれが存在する時空で生きている。世界に広がる空間はものが存在することで場となり，人がそこに何らかの方法でかかわることにより特定の意味ある場所になる。人が生きている空間は，人，モノ，場の相互的な関係で構築され，それぞれが独立した形で存在することはない。乳幼児を取り巻く環境も，人，もの，場と子どもの相互の関係において成り立ち，周囲の環境の応答性が子どもに多様な人やものとの関係性を理解させるための重要な鍵になっている。

　現在少子化が急速に進行中しつつある。大人が生きにくい社会は，子どもにとってはさらに生きにくい環境であるといえる。人の価値観の変化は，社会全体の人と人をつなぐコミュニケーションを希薄にし，地域でコミュニティとして子どもを育てるという感覚を共有することが難しくなってきている。人が育つ環境は「人・もの・場」相互の関係性が大きなポイントになるが，人と人がものや場を介して有機的につながっていない環境は，乳幼児期の子どもたちにとって危機的状況と言えるものである。

第1部　乳幼児保育の基本

図5-1　子どもを取り巻く環境の構造

（2）子どもを取り巻く環境：人・もの・場

　一人の人間が一生に移動する空間は，地球を飛び回っている人から，自分が生まれた国を死ぬまで1歩も出ない人，もっと狭い範囲では村を出たことがない人まで多様である。宇宙ステーション建設が現実に進行している現在では，移動の範囲は宇宙にまで広がっていく。距離的移動が必ずしも人間関係の広がりと比例しているとは言えないだろうが，子どもが生きてきた時間や身体の発達から考えても，かかわる時空は大人よりはるかに少なく，0歳児では今いる空間，いまかかわっている大人がすべてである。

　子どもが日々生活している環境に目を向けてみよう。子どもを取り巻く生活環境としては，家庭，地域，幼稚園や保育所があげられる。これらの環境を構成している要素として人的環境，物的環境がある。家族，保護者，地域の人々，友だち，保育者などは人的環境である。家・施設・店などの構造物，広場や園

庭・公園，砂場・固定遊具，道など整備された場や公共の場，山・川・池などの大きな自然は物的環境である。また，家庭や幼稚園・保育園にある玩具，粘土や紙などの造形素材，園庭や公園，山川に咲く花や木の実・枝，そこに生息する虫などの自然物も物的環境である。物的環境は山川や樹木のような自然環境と家や幼稚園・保育所の施設のような構造物としての人工的環境に分けることができる。人的環境，物的環境に自然や社会などの事象を含めたものが，子どもを取り巻く環境といえる。これらの環境は子どもと相互に働きかけることによって応答的で生きた環境となる（図5-1）。

(3) 保育における環境：幼稚園教育要領，保育所保育指針

　保育における環境の意味は大きい。幼稚園教育要領の総則には，幼稚園における教育は環境を通して行うことを基本とし，幼児と共に創造的な教育環境を創っていくことを示している。また，保育所保育指針第一章（三）保育の環境には，保育の環境は保育士や子どもなどの人的環境，施設や遊具などの物的環境，さらには，自然や社会などの事象などがある。そして，人・もの・場が相互に関連し合って，子どもに一つの環境をつくり出す。こうした環境により，子どもの生活が安定し，活動が豊かになるためにふさわしい広さをもち，遊具・用具その他の素材などを整え，それらが十分に活用されるように配慮することが記されている。

　環境は人，もの，空間，時間が織り成すものであるが，保育の環境はそこにかかわる人の意思によって変化しうる可能性がきわめて高いものである。

(4) 保育における人的環境

　保育における環境には，人的環境と物的環境がある。環境といえば物的なものにまず目がいくが，保育は子どもと保育者の相互関係で成り立つものであるから，最も大きい環境は人といえる。そのなかでも，保育者は子どもの育ちに直接的に影響を与える存在である。人的環境としての保育者の存在については，第4節で詳しく取り上げたいので，この項目では人的環境の重みを強調してお

第1部　乳幼児保育の基本

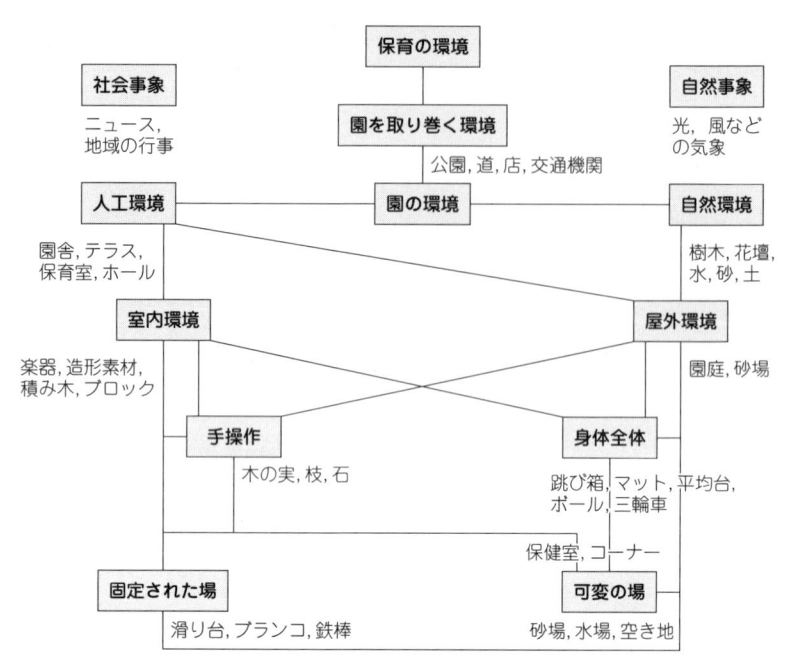

図5-2　保育における物的環境の構成図

くにとどめたい。

（5）保育における物的環境

　保育における物的環境は，子どもの生活の場でもあり，遊びの場でもある。子どもを取り巻く環境として前述した物的環境とほぼ重なるが，ここでは，もう少し詳しくカテゴリー別に捉えてみよう。
　保育の空間は，いくつかのカテゴリーに分類することができる。大きくは園の環境，家庭や地域など園を取り巻く環境がある。園の施設や園庭など室内空間と屋外空間，園庭にある自然，それらを抱合する敷地全体の空間，園を取り巻く地域の自然や道および建造物などの自然環境と人工的環境がある。また，保育室のコーナーに置かれた玩具や素材で遊んだり，砂場でスコップや型抜き用のカップで遊ぶ場合など手操作が主となるものがある場や，園庭の固定遊具

で遊ぶ，運動場で走るなど身体全体を動かす空間もある。もうひとつのカテゴリーは，前述の固定遊具や施設内の構造的な空間配置などのように固定された場と，可動式の棚やパーティションで仕切られた空間や玩具や素材など可変の場である。これらのカテゴリーは相互に重なる場合もある（図5-2）。

（6）自然事象や社会的事象

陽が射してきて園庭の地面が明るくなった。お日様は暖かい。風が吹いて落ち葉が舞い上がった。雨上がりの水溜りに飛び込んだら面白かった。自然の変化は，子どもたちの周囲で日常的に起こっている出来事である。時間という要素が，自然の変化を見せてくれることに気づくことはすばらしいことである。

乳幼児は「まだ周囲や世界の出来事には関心がない」と思っている人がいるのではないだろうか。しかし子どもは，周囲の人や自然へのまなざしに負けないくらいの関心をもって，日食をみた，ロケット発射に成功した，オリンピックの選手ってすごい，など，社会の事象や世界のニュースにも興味を示す。周囲の大人の関心を反映していることはもちろんのことである。環境にはさまざまな出来事が起こり，それらとも子どもたちは応答している。

（7）子どもの遊び環境

子ども時代に，幼稚園や保育所あるいは小学校の敷地内のどこかに好きな場所があったのではないだろうか。校舎の裏にある狭い空間，滑り台の下の白砂のある場所，粘土やおもちゃが置かれたコーナーなど，だれでもお気に入りの場があったはずである。反対に，せっかく整えられた場でも，子どもがあまり遊びに来ないと，子どもがよく遊ぶ場とあまり遊ばない場がある。子どもの遊び環境は，安全で，しかも子どもが過ごしやすい場であることが求められる。子どもがよく遊びに来て，しかも遊びが継続される，または仲間がいて遊びが伝承される，子どもの居場所となる場とは，どのような場なのだろうか。

仙田満は遊び環境の4要素として，空間・時間・友達・方法を挙げ，遊び空間をデザインする場合，①循環機能，②安全で変化に富む，③シンボル性の高

第1部　乳幼児保育の基本

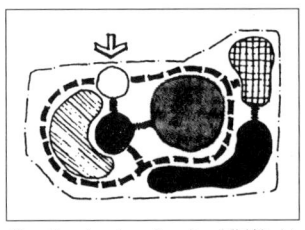

7．サーキュレーション（動線）は敷地計画の中で重要な局面である。

24．トンネルは閉鎖と開放の連続空間になりうる。

34．変更可能で明確に定義されていない空間が遊び場に含まれている必要がある。

図5-3　PFAガイドライン
（出所）ロビン・ムーア著『あそび環境のデザイン』より

い空間の存在，④めまい体験が可能，⑤ショートサーキットが可能，⑥循環した広場と小さな広場，⑦ポーラスな空間構成であること，という「遊還構造」と名づけた7つの条件という概念を提案した。

　また，ロビン・ムーアらは，子どもの発達と社会化を助けるための遊び環境の質的向上を目標に，『子どものための遊び環境』（PFAガイドライン，1987）で6つの原理的仮定を示し，良好な遊び環境を創造するための敷地デザインの基準として，「近づきやすさ」「安全な挑戦」「多様性と明確性」「段階的な挑戦」「柔軟性」の5つの指標をあげている。これらの条件や指標は，子どもの遊びを促し，子どもの生きる力を育てる遊び場の選択や，幼稚園・保育所における諸般の施設や設備，園庭の環境構成に意味あるものである。ロビン・ムーアらは，5つの鍵をさらに36項目にわたって詳細な説明を加え，遊び場の動線，空間の高低，自然物との相互作用，休息の居場所，変更可能な空間，社会的な交わりや後退が可能な場，プレイリーダーの存在などの必要性を説いている。これらは，保育の場における環境構成を考える場合，参考になる内容である

（図5-3）。

3　環境構成と環境の再構成

(1) 保育の計画と環境構成

　子どもの心身の発達や興味・関心など，子どもの実態を把握することから，長期および短期の保育の計画が作成されることは第1節で述べた。保育はこの長期指導計画に基づいて短期の指導計画が作成され，日々の実践がなされていく。保育の計画は目標やねらいが実現できるように具体的な経験内容を考えていく。そして，環境構成とは，保育の目標やねらいに沿ってあげられた内容を具体的に経験し，目標やねらいが達成できるように，意図的に保育の環境を整えることである。

　環境構成には，子どもを取り巻く環境と同様に，人的環境と物的環境がある。広くは地域の人々，保護者，友だち，保育者が人的環境であり，地域，家庭，幼稚園・保育所の室内，屋外，そこに準備されたもの，自然事象などが物的環境となるが，指導計画における環境構成では，人的環境は保育者と子どもが中心となり，物的環境は幼稚園・保育所の室内および屋外の空間ならびにそこに準備されるものを指す。期の計画や月の計画における環境構成が空間構成や場の構成など全体的な構想が中心となるのに比較して，短期の計画，週の計画や日々の計画における環境構成は，可動的な遊具や備品，手操作的なものなどが主となる。

　保育の環境構成は，極言すればその園の保育を表現している。たとえば，少子化を反映して一人っ子が多く，大人とのかかわりはできるが子ども同士の交歓ができない子どもの実態を把握したとする。多様な年齢発達・個性の子どもたちのコミュニケーションの育成を目指して異年齢縦割りクラスを作り，子ども同士の交流を盛んにすることを目標にして，それらを促す保育室の配置や遊び空間の確保，保育者の配置を考慮した環境を構成することになる。あるいは，0，1歳児の保育であれば，ゆったりとした時間が流れ，子ども一人ひとりの

リズムを尊重して安心してすごせるように，乳児保育室内のスペースを目的別に区分して環境を構成することを心がける。

　環境構成は，保育のねらいを具体化したものであり，子どもの実態と保育者の願いを反映している。

（2）構成した環境にかかわる子どもの姿を予測する

　日々の保育の計画を立案した段階で，保育者は，構成した環境にかかわって多様に展開する子どもの生活や活動・遊びを予測する必要がある。保育の立案の前提は子どもの実態を把握することであるから，今週の保育は先週構成した環境にかかわる子どもの姿から導いており，現在ここにいる子どもの姿を元に次週の保育を立案することになる。保育は年間を通じて継続的に流れており，時系列の流れのなかで子どもの姿を捉えることで，構成した環境にかかわる子どもの活動を予測することができる。

　構成した環境にかかわる活動の予測は，環境の特性を十分に考えた上で，一人ひとりがどのようにかかわり，どんな活動をするのかという個人のかかわりや，子どもの活動の展開について予測する必要がある。

　たとえば初夏のころ，3歳児が中心となって砂場で遊ぶ環境を1日の保育の案として考えてみる。春から子どもたちは自由に砂場遊びを繰り返してきた。子どもたちのこれまでの遊びの様子から，砂場にスコップ，小型バケツ，コテ，カップ類の他に，型抜きが豪快にできるような大きめのお椀やボールなど，いつもの遊びに刺激を与えるような容器や用具を準備した。ダイナミックな型抜きをする子，型抜きしたものを並べていく子，砂の詰め方が甘く型が崩れそうになる子，型抜き以外にお団子つくり，お山つくり，容器を入れ物にしたごっこ遊びを始める子など，多様な遊びが予想される。

写真5-1　園庭いっぱいに遊びが広がる

第5章　保育の計画と実践

活動の展開は基本的には個別ではあるが，型抜き，砂を掘る・盛るなどの遊び，お団子，ごっこなどに大別できるだろう。また，一つの遊びを継続する子，次々と遊びを変える子，遊びを見つけるのに時間がかかる子など，一人で遊ぶ子，お友達と一緒にする子，保育者と一緒に遊ぼうとする子など，遊びのパターンを予測することもできる。もっと詳細に，個別の子どもをイメージして遊びを予測することもできる（**写真5-1**）。

　子どもの活動の予測は，子どもの実態の理解の上に成立するものである。

（3）環境を再構成する

　環境構成は子どもの実態と保育者の願いを実現するための，きわめて具体的な場である。したがって，環境は子どもの実態から摂取した情報である子どもの興味・関心と，保育者の願いから導き出した経験しておきたいことをもとに構成される。このように保育は，保育者が準備した環境に子どもがかかわって展開されるが，予測した子どもの活動と実際の活動における子どもの姿にずれ

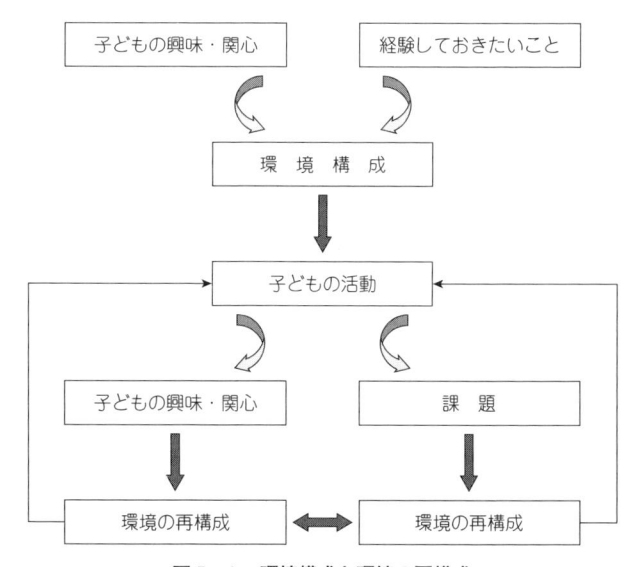

図5-4　環境構成と環境の再構成

が生じることがある。

　保育者はこのずれの要因を読み取り，保育者の援助の方法を変えたり，人間関係の仲立ちをしたり，物的環境を変えることで対応する必要がある。時には保育のねらいを変更することで，環境を再構成する場合もある。

　環境の再構成は，予測のずれや保育のねらいの変更によって行われるだけではない。子どもの興味・関心から導いた活動，あるいは保育者が子どもたちに経験してほしいと願う活動が展開し，子どもの活動が初期の目的を達成したのちも継続した結果，新たな興味・関心が生まれ，そこから次の保育が生まれることがある。発展的に環境の再構成がなされる場合である。

　図5-4は，子どもの興味・関心，経験しておきたい内容をもとに，環境構成・活動・環境の再構成が行われる状況を示したものである。

（4）環境を読む：可動棚による環境構成の事例

　0歳児から5歳児までの保育室で，保育室の空間を変えることができるように両面から使用できる可動棚（図5-5）を導入し，1年間この保育室で保育した事例から，0歳児の保育室，2歳児の保育室（高月齢児）を紹介しよう。図5-6は2歳児の保育室の例で，大きく環境を変えた時期の空間配置といくつかの大型家具，玩具などの配置を示している。

　同じ棚でも，0歳児の保育室では4月～12月までは棚で「いないないバア」やつかまり立ちをするなど，家具と同様の役目を果たしたが，1月以降になって子どもが，言葉を理解し，カップなどで食べるまねをするようになると，棚に置いたおもちゃの果たす役目も変化した（**写真5-2**）。2歳児の保育室では，4月の3週目から9月までの間，空間構成は大きく変化させなかった。遊びが固定してきたので，10月に棚の区切りをなくして大型箱積み木を準備したところ，2か月近く箱積み木の遊びが続いた。12月になると，意味性のある遊びが多くなってきたので，それまでのの状態に布団や手作り人形，箱積み木を加えて環境を再構成したところ，ごっこなどの遊びを展開させ，箱積み木などを自分たちで運んで自発的に遊びの空間を構成し始めた。

第 5 章　保育の計画と実践

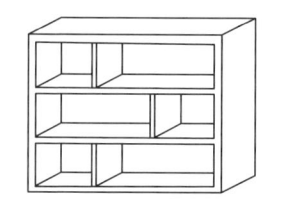

図 5-5　棚（約幅80×高さ100×奥行き30cm）

写真 5-2　0歳児の棚へのかかわり

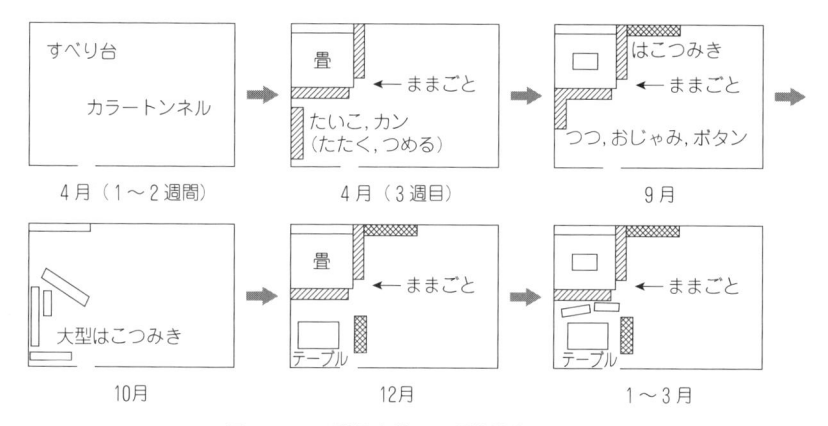

図 5-6　可動棚を使った環境構成　2歳児

4月（1～2週間）　すべり台／カラートンネル
4月（3週目）　畳／たいこ，カン（たたく，つめる）←ままごと
9月　はこつみき／つつ，おじゃみ，ボタン←ままごと
10月　大型はこつみき
12月　畳／テーブル←ままごと
1～3月　テーブル←ままごと

　環境構成において考慮することは，子どもの発達と棚の機能をしっかり把握することである。保育の環境は，子どもの実態を把握し，立案した計画に沿って構成するが，物的環境の構成においては，空間がもつ影響や準備するものの性質などを考慮することが必要である。

　また，環境の再構成は，子どもの現在を大切にし，子どもの姿に沿って時には緩やかに，また時には速やかにかつ大胆に行う。子どもたちが自らの意思と手で環境を構成している場面も見逃してはならない。

　保育者の子ども理解と，実践への決断が鍵である。

第1部　乳幼児保育の基本

4　環境としての保育者

(1) 保育者はもっとも大切な保育環境

　子どもにとっての環境として，人的環境と物的環境の2つをあげ，物的環境についてはすでに詳述した。子どもは，ものや人と相互交渉しながら自分と世界の関係性を認識しつつ成長・発達していく。保育環境というと，どうしても設備面や物的な面での充実に目が行く。実は，人こそもっとも大切な保育環境である。保育者が一人ひとりの子どもと応答するときの態度や表情，言葉が子どもの次の行為・行動に影響を与え，子どもの経験する内容を決めていくことになる。このとき，保育者が子どものかかわりにどのような判断をして応答するかによって保育者の態度や表情，かける言葉が決まる。保育者の態度や表情から子どもが受ける印象や，子どもと交わす言葉の相互作用によって子どもの次の動きが決まることを，保育者は深く心に留めておかなければならない。子ども同士のかかわりにおける保育者の応答や，子どもたちのコミュニケーションを活性化させるための援助においても同様である。これらの相互作用の積み重なりが，ひいては子ども集団や保育環境全体の雰囲気の形成につながる。

(2) 子どもへのかかわりを振り返る

　子どもたちは保育環境である物的環境，人的環境と相互交渉して成長・発達していくが，人的環境としての保育者との言語的・身体的な相互作用の影響は計り知れない。

　子どもが赤い小さい実を手にもって保育者のところに駆け寄ってきたとしよう。「いっぱい」といって保育者に手を差し伸べたとき「たくさん集めたね」というか，「あらー，どこから採ってきたの」と少し批判的に返すのか，「なんという実なの」と質問するか，「これを何に使うのかしら」と展開を促すかもしれない。子ども同士でカプラ（積み木）を組み立てている過程で起こる協働や問題解決のための話し合いや，一人夢中に泥団子に白砂をかけている子ども

第 5 章　保育の計画と実践

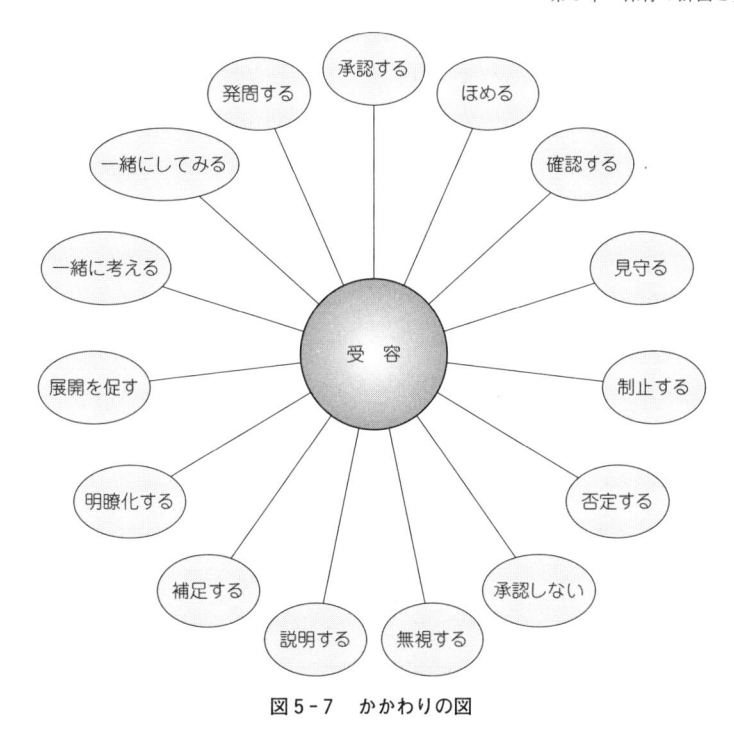

図 5-7　かかわりの図

には，見守ることがかかわりとなるであろう。また，遊びに入れなくてじっと見ている子どもにそっと仲間に入れるような援助をしたり，絵を描きだせずに困っている子どもと個別にお話をしたり仲立ちや補足をすることもある。

　子どもとのかかわりはまず受容することからと言われるが，保育者のかかわりを，「かかわりの図」に示した（**図 5-7**）。

（3）環境として有効な「子どもに関心をもつ保育者」の存在

　保育者のかかわりが子どもの活動に影響が大きいことは先に述べたが，W.L. ブリテン（1983）は，保育者が子どもにどのような作用を及ぼすかについて，研究を行っている。彼は，描画活動において，学生に権威主義的，民主主義的，放任主義的な保育者を演じさせ，その時の子どもの様子を観察した。権威型は子どもたちに指示や批評をする，民主型はそれとなく手ほどきする，

子どもたちの考えを尋ねるなどする，放任型は積極的な導きをせず，材料の準備のみするといったようにここでは，保育者としての動きの統制が行われた。その結果，子どもたちは民主型の保育者と居たときに一番長く描き，放任型の保育者と居たときの興味の持続時間がもっとも短く，予測に反して権威型の保育者と居たときは放任型より興味の持続時間は長く保たれたという結果が報告されている。保育者が子どもたちに無関心でいるよりは，指導的であってもかかわりがあるほうがまだよいということが言える結果となった。

　子どもたちが自由に遊ぶ時空は必要である。保育の場でも，家庭でも子どもだけの時空は大切にしたいが，大人が適切なかかわりをする必要がある。絵を描かない，絵があまり好きではないとみえる子どもであっても，保育者や保護者がその子どもが描く絵に興味・関心をもってかかわることで，表現が豊かになっていくこともある。この事例では，子どもの描画の動機と展開を促す保育者のかかわりについて実証的に研究することから始まったものであるが，あまり自由画を描かない4歳男児を対象に，一定期間描画の物的環境を整え，保護者が受容・励まし・賞賛，時には適度な導きをしていく中で，家庭でも保育所においても自発的に絵を描き，表現の展開が見られるという結果を得たものであった。子どもを取り巻く環境に，その子とその子の行為，行動に興味・関心をもってかかわる大人がいることが，子どもの育ちには必要であるといえる。

　子どもに関心をもち，子どもの行為，行動に興味をもってかかわる保育者とともにいる子どもたちは，その自分への保育者のまなざしを活動のエナジーにして自分を生きることができる。

（4）子どもに寄り添う保育者

　一人ひとりの子どもの生きる力を育てるためには，どの子どもにも均一に同じ力をつけるのではなく，その子に合った入り口を見つけ，その子の興味，関心に添ったかかわりをすることで，"いま"必要とする力をまず身に付けさせることが必要である。子どもたちに過剰にかかわったり，逆に放任的・楽観的な保育に陥らないためにも自己教育力を高める必要がある。では，一人ひとり

の子どもが育つことへの働きかけをどのようにしていけばよいのだろうか。

　子どもたちが場を共有して遊んでいる場面などで，一人だけ遊んでいない子どもがいたとする。たとえば，3歳未満児などでは感触遊びをする機会が多いが，小麦粉粘土やフィンガーペイントに触れるのを嫌がる子どもが必ずいるものである。乳幼児が五感，特に触覚を通してものと相互交渉する意味は大きい。子どもの育ちを考えると触れることができるに心血を注ぎ，あの手この手の攻防が繰り広げられることがある。あるいは，あの子は感触遊びが嫌いだからと，そのまま好きにさせておくこともある。

　子どもに寄り添うということは，このような一面的な子ども理解をもとに，子どもへの応答をすることではなく，子どもがいま，感触遊びを嫌がる現実を受容することが第一歩である。それを指導するか放っておくか，という短絡的な見方で対応を決定するのではなく，多角的な視点から考え，子どもが主体的に生きていくために必要な対応を見つける，両者の幅広い中庸の道の模索が必要ではないだろうか。

　保育者はそのためにも自己教育力を高め，新しく広い専門性を身につけたい。子どもを共感的に理解し，子どもが主体的に考えたり試したりすることを援助し，子どもの創造性を認め，子どもとともに考える，子どもに寄り添う環境となることが望まれる。

（5）応答性の高い保育者

　今日，子どもたちの人間関係構築力の危機だといわれる。それは大人のコミュニケーション能力や地域の教育力が低下しているからである。赤ちゃんは生まれた直後から随伴性探知能力という能力をもっている。随伴性探知能力とは環境からの刺激に対してある行為をもって反応し，その行為に対して環境からどんな反応が返ってくるかを見届けるという行為を繰り返しながら環境について自分なりの予知を立て，さらに自分からある行為を仕掛けることで確かめ，外界を認識する能力である。こうした周囲の環境と相互作用を通して子どもはで育つ。母親が赤ちゃんに話しかける，抱いて軽くゆすってあげるなどしたと

第1部　乳幼児保育の基本

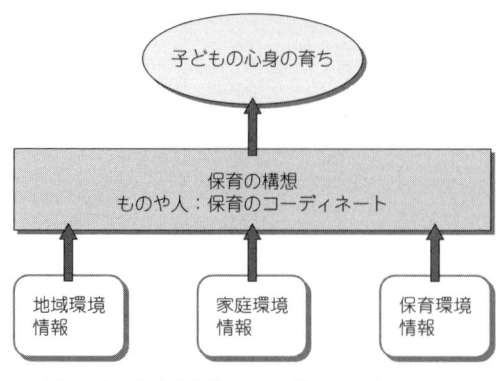

図5-8　保育者は何をコーディネートするのか

き，赤ちゃんは何らかの反応を返す。また，赤ちゃんが泣いり笑ったりしたとき，母親はあやしたり微笑を返したりする。母親の応答が適当であると，この行為は繰り返しなされる。こうして人とのコミュニケーションが成立し始める。保育の場でも，レスポンシビリティー（応答性）の高い保育者が求められる。

（6）コーディネーターとしての保育者

　子どもはごく限られた社会に生きている。家庭，幼稚園・保育園，地域社会が多分そのすべてであろう。昨今，地域で子どもを育てる意識がなくなり，地域の教育力が低下してきたと言われる。もっとも身近な家庭でさえその教育力の低下は著しい。この状況の下，保育者は子どもの教育・保育に加えて，幼稚園や保育所が地域の子育てセンターとしての役割や子育て支援を担うことで，社会が子どもを育てる人的環境としてその役割を預けられた。

　保育者は，子どもと保育者，子ども同士と保育者，保護者と保育者，地域の人々と保育者，保育者相互の関係性を重視して，今後，子どもたちが主体的に自信をもって社会で生きていけるように，その育ちを援助するための保育を創造するために，コーディネーターとしての役割と力を発揮することが望まれる（図5-8）。

第 5 章　保育の計画と実践

> **学 習 課 題**
> ○実践に即した保育の計画は何を基本に立案することが重要か，考えてみよう。
> ○環境の再構成が必要とされる理由を詳述しよう。
> ○子どもと子どもを取り巻く環境の望ましい関係とはどのようなものか，話し合ってみよう。

参考文献

磯部裕子『教育課程の理論』萌文書林，2003年。
小田豊『幼児教育再生』小学館，2003年。
門脇厚司『子どもの社会力』岩波書店，1999年。
厚生労働省『保育所保育指針』
佐藤学・今井康雄編『子どもたちの想像力を育む』東京大学出版会，2003年。
佐藤学著『教師たちの挑戦』小学館，2003年。
仙田満著『あそび環境のデザイン』鹿島出版会，1987年。
W.L. ブリテン，黒川健一監訳『幼児の造形と創造性』黎明書房，1983年。
J. ヘンドリック，石垣恵美子・玉置哲淳監訳『レッジョ・エミリア保育実践入門』北大路書房，2000年。
アービット・ベンソン，北原理雄訳『遊び場のデザイン』鹿島出版会，1974年。
宮原和子・宮原英種『保育を愉しむ』ナカニシヤ出版，1997年。
ロビン・ムーア編著，吉田鉄也・中瀬勲共訳『子どものための遊び環境』鹿島出版会，1995年。
文部科学省『幼稚園教育要領』

（奥　美佐子）

第 2 部

乳幼児保育の実際
――子どもの育ちを支える保育の実践――

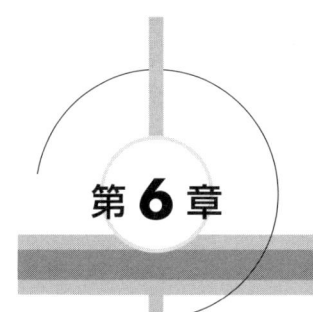

第6章 園生活をつくる

　園生活は，子どもの日常生活と遊びの両輪で成り立っている。子どもにとって，遊ぶことそのものが生活であり，また生活することそのものが遊びなのである。子どもの生活は遊びを中心に流れ，その遊びが充実していることが生活の充実につながる。遊びが，子どもの生活の質をつくるともいえる。
　遊びは，幼稚園・保育所（園）の集団保育の場において，それぞれの年齢の，それぞれの発達に応じた環境のなかで，子どもが自分の想像力を発揮しながら自己を形成していく活動の軸となるものである。遊びを通して，生活行動や習慣など生活していくために必要な力，自分の直面した課題や葛藤を乗り越えて生きる力が獲得される。
　本章では，子どもが「他者とともにある自分」を見出し，自分の園生活をつくることに焦点をあて，子どもと周りのかかわりと子どもとともにある保育者のあり方について考える。

1　子どもの生活と自分づくり

（1）関係をつくる

①　園生活になじむ：安心感と信頼感をつくる

　園生活は，子どもにとってはじめての集団生活である。親と離れ，慣れ親しんだ家庭とは異なる場で，馴染みのない人たちと生活しなければならない。子どもたちが安定した気持ちで，園生活を送るためには，自分なりに周りとの関

係をつくっていかなければならない。幼い子どもにとって，戸惑いと葛藤と緊張の連続であろう。そんな戸惑いや葛藤，緊張を和らげ，支えてくれる保育者の存在は重要である。新しい環境のなかで，子どもは保育者を心の拠り所にしながら周りとかかわり，仲間とともに，自分の生活や，遊びの世界を楽しむことができるようになる。

　保育者は，子どもが安定して生活できるように，子どもに安心感を与え，心の拠り所となるような信頼関係を作ることが大切である。特に入園当初は，保育者は一人ひとりの子どもとの出会いとかかわりを大切にし，一対一の関係づくりに心配りする必要がある。子どもの今の気持ちを受け止め，したいことに共感しながら，受け入れられた実感をもつことができるよう，子どもと向き合える関係を丁寧に紡ぎだすようにしたいものである。たとえば，保育者と子ども，子ども同士が，お互いに馴染みがもてるように，スキンシップしながらコミュニケーションできる遊びやお互いがモデルになれるまねっこ遊び，繰り返しのある歌遊び，家庭で経験してきた事柄（生活習慣）など，モノや人とつながり，親密性を高める生活づくりを考えるとよい。また，園にあるさまざまな環境にどのようなものがあり，どのように使うのか，生活の流れのなかで触れる機会をもうけ，園環境への馴染みをもたせることも必要であろう。

　こうしたことを通して，子どもは，現実の園生活を知り，保育者と子ども，子ども同士の心のつながりをつくることができるようになる。家とは違う生活だけれども「同じこと」，みんな違うけれど「みんな同じ」といったような共通項を経験的に積み重ねながら，一緒にいることの意味や楽しさや，「ともにある」ことへの意識と心地よさを知っていく。「繰り返す」ことで園生活に予測と見通しが生まれ，「変わらないこと」が安心感と信頼感につながっていく。さらに，その過程で，保育者や他の子どもへの理解も生まれてくる。保育者もまた，それぞれの子どもやクラスの特性への理解が促され，これからの1年間の子どもたちの園生活に対する見通しをもつことができる。

　このように，園生活の始まりは，保育者が子どもとの関係をつくり，それぞれの子どもが周りに安心感と信頼感をもつようにすることが大切である。そう

したなかで，子どもは主体的な生活や遊びを展開できるようになり，友達との関係も深まっていく。
（寺見　陽子）

② 子どもとの関係を深める

　保育者が子どもとの関係を深めていくためには，子どもの行動がどのような意味をもち，またその経験が今の子どもの育ちにどのような意義があるのか理解する必要がある。子どもの思いを汲み取り，それが自分で実現できるように気持ちに添ったかかわりをしていくことを通して，子どもとの関係は確かなものになっていく。

事例1　子どものしていることに対峙し，その気持ちを支える

　A男は，竹馬に乗れない。「先生，見てみて」とA男は，自分の存在をアピールする。保育者は園庭でA男が上手になろうと頑張っている姿を見て声援を送る。「もう少しだよ」「一歩あるけたね」。保育者は，竹馬から落ちては乗り，乗ってはまた落ちる，ということを何度も繰り返して努力しているA男が，早く乗るようになることを願っている。子どものしていることに対峙し，乗れないA男のくじけそうな気持ちを援助する。

　この事例に見られるように，「先生が見てくれている」「先生が励ましてくれる」「先生が自分のすること見守り，認めてくれている」ということの積み重ねが次に向かう力となり，困難なことにも挑戦しようとする気持ちや「する」ことへの安心感，それができる自分への信頼感＝自信ができていく。保育者は，子どもの行動からその思いを感じ取り，言葉や態度で子ども自身に返すことで，子どもの「いま」（竹馬に乗りたい）を，子どもにとって自覚的なもの（竹馬を上手にしたい）し，できない自分を乗り越えながら自ら取り組む意欲を高めている。子どもは，保育者を心の拠り所にしながら，しだいに他者との関係のなかで自分を生きることの意味と，自分が自覚的に自分のすることに向かう自分自身の態度（自己性）を形成していく。

　このように，子どもの行動には，「いま」の子どもの思いと育ちが含まれている。保育者自身も，子どもとのかかわりにおける自分自身の思いとかかわりの意味（根拠）を自ら内省し，かかわりのあり方を考えることが子どもとの関

第6章　園生活をつくる

係を深め，その質を高める上で重要である。また，園生活に親しみと信頼を感じ始めた子どもたちが，自ら生活をつくり，モノや人とかかわりながら遊びを展開して自ら育っていくために，子どもの育ちにつながるような関係づくりを考えることが求められる。

写真6-1　乗れたよ，竹馬

③　周りとつながる

　保育者との関係が確かなものになり，自分を安心して表現できるようになった子どもたちは，周りと積極的にかかわるようになる。子どもは，生活のなかで，面白い発見や驚きに出会い，その気持ちに動かされて自ら周りとかかわり，関係を築いていく。その面白さ，驚き，興味が，身近な友達と共有され，つながりが生まれてくる。一緒にいること，遊ぶことが楽しくなり，モノや場を共有して，自分たちの世界をつくるようになる。

> **事例2　泥で遊ぶ**
>
> 　雨上がりのある日，3歳児のクラスの子どもたちが園庭に大きな水溜りを見つける。最初は，スコップで水をすくって水溜りの外に出していたが，やがて水溜りにできた泥で泥団子づくりをはじめた。その様子を見ていた4歳児が「もっと水を入れたらいいよ」といって，ジョロに水を入れて持ってきた。「あめ，あめ，ふれ，ふれ」とうたいながら，ジョロの水を降らせる。その様子に惹かれて他の子どもたちも駆け寄ってきて，泥を握ったり，身体に付けたりして遊び始めた。泥団子遊びは泥んこ遊びになり，その輪は見る間に広がっていった。「なんだか，ぬるぬるで，きもちわるいよ」「わあー，おばけだぞー」「泥んこの服着てる」とおおはしゃぎである。
> 　そんな様子に保育者は困ったなと思いながらも，子どもの楽しそうな雰囲気に気持ちが動き見守る。汚れないように袖やズボンの裾を折ったり，泥をすくうものを用意したりする。ひとしきり遊び終えたころ「もう片付けましょう」と声をかけると，子どもたちは「ブルドーザーだあ」といいながら，泥を集めはじめる。部屋に入りながら，面白かったことを口々におしゃべりし，汚れた服や体を始末しあう。保育者も見えないところに手を貸しながら，子どものはしゃぐ気持ちに共感のあい

づちを打ち，それぞれの子どもの気持ちを受け止める。

　水たまりから土が泥に変化すること，水の量でどろどろ具合が変わること，それは身体感覚として妙な面白さがあることなど，子どもたちは水たまりとの出会いを通して，自分の身体でモノの変化とその面白さ，楽しさを味わう。身体で感じる面白さは，子ども同士の共有感覚となり，お互いがつながりあい，その輪が広がっていく。子どもの興味が自発的な行動となり，人間関係が作られ，遊びも広がっていく。

　しかし，友だちとのつながりは，年齢によっては自分たちだけで持続しにくいことがある。園生活に馴染んで，友だちとのつながりが本格的にでき始めるころには，保育者が子どもの状況に応じてアイデアを出したり，モデルを示したり，お互いの気持ちを伝え合う代弁役を果たしたりしながらつながりと関係を支えていくことで，子ども同士の関係が深まっていく。また，そうしたなかで経験する葛藤を，2歳であれば苛立ちを受け止め切り替えを作るように，3歳であれば自分の気持ちが言葉で表現できるように，4，5歳であればお互いの気持ちが受け止められるように保育者のかかわりや援助のあり方を工夫する必要がある。このように保育者に気持ちを支えてもらいながら自分の葛藤を自分で処理していく経験を積み重ねていくことが，よりいっそう子ども同士の関係を深めることになる。そして，こうした友だちとの擦れ合い，相手を意識しながら行動していく経験が，子どもの心の育ちをうながしていく。

写真6-2　泥で遊ぶ

④　保護者との関係をつくる

　子どもが自信をもって主体的に園での生活を過ごすためには，保育者と保護者とのかかわりも重要である。子育てのしにくい今日，子どもを介して子育てする保護者の気持ちを支え，人生観，育児観，価値観などを共有しながらパートナーシップをつ

くることも，子どもの安定した育ちを促すために大切である。保護者との良好な関係は，保育者にとっては保育に対する自分の思いや子どもに対する気持ちを，保護者にとっても自分の考えや立場，子どもへの思いを伝えあうことができる。そして，いまの子どもの育ちとこれからについて共通理解を図ることで，子どもの園生活がより適応的なものになる。

　園の生活は家庭生活と連続しており，家庭生活は園での生活リズムと関連する。保育者が保護者に指示や要求をするのではなく，家庭生活の延長線上に子

事例3　排泄が自立しないB夫

　もうすぐ1年生になるB夫は大便の始末ができない。保育者にも母親にも，焦りと苛立ちがある。そこで，園と家庭で大便の記録をつけて，排便のありそうな時間に言葉かけをして習慣づけていくことにする。6ヶ月たった頃，B夫は大便の始末を何とか自分でできるようになる。このことでB夫は遊びに集中できるようになり，園生活も自立が図られるようになった。保育者も保育中に大便の処理に困惑することがなくなり，保護者も子どもの成長に喜びを感じて家庭教育に方向性が見えてきた。保育者と保護者が連携することで，子どもの育ちが促され，子どもも保護者も，以前より増して関係を深める結果となった。

どもの園生活があることを理解して，親と向き合い，お互いに認め合ってともに育ちあう意識をもつことで，さらに家庭と園の関係が密接なものになっていく。

（2）生活をつくる

　子どもが自分で生活を営む力を育てるには，子どもの自立が求められる。倉橋惣三（1965）は，幼児教育法の基本を「生活を生活で生活に」と唱え，園生活における教育の生活化を重視した。彼によれば，園生活とは，「子どもが必要としていることを，今，すぐにすること」「人とかかわりながらしていくもの」「子どもの内面を燃え立たせるもの」である。子どもが子どもとして，主体的に活動し生活するのが保育であり，保育者は，子どもと一緒に生活しながら，側面から援助していく存在である。

先の事例2の泥んこ遊びでは，遊びに満足しきった子どもたちは，片付けも遊びの延長でこなし，その後，遊びのなかでのことを会話しながら，自ら自分の汚れた身体や衣服を処理し，さわやかな気持ちを味わっている。子どもにとって，片付けや身辺処理などの生活習慣は，遊びの延長の一連の活動として，保育者のかかわりの仕方によって，自ら進んですることができる。子どもの生活が作られていくためには，保育者が，子どもの生活上の事柄を子どもがしなければならないこととして，子どもの気持ちとかけ離れた「しつけ」の視点からだけ強調するのではなく，子どもにとっての意味を感じさせ，価値づけをしていく見方が必要である。そうしたなかで，子どもはその行為から「他者とつながっている」という実感をもち，自分自身の成長を自覚し，生活者としての誇りと自信が生まれて，主体的な生活ができるようになっていく。
　生活の仕方や生活に必要な習慣などに関する活動は，一般に基本的生活習慣の自立に重きがおかれる。たとえば「食事」の自立では，「残さず食べなさい」「好き嫌いをしてはいけません」「もっと早く食べなさい」という具合に，「しつけ」に重点が置かれ，その意味での確認や評価がなされがちである。しかし，そうした指示的，命令的な言葉かけでなく，「おいしく食べられたね」「モグモグとよく噛んで食べてるね」という具合に子どもに行為の自覚を促し，保育者が食事することの到達点の方向性を言葉で示すことによって，子どもは行動統制力を身に付けていく。そして，何よりも子ども自身が食べる生活の楽しさを感じ，自らの生活行動を獲得していくことが望まれる。
　また，園生活における食事は，生活に必要な活動だけではない。たとえば，年長であれば机やいすを友達と協力して並べたり，机を拭いたり，片付けたりという，一連の集団生活行動でもある。生活習慣の自立は，子どもが生活に適応するだけでなく，自分自身の生活に見通しをもち，自分を軸に周りとの関係をつくる行動統制の基盤になるとともに，さまざまな側面の順調な育ちを促すための素地づくりにもなる。
　このように，保育者は日常生活の状況や場面において，「生活を伝え，生活を共有し共同しながら生活する」仕方を伝える重要な役割がある。また，保育

者が子どもとの関係を大切にしながら子どもの自己管理能力を育てていくことで自立心が育まれ，自分への信頼と誇りが生まれて，「私の生活」が形成されていく。

（3）遊びを楽しむ
① 定型的な遊びと不定型的な遊び

　幼児期前期は，「したいことを見つける」，幼児期後期には「したいことを存分に楽しむ」ということが，発達的に応じた遊びの指標である。興味・関心，個性を生かした遊びをすることで，子どもは必要な体験を積み重ね，自信や成就感を体得していく。

　たとえば，おにごっこやかくれんぼのように，決まったルールと遊び方のある定型的な遊びは，比較的形の定まったものが多く，内容も明確で共有化しやすいものである。保育者にとっては指導しやすく，かかわりやすい活動である。不定型的な遊びは，子どもの「遊び心」と保育者の「遊ばせたい」気持ちがかみあわないことが多い。塩川（2006）のいう「名もない遊び」的なもので，子どものとりとめもない思いが遊びとなって表れるもので，保育者には，そうした子どもの思いを汲み取りながら見守るしかない。保育者が子どもと一緒に遊ぶことも，指導することもできにくいものである。ここでは，子どもの気持ちを大切にしながら，その遊びに対等につきあう力量が求められる。

事例4　空箱を振って遊ぶ

　2歳児のT子が空箱を持って遊ぶ。片手でトントンと振る。しばらくすると，耳のそばでトントンと振ったり，指先でトントンと叩いたりする。保育者は，次にどうするだろうかとそばで見守る。そして，保育者も空箱をトントンと振ってT子と同じ行為をする。T子は，真似をする保育者のほうを見て笑う。保育者が，「一緒だね」と声をかけると，保育者の持っている箱をとって自分の箱と合わせ，拍子木のように打つ。保育者は，T子の動作を真似て空箱を振ったり指先で叩いたりすると，空箱を打ったときの微風や指先で叩いた時の感触に違いや変化があることがわかり，T子の空箱を使った音遊びに共感することができた。

T子の遊ぶ姿を見て，保育者は「空箱が気に入ったんだな」と初めは思っていた。しかし，T子のする一連の行為を真似ながら一緒に過ごすうちに，保育者はT子の音に対する発見の喜びや空箱で遊ぶ楽しさを感じとり一緒に味わうことになった。また，保育者の「一緒だね」という言葉かけに，保育者の空箱をとって2つ合わせて打つT子の行為に，保育者と気持ちが一つになったT子の思いを感じさせられた。

　不定型的な遊びは何をしようとしているかわかりにくい場合が多い。年少の子どもの遊びは，定型的な「〇〇遊び」といえるようなものの方がむしろ少なく，子どものなにげないかかわりから生まれたモノや出来事の変化やその面白さを楽しむためになされる「名もない遊び」の方が多い。年齢が進むにつれ，そうした名もない遊びから，その楽しさや面白さを友だちと共有し，そこからテーマが生まれ，決めごとが作られて，結果的に定型的な遊びになっていく。

事例5　すもうごっこ

　最初は，C雄とD治の2人が取っ組み合い，じゃれあって遊んでいた。その様子を見ていた保育者が，園庭に大きな円を描き，土俵を作った。描かれた円を見て他の子どもたちが「おすもうごっこだ」と口々に言いながら周りに集まってきた。今までじゃれあっていたC雄とD治は，押し合いながら，その土俵の中に入った。「C君ガンバレ，ガンバレ」「D君ガンバレ，ガンバレ」とそれぞれに声援や拍手を送る。D治がC雄を押し出した瞬間，「C君の勝ち」と，周りで応援していたE弥が勝敗を決める。F男が立ち上がり，「ひがーしーC雄のやま」「にーしーD治の海」と行司の真似をする。C雄とD治は，砂を「清め塩」にみたてて撒き，しこをふむ。「ハッケヨーイ，ノコッタ」というF男の合図に，C雄とD治はみんなの声援を受けながら再びぶつかり，押し合いながら力いっぱい取り組む。

　年長になってくると，子どもは，自分たちのしたいことやそのイメージをあらかじめ自分のなかで想定し，友だちと共に初めにテーマや約束ごとを決め，目的をもって遊ぶことができるようになり，定型的な遊びが多くなる。

② 遊びに見る保育者の役割

　事例4，5に見られるように，保育者と子ども，子どもと子どもが，遊びをつくる関係は，主体的に遊び，学びあい，価値を共有しあうなかでつくられて

いく。保育者は、そうした過程における子どもとのかかわりを通して子どもの内面を理解し、その気持ちに沿っていきながら子どもの思いを実現する手助けをしたり、その思いがさらに広がるような環境づくりや子どもと子どもの関係づくりをしていくなど、保育のなかで子どもの育ち

写真6-3　不定型の遊びから定型の遊びへ

を促すために必要な援助をしていくことが求められる。自分の思いが生まれ、それによって周りとつながることで、子どもの遊びは継続的な遊びとなっていく。

　子どもは、遊びによって心を解放し、自分自身の力を試し、成就感、達成感を味わいながら、自分の世界を自分でつくる力、生きていく力を身に付けていく。また、子どもは遊びのなかでさまざまなことを学び、育ちの基盤を培う。したがって、子どもが遊びのなかで充実した気持ちが味わえるように、遊びの形式にとらわれないで、日々、ともに生活する保育者の支えが必要である。保育者は、子どもが環境とかかわって生み出す遊びのなかで、何が今の子どもの育ちに必要な経験かを見通し、そうした経験を積み重ねていくことができるように援助していくことが求められる。

　池田（2005）は、子どもの遊びの理解の方法として、19世紀末に児童心理学の父と言われたスタンレー・ホールの学説から、「子どもはどんな経験をしているのか」「それはどんな変容をきたすのか」ということに注目してみることを重視している。保育者は子どもの生活に参与しながら、現象学的な（子どもの行動を文脈のなかで捉え、内面の動きの意味を探る）手法を用いて、「子どもにとって遊びとは何か」という視点から、「無邪気に遊ぶ姿」、「イキイキと目を輝かせる姿」の本質を読み解くことができるとしている。

（4）仲間をつくる

　一人ひとりの関係ができ，子ども同士の遊びが広がり深まってくると，クラスの友だちとの集団活動が生まれ，それぞれの子どもたちは感情を共有することができるようになる。たとえば，あさがおの栽培のように，土を耕し，種を植え，毎日水遣りをするなど，手間ひまをかけ，継続的にしていく活動が友だちと一緒にできるようになり，子どもは育てたあさがおへの愛情とともに仲間意識をもって関係を深めていくようになる。そして，活動の仕方を学んだり，あさがおに対する興味や関心を高め，それにともなって多様な感情を体験し，さまざまな学びが生まれる。このように，友だちと時と場を共有することで，思いやり，やさしさといった感情をもって仲間との絆を子どもたち同士でつくることができるようになる。そして，集団のなかでの自分の位置や役割を身に付けていく。

　集団のなかでの役割に対する意識は，当番活動や係りで友だちと役割を分担したり協力することを通して学んでいく。クラスのみんなで目標をもって力をあわせ，その目標を達成する経験を通して，「協力する」ことの意味を知る。それが，自分のためになるということだけでなく，みんなのためになることでもあることを体験する。また，それぞれが，活動の一部を引き受けることで全体がスムーズに流れ，気持ちよくできることも体験し，「分担する」ことの意味がわかるようになってくる。お花の水やり当番，お掃除当番，挨拶当番，先生のお手伝い当番など，年齢に応じた当番や係りをクラスで話し合って決めることで，集団の目標やルールについて知り，集団のなかで自分の役割を果たせるようになっていく。そして，集団としての仲間意識が生まれ，集団にクラスとしてのまとまりができてきて，活動がさらに活発化していく。

　こうした関係のなかで，子どもた

写真6-4　友だちと時と場を共有する

ちは，友だちと言葉を交わし，時にはモノの取り合いや自己主張のぶつかり合いを経験する一方で，共通の興味や関心をもって生活を展開する楽しさも味わう。一人で活動するよりも友だちと一緒に活動するほうがいろいろなことができることや遊びや生活が楽しくなることを体験し，友だちの大切さへの気づきが生まれて，友だち関係がよりいっそう広がるとともに仲間意識も深まっていく。それぞれの子どもが，仲間集団とともに生活するためには，モノや人と出会える場と空間，子ども同士のしようとしていることを理解し，関係づくりを支えてくれる保育者の存在が重要である。子どもは，保育者のそうした援助があってこそ，仲間と一緒に育っていくことができる。 　　　（小川　圭子）

2　3歳未満児の生活と自分づくり

(1) 乳児とのかかわり

　子どもは，身体的にも精神的にも未熟な状態で生まれ，大人に保護，養育される。愛情豊かな大人の保護や世話などを通して，子どもとの相互作用が十分に行われ，愛され，信頼されることによって，自分も大人を愛し信頼するようになる。

　乳児は，人間の一生のなかで最も早いテンポで成長する。子どもは，乳児のときから，外に向かって自分の欲求を表現する力をもっている。したがって，乳児の最初の行為をまず受け止め，そして応えるという「いま，この瞬間」を大切にして，適切にかかわる必要がある。

　乳児は，泣くこと，表情，体の動きで生理的欲求を表す。保育者は，乳児と目線を合わせ，微笑み，抱いたり肌を触ったり，また言葉をかけるなど，感覚的な心地よさを十分に感じさせながらかかわり，そのときどきの乳児の欲求を満たすことがまず大切である。そうしたかかわりを通して，乳児は保育者に親しみと愛着を感じ，信頼を寄せるようになる。機械的な世話やかかわりでは，生理的には満たされても，心の安定は得られない。生理的に安定し，心地よい状態にあるとき，乳児は，周りをきょろきょろ見回して動くものを目で追った

り，「アー，ウー」と声を出したり，手足を活発に動かしたりして自発的な行為を盛んに繰り返す。遊びといえない段階であるが，この自己活動を通して，乳児は，自分が周りとかかわる存在であることを感覚的に感じ取っていく。そして，発達が進み，自分自身の体を自分の意志で動かすことができるようになってくると，自分から周りとかかわり，盛んに探索活動をするようになる。

事例6　オムツ交換

　今まで機嫌のよかったF児（9か月）が泣き出す。保育者はF児を抱っこしたりあやしたりしながら，オムツに触れてみる。「Fちゃん，おしっこしたの」「きれいにしましょうね」とF児の体をオムツ交換台の方にむける。保育者は，「オムツ交換台にいきましょう」という。抱っこしてオムツ交換台に行き，F児をお尻からおろす。「おむつかえようね」とF児の顔を覗き込み，目を見ながら言葉をかける。オムツをはずしながら保育者は「Fちゃん，今からお尻ふくね」，「気持ちよくなったね」と言葉をかけると，F児は「ブーウー」と声を出す。保育者も「ブーウー」とF児の声を真似て返す。数回，こんなやり取りをしていると，F児は気持ちよさそうに手足をバタつかせ，ご機嫌になる。「手を洗うから待っててね」とF児に言葉をかける。この間，保育者は笑顔でF児とかかわっている。

　乳児にとって，泣くことは人とのコミュニケーションである。保育者はオムツがぬれた，おなかがすいた，眠いなど，生理的な不快感を訴えてくる乳児に対して，あやしたり抱っこしたりしながら，なぜ泣いているのか，何を訴えているのか，応答的にかかわって探っていくことが，言葉のないコミュニケーションになる。ここでは，保育者がオムツを替える行為のなかで，体をオムツ交換台にむけ，いまから行う行動を目と目を合わせながら言葉にかえて伝えている。また，オムツを替えた後，F児の「ブーウー」という喃語に対して保育者が相づちを打つと，まるで応答するかのようにF児は盛んに声を出している。こうした，身体的かつ情緒的なコミュニケーションを重ねていくことが，保育者との情緒的な絆をいっそう強くする。

（2）1歳児とのかかわり

　15か月を過ぎると，ほとんどの子どもが歩けるようになり，1歳後半には走

ることもできるようになる。歩行が始まると，手が自由になり，ものの操作ができはじめる。食事，睡眠，排泄，着脱衣，清潔などの生活行動に興味をもち，自分でしようとする気持ちが芽生えてくる。また，言葉も芽生えてくるので，自分の要求や気持ちを言葉で伝えたり，保育者や他の子どもとも交流したりするようになる。そうしたなかで，他児への興味が生まれ，ぶつかり合いも経験する。周りのモノに対しても，自分の意図をもってかかわり，「ふり」や「つもり」「まね」が生まれてくる。そして，しだいに，周りのモノは，子どもの思いを表現する素材や道具として使われるようになる。

> **事例7　まねをして，テーブルを叩く**
>
> 昼食で椅子に座ったG児（1歳児）が，突然，スプーンでテーブルを叩きだす。隣に座っている子どもの方を見て笑いながら叩く。それを見ていた他の子どもたちもG児の真似をして叩きだす。しばらくすると，G児が口に手をあてて「アワワー」とすると他児たちもG児の顔を見ながら「アワワー」とやりだした。

このように，1歳児は，ともに生活することや仲間とふれあい，かかわる意味を「同じ行動を楽しむ」ことから知っていく。そこに，子どもの育ちが生まれる。

> **事例8　「いっしょ」を楽しみながら「だめ」と拒否する**
>
> H児（1歳児）が汽車で遊んでいる。I児が近づいてくると「だめ」といっておしのける。しばらくすると，I児も手に汽車を持ってやってきた。H児はI児を見ながら，「いっしょ，ポッポー」といって，汽車を走らせる。I児もH児の後をついて汽車を走らせる。I児がH児を追い越そうとしたとき「だめ」というやいなや，H児はI児の足に嚙みついた。

H児とI児はよく一緒に遊んでおり，I児とのやり取りのなかで嚙みつくことが多い。1歳児はまだ，言葉で十分自分の意思を相手に伝えられない時期である。手っ取り早く自分の要求を通す方法として，「嚙みつく」行為が見られる。嚙み付きは，この時期一過的に現れるものであるが，繰り返し見られる場合は，嚙みくことが，相手に対して打撃を与えることがわかって意図的にしていることもある。その場合，その子ども自身の気持ちと相手の気持ちを伝え，

やってはいけないこと，危険なことは，きちんと真剣に伝える必要がある。また，状況に応じては，子ども同士の距離をとることも必要である。

　1歳児は，他の子どもの存在が気になり，関心を示して近づこうとするが，そのかかわりは一方的である。しかも，遠慮がなく真剣なものであるから，真正面からぶつかってしまう。しかし，こうしたぶつかり合いを通して，子どもは，自分の感情と同時に他の子どもの感情にも気づき，人への共感が芽生えてくる。また，相手の存在に気づくことは，自我の芽生えとその後の対人関係の発達に欠かせないことである。

　集団生活のなかでは，それぞれの子どもが「いま，ここ」で示す姿より，これまでの「噛みつく子」という姿で捉えがちである。しかし，一人ひとりの子どもの姿は，いま目に見えない顔や姿，思いを掴んで初めて深く理解できる。そうして，子どもの育ちをどう支えていけばよいかもわかってくる。保育者は，子どもが「噛む」ことを恐れず，子どもの伝わらない思いを代弁し，子ども同士で一緒に過ごす楽しさを十分体験させることを基本において，子ども同士のつながりを発展させていくように心がけたいものである。

（3）2歳児とのかかわり

　2歳児になると，歩行の機能は一段と進み，走る，跳ぶなどの基本的運動機能が分化し，体を自分の思うように動かすことができるようになる。身体運動のコントロールも上手くなり，リズミカルな運動や音楽にあわせて体を動かす事を好むようになる。また，指先の操作も急速に進歩し，モノを道具として使うことができるようになる。

　そうした身体の発達は，子どもの心に自我を芽生えさせる。「第一反抗期」といわれるように，この頃の子どもは「自分で」にこだわり，「いや」を連発して自己主張するようになる。自分は自分であって，他の人とは違う，行動や認識の主体としての自己存在に気づき始める。

　事例9　「つもり」を楽しむ

　数人の子どもたちとままごとコーナーで遊んでいるJ児（2歳児）。突然，電話

の受話器を取って「まいど，まいど」と言いながらお辞儀をする。受話器を下ろしたと思ったら，メモ用紙に何かを書く様子。メモを手に取り，他の子どもに「いそがし，いそがし」と言い，ままごとコーナーから走って出て行く。保育者に出会うと「まいど」と右手を挙げる。

　2歳児がよくする「つもり」の対象は身近な人が多い。J児は店で商売をする父親を真似て，「つもり」を楽しんでいる。2歳になると，脳の表象機能が分化し始め，こうした「つもり」や「ふり」，「みたて」ができるようになってくる。過去の経験を思い浮かべ，そのイメージを他のものに置き換え，遊びのなかで楽しむ。この時期には，この「つもり」行動を十分に経験させ，自分の思いを表現することの楽しさを味わわせたいものである。この経験が，子どもの周りを見る目や模倣する仕方を細やかなものにし，やがて，そのイメージを仲間と共有しあって遊ぶことにつながっていく。　　　　　　（坂根　紀美子）

(4) 3歳未満児の遊びと環境
① 乳児の遊びと環境

　乳児期，特に生後まもない0歳の乳児にとって，最初の遊びは母親との遊びである。乳児は，授乳をされている間，ずっと飲み続けるのではなく時々乳房から口を離すしぐさをし，それに気づいた母親が，乳児に声をかけるということが繰り返される。母親は乳児の求めに応じて語りかける，その瞬間から遊びが始まっているのである。母親が乳児とかかわることは，乳児からみると母親と遊んでいるということであり，かかわることと遊ぶことは，同じ「関係づくり」なのである。

　母親との絆が生まれるこの時期，保育者は母親に代わってどのようにその関係性を補完していくかということが課題となる。乳児保育では，保育者と乳児が1対1でかかわることを一つの目的として担当制がとられていることが多いが，0歳児では，保育士1人につき概ね3人の乳児を担当することと定められている。

　乳児が大好きな遊びの一つに「いないいないばあ」がある。この「いないい

ないばあ」は，対象が存在することと失うことの繰り返しを楽しむ遊びである。乳児は，ずっと「いないいない」のままでは不安になってしまうが，「ばあ」となって再び表れることで安心できるのである。「ばあ」と表れることが理解できていると「いないいない」の間も安心して待つことができ，対象が消えてもまた出てくるという原理の理解へもつながる遊びである。また，母親が「いないいない」と目の前から消えてしまっても，「ばあ」と出てくることがわかっていることで，赤ちゃん自身が「ばあ」の瞬間を楽しみに待つ喜びを感じてくる。これが，遊びのなかで見られる他者への愛着へ第一歩であると言える。

　「いないいないばあ」はしぐさだけに限定されるものではなく，「いないいないばあ」と同様の遊びができるものはさまざまある。たとえば，絵本では『いないいないばああそび』（木村裕一，1988年）や『いないいないばあ』（松谷みよ子，1967年）などがある。絵本をめくるといろいろな動物が「いないいない」の状態をして顔を手で隠しており，1ページめくるたびに，「ばあ」と出てくる絵本である。5，6か月を過ぎたあたりから，この絵本を使って保育者が「いないいない」と語りかけると，自分でめくって「ばあ」と声に出して喜ぶ子どもの姿が多く見られる。また，おもちゃのなかにも「いないいないばあ」を応用しているものがある。ハンマートイと呼ばれるおもちゃは，スティックをとんとんと打っていくと目の前からスティックが一旦消え，また，別なところから出てくるおもちゃである（**写真6-5**）。自分で「いないいない」とスティックを隠したり出したりする遊びのなかで，自分自身で「いないいないばあ」遊びを楽しむことができる。

　また，パズルのなかにも，二重に絵が用意されているものがあり，上のピースを外すと，なかにも違う絵が隠れているものがある（**写真6-6**）。これもハンマートイと同様に，自分一人で「いないいないばあ」を楽しむことができる。

　母親や保育者が，「いないいないばあ」を通してかかわることで，乳児は，「いないいない」の不安さと「ばあ」の快の両方の愛着を抱くことができる。どんな遊びへ移っていくことになっても，「いないいないばあ」で養われた愛着が他者とのコミュニケーションを通した遊びの基礎となる。保育のなかのさ

第6章　園生活をつくる

写真6-5　ハンマートイ

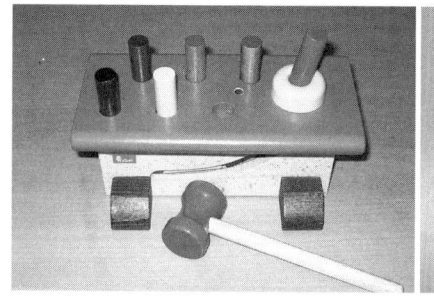

写真6-6　二重絵のパズル

写真6-7　木のガラガラ

まざまな場面で、「いないいないばあ」を基にする遊びがあり、「いないいない」と「ばあ」を大人と子どもがどちらの役であっても楽しみ、どんな「ばあ」の出し方をするかで遊びが広がっていくのである。遊びを考えるというと、何かしなければ…という思いが先走って肝心の子どもとのスキンシップ、コミュニケーションが抜けてしまいがちになる。「いないいないばあ」は大人が呼びかける単純な遊びのようではあるが、乳児にとっては、他者とのスキンシップとコミュニケーションを存分に楽しめる遊びとなっているである。

また、この頃のおもちゃとして代表的なものにガラガラがある（**写真6-7**）。ガラガラは、母親のあやし言葉のかわりであり、お母さんが手に持って、乳児のそばであやしてやる遊びである。音も母親が乳児に語りかける声と同じようなものが適している。つまり、音量で言えば小さな3つの木の玉がこすれあう程度の音量である。乳児も、このガラガラをふることで、触覚をふんだんに使

い，さらに，全身で自分のからだの仕組みを知ろうとしているのである。この時期は，口も触覚の一部になっており，口で触れることで，触覚につながっていく。大人が手でものの感覚を摑むことと，赤ちゃんが，おもちゃを口にもっていくことは同じ意味をもつ。それゆえ乳児が口でおもちゃをなめたりくわえたりすることを汚いこととして無理やり避けるのではなく，硬い，柔らかい，温かい，冷たいといったことをできる限り積極的に感じさせることが望ましい。

6か月ごろには"はいはい"が見られるようになってくるが，この"はいはい"を誘発する「ひっぱるおもちゃ」がある。自分の後ろをついてきていることがわかり，後ろを振り返りしながら"はいはい"をすることで，両手，両足の共応動作と調整機能が発達する。最近は，"はいはい"をせずにすぐに立って歩く子どもが多くなっているといわれるが，早く立つことに重きおくのではなく，その時期に必要な機能を十分経験できる有効なおもちゃを与えたいものである。

② 1・2歳児の遊びと環境

1歳児は，人間の行動に対して興味が出てくる段階であるため，周囲の大人や年長の子どもが大事にしているものに対して，興味を示すことが多い。たとえば，母親が大切にしている財布や鍵などには，より強い興味を示し，母親がそれに代わるものを与えても，それには興味を示さず，自分の周りの大好きな人たちが大切にしているものに触れようとする活動が出始める。この時期の遊びでもっとも多く見られる活動は，集めるということである。遊びのなかで，"集める"→"操作する"→"認識する"という活動を多く取り入れていくことが1歳児とのかかわりのなかで，もっとも大切なことである。しかし，1歳児が"集める"過程には，おもちゃを独り占めしたり，取り合いになったりしてけんかになるということがある。大人は，よかれと思ってけんかをさせないように配慮したり，トラブルを防いでやりたいと配慮したりするが，それは，自己主張をしたい時期に自己主張ができない子どもになっている危険性もある。できる限りさりげなく自己主張ができるようにさせてやりたい。

2歳を過ぎると，手の操作性が高まる時期でもあるため，大きめのビーズを

転がしたりヒモに通したりして遊ぶ姿が見え始める。ビーズだけでなく，布やコマ，カット野菜などに触れる経験を重ねていくことで，3歳児以降のごっこ遊びへと発展させていくことができる。

さらに，手を自由に使うことができることは，集めたいという気持ちがさらに強く育つということにもつながるため，おもちゃのとりあいが出てくる。不必要な物の取り合いをさせないよう，その子どもが1人で遊ぶことができるような環境を作ることも心がけたい。

(木戸 啓子)

3　3歳以上児の生活と自分づくり

自我が芽生え，自立の一歩をはじめる3歳児，葛藤をしながら新たな自分をつくりはじめる4歳児，仲間とともに育つ5歳児。子どもたちは，そうした心の育ちを支えてくれる保育者のかかわりを通して，自らの育ちを獲得し，自分の生活をつくっていく。

(1) 4歳児とのかかわり：友だちとイメージを共有し，ごっこ遊びを楽しむ

ある小さな町では，春から初夏にかけて，いたるところでツバメの家族が飛ぶ姿が見られる。子どもたちは，いつもツバメを観察しながら登園してくる。子どもたちは，園の近くの商店街でツバメの巣を発見する。ツバメの生活を観察し，見守りながらとても興味をもっている。登園すると，室内に積み木でツバメの巣をつくり，「ツバメごっこ」をして遊ぶようになる。自分でツバメの歌をうたったり，身近にある素材（廃材）でツバメをつくったり，友だちと一緒にツバメの動きを真似て表現したり，「ツバメ体操」をつくったりして楽しむ姿が見られる。子どもたちは，積み木のツバメの巣を，自分が安心して遊べる居場所にし，「ツバメごっこ」の遊びのなかで，自分の思いや考えを体やモノで表現し，イメージを広げて遊ぶことを楽しむ。仲間とともに，自分たちの考えや思いを形（ツバメ体操）にしてつくる喜びを感じるようになる。

> **事例10　イメージ共有して楽しむ（4歳児）**
>
> 　子どもたちは，登園してくるとすぐ，ツバメの巣を作る。お母さんツバメ役，お父さんツバメ役や子ツバメ役のになって，ツバメの世界を演じる。
> 親ツバメ役C1：「先生，今，ツバメの卵が，おなかの外に出ないように，おなかの中にいれて温めているところよ」
> 親ツバメ役C2：「この卵を一生懸命温めると，心の強いツバメになるかな」
> 親ツバメ役C3：「あっ。卵の中でじっとしていると，息ができなくなって，えさも食べられないから，死なへんかなあ」
> 親ツバメ役C4：「はっ。お母さんは赤ちゃんが生まれるのを待っていると思うと，パワーが出てくるんや」

　このように，生活を模擬体験（あるものを見立てる）することで，また，目的をもって役割を決めて行動することを通して，友だちと共感してさまざまな発見や意味づけをし，新たな世界を作り出していく。そのなかで，「あっ」と思い，「はっ」とする「気づき」から，次の表現が生み出される。実物に対する明確なイメージが生まれ，その実物のイメージと見立てようとするモノとの間に何らかの共通項が見出されたとき，子どもは外部に表現し，ごっこ遊びとして展開できる。

　毎日，登園途中で，ツバメが巣をつくり，親がえさを与え，子ツバメが飛ぶ練習をし，巣立っていく姿を観察してきた子どもたちは，ツバメに対する明確なイメージをもち，自分の生活と同じであることに共通性を見出している。ツバメごっこをしながら，自分たちの状況をつくる。お父さんツバメ，お母さんツバメ，赤ちゃんツバメ，兄弟ツバメが決められ，そこから，ストーリー性のあるお話しが展開されていく。よりいっそう遊びを面白く発展させるために，ワシや猫に襲われるという事件性のある出来事も加えられる。

　このように，子どものたちの日常生活を，友だちと再認し共感しあいながら，自由に支配できる虚構の世界を楽しんでいる。子どもたちは，遊びを通して，自分の生活を構築しているのである。

（2） 5歳児とのかかわり：保育のなかの行事での育ち

　運動会は，幼児期における心身の順調な発達のバロメーターになるものである。クラスが一つになる行事に取り組み，みんなで力をあわせて頑張ろうという意欲をもって力を発揮する機会になると同時に，そこで日々のそれぞれの努力のなかで育ってきた，目に見えない心の成長が表れるからである。そうしたなかで，子どもの自身も，友だちを見る目が変わる経験をする。

> **事例11　リレーでみせた友達の努力に拍手をおくる（5歳児）**
>
> 　「フレー，フレー，あおぐみ！　ファイト　オー」青組の子どもたちは，手を振りかざし，威勢よく喚声をあげた。白いスタートラインに先頭のM男が立った。青空高く合図の鉄砲が響きわたった。「青組がんばれ，青組がんばれ」こぶしをしっかり握りしめ，力強い声援をおくる。しばらくすると，青組のN男がこけてしまった。しかし，走っているG男は涙を拭きながら，真っ青な顔で歯を喰いしばって起き上がり，ゆっくりゆっくりと走り出した。あきらめないで，最後まで走り続けようとする姿に，一度は気落ちしたクラスの友だちや観客から大きな励ましの声援が送られた。走り終え，ゴールについたM男は，クラスの友だちから暖かく迎え入れられた。親たちは，「残念だったね」「負けてしまったね」という子どもを責める言葉ではなく，「バトンを上手に渡したね」「足がグーンとよく伸びていたよ」とG男が，努力したところを褒める言葉が返ってきた。

　5歳児は，友だち関係ができてくると，「負けたくない」「一番でいたい」という競争心や自負心が芽生えてくる。しかし，頑張ったけれどアクシデントが起こってしまった。そのことを，マイナスとするのではなく，走るのが楽しい，競うことが楽しい，応援が楽しいというように，発想を転換する柔軟なバネのような心が育っている。一つの行事を通して，一つひとつのプロセスを大事にしながら子どもの興味や関心を培い育てていくことが失敗を受け入れ，友だちを認めていく心の広さを芽生えさせる。

（小川　圭子）

（3） 3歳以降の幼児の遊びと環境

① ごっこ遊び

　幼児期の保育室では，性別に関係なくごっこ遊びが見られる。保育室のなか

に，ごっこ遊びのコーナーが用意されていると，比較的おとなしいと保育者が感じている子どもは，よくそのコーナーで遊んでいることがある。それを友だちとのコミュニケーションをつくることができない子どもと判断して，無理に友だちをつくらせよう，交わらせようとするのではなく，じっくりとその子どもなりの世界を味わわせることが大切である。大人でも，おとなしい人は友だちがいないとか，他者と交わることができないとは言えないように，子どもであってもおとなしいからといって，無理に他の遊びのなかへ入らせようとすることは避けたい。おとなしいと感じる子どもほど，まわりの子どもの遊びも知りながら，自分の遊びの世界をたっぷりと味わっていることの方が多いからである。

　ごっこ遊びには，ままごと遊びやお店屋さんごっこ，何かの動物になるごっこや劇ごっこなどがある。

　2歳児までの遊びが見立て遊びだったのに対し，3歳ごろからは，嘘と現実の世界の区別がつくようになり，ごっこ遊びが見られはじめる。家庭や社会などの再現が多い子どもほど，それまで多くの経験をしていることにつながる。ごっこ遊びは，子どもの遊びの原点ともいえ，その遊びのなかで自分のイメージを膨らませたり，仲間に対して我慢や欲求をしたりすることを経験できるようになる。そのためのものとして，自分のイメージしたものに変身できる布や，家庭生活を再現するままごとに使うなべや包丁などの調理道具，お手玉やビーズなど2歳までの遊びのなかで経験したおもちゃをごっこ遊びに取り入れながら進めることが望ましい。3歳児の保育室に家庭を再現できるままごとコーナーがあると，子どもは黙々とごっこ遊びに没頭することができる。実際にはほとんどの子どもが家庭で料理をした経験はないが，おなべが一つあるだけで，ビーズやフェルトボールを野菜に見立てて料理を作っている姿が見られる。つまり，その時期の子どもなりに，必要なおもちゃを提示することが保育者の力量とも言える。保育者の姿を通して，動作や考え方，姿勢を知らず知らずのうちに模倣できる保育を提示することが保育者に求められる。

　津守（1965）による調査では，幼稚園での遊びの様子を観察し，「ままごと

で，自分がお母さんやお父さんになりたがる」ことについて，1965年では，3歳児の子どもたちのうち80％にその様子が見られたという調査結果がある。しかし，筆者が2003年に調査したところ，3歳児，4歳児ともその様子が見られるのは40％にも満たず，5歳児クラスでやっと40〜60％の子どもにその様子が見られることがわかった。佐々木（2001）は，さらに，最近の子どもの家庭生活のごっこ遊びの様子から，『子どもの心が見える本』のなかで，父親や母親の役をしたがる子どもが減ったということだけでなく，ペット役になる子どもが増えていると指摘している。また，NHK の調査（2005）によると，0〜14歳までの子どもの数が1770万人に対して，家庭で飼われているイヌとネコの総数が2409万匹という結果がある。子どもの数よりも家庭で飼われているペットの数の方が多いということは，子どもは，家庭のなかでかわいがられているものがペットだと思い，ペットがかわいがられていることを通して，ままごとで人間の役よりもペット役になって，かわいがってほしいという気持ちにさせているのである。そしてさらに，家庭で子どもたちが真似したくなる親の姿が減っているということにもつながっている。子どもたちの遊びのなかで，あこがれる親やきょうだいの姿が消え，いちばん大切にされているペットに子どもたちがあこがれているという子どもたちの状況を，保育のなかでどう捉えていけばよいだろうか。ペットではなく親やきょうだいへのあこがれの気持ちを引き出していくことが保育者であり，子どもたちにあこがれを抱かせる存在になりえるような保育者の姿を探る必要がある。

② 子どもの遊びと人間関係

幼児期の子どもの活動のすべては，遊びを通して行われる。成長するにしたがって行動範囲や生活空間が広がっていき，母親とのかかわりから仲間との遊びへと移行する。

心理学者のパーテン（Parten, M.D., 1932）は，社会性の発達の観点から次のように仲間遊びを分類している。久能（2005）によれば，3歳未満児は，砂場で他の子どもと一緒に遊んでいるようにみえても，実は，一人ひとり別の遊びをしている。一緒にいても，一人で遊んでいるということから，「並行あそ

び」の段階としている。さらに，3歳頃には，道具の受け渡しやごっこ遊びなど同じ場で一緒に遊んでいるが，遊びの関心は自分の世界にあり，ままごとの場面で同じ役が何人もいるようなことがおこる。これを「連合あそび」と呼んでいる。そして，4歳児以降になると，仲間と一緒にかかわる「共同あそび」へと遊び方が移行し始める。

子どもたちが自ら仲間を作って遊ぶ姿が多くなればなるほど，保育者は子どもたち一人ひとりとかかわると同時にクラス集団としての保育を必要とする。

次の事例は5歳児の砂遊びの様子である。

事例12　砂遊び（5歳児）

K児は，普段クラスのなかでリーダー的存在である。しかし，強引に遊びを進めてしまうこともあり，いつも一緒にいるL児M児は，K児のその強引さについていけない。ある時など，三人で遊んだ後，K児は片づけをL児とM児にやらせ自分はしないこともあった。

K児は，以前に水遊びをした経験から，砂場で作った山から道を伸ばし，そこに水を流すことで流れる川を作りたいという思いをもっていた。そこで，その日は保育者が少しの水を用意してやることにした。初めに用意した量ではすぐに砂にしみこんでしまうため，K児は，何度も水を欲しがった。保育者は，L児・M児には直接水を手渡さず，K児の要求にあわせて水を用意し，K児からL児・M児へ水が届くようにした。そのうち，K児は，L児・M児の要求を聞いて，保育者から水をもらって配るということが繰り返され始めた。自分が，みんなの思いをまとめて保育者から水をもらうことで仲間意識が増し，みんなの役に立つことがわかり，さらに，L児・M児から「ありがとう」と言われてうれしそうである。水はかなり重いが，K児は，何度も「○○ちゃん，持ってきたよ～」とL児やM児に運んでいる。普段，遊びを強引に進めてしまうことのあるK児に対して，抵抗を感じていたL児やM児も，K児が自分たちの思いをくんで保育者に頼んでくれるということがわかったことで，K児に対して頼もしいという気持ちをもったようである。

保育者としては，K児にリーダーシップをとらせないようにしていくのではなく，L児やM児から頼もしい存在として映るように配慮することで，子どもたちの遊びも広がり仲間関係もスムーズに作ることができた。

この砂場での様子から、子ども自身の持ち味を生かし、友だち同士認め合ったり、励まし合ったりしながら遊びを進めていく子どもの姿を捉えることができる。

(木戸 啓子)

4 環境構成と保育者の役割

(1) 主体的に活動できる環境構成とは

保育の環境には、物的環境、人的環境、時間的環境の3つの要素が考えられる。

① 物的環境――施設・遊具・自然など
② 人的環境――理念・人的配置・専門性など
③ 時間的環境――生活リズム・季節リズム・活動リズム・天候など

①の物的環境は施設として、保育室、遊戯室、園庭、保健室等がある。保育室にはテーブル、いす、積み木、絵本、ブロックやままごとセットなどの遊具、製作するときの素材も置かれている。園庭には、鉄棒、ジャングルジム、滑り台、砂場などの固定遊具や四季折々の花や草、木、木の実、野菜を作る畑などの植物がある。また、ウサギやにわとり、ハムスター、ダンゴムシ、カブトムシ、バッタなどの小動物や虫も、子どもたちが生命の尊さを知るための大切な環境である。これらを、保育のなかで、子どもたちにどのように興味や関心をもたせ、保育者の保育の意図とどう結びつけていくかによって、その重要性の意味は変わってくる。

②の人的環境は、保育者や仲間の子どもをはじめ、給食を調理をする人、バスの運転手さんや用務員さんである。特に保育者は、子どもの発達に見通しをもち、発達に応じた環境を準備し、子どもの生活のなかに興味のあるものをどのように取り入れて生活をつくっていくか、子どもの発達環境を考えて環境を構成し保育する人であり、最も重要な人的環境である。人柄や資質、専門性といった全人格的なものと保育者の生きる姿が、子どもの環境として何よりも重要である。

③の時間的環境として、生活リズムは、食事の時間、遊びの時間など、子どもの年齢によって違いがあり、年齢と共に自立するので、その活動の活性度も異なる。また、時期や季節によって、活動したくなる時期とゆったり過ごしたい時期があるので、季節に応じた生活の流れや子どもの身体的生理的リズムを考えて、生活環境を整える必要がある。活動リズムは、友達と一緒にする集団活動のリズムと自分で過ごす生活や遊びの活動リズムがあり、その弛緩のリズムを考えて日々の保育の流れに応じた組み合わせを考慮する必要がある。ことに、保育所のように、保育時間の長いところでは、休息と活動のリズムを考えて保育の流れを構成することが、子どもが居心地の良い生活を送るために大切である。

季節のリズムは、保育にさまざまな変化をもたせる上で重要な要素である。春は、草花を摘んだり、そのにおいをかいだり、花輪を作ったりすることができる。夏には、水遊びが、秋には、落ち葉拾いや木の実集めなどが楽しめる。また、冬には、霜柱、雪、北風など、自然が作り出す気候の変化を楽しむ遊びができる。このように、季節のリズムは、保育のなかでの子どもの活動をより豊かにしてくれる環境である。

ここでは、環境を3つに分けて述べたが、実際には混然一体となったものである。子どもが生活のなかで出会うものすべてが環境である。子どもが感じ遊ぶことのできる環境を保育者が整えることによって、子どもは豊かな体験や経験を積むことができる。

事例13　ウサギを介して友達関係ができたH子（3歳児）

入園当初、園生活に馴染むことができず、泣いてばかりのO子は、園庭の隅に建てられているウサギ小屋を見つけた。クラスの部屋には入れないが、そのウサギ小屋には必ずいって餌をやる。毎日、ウサギに会いたいから登園してきて餌をやりにいく。そのうち、ウサギに餌をやる子どもが次第に増えてくる。泣いてばかりいたH子は自然に友だちをつくり、一緒に餌をあげたり砂場遊びをするようになって、園での生活が楽しいものになって、広がりを見せてくる。そして、いつの間にか泣かなくなる。

H子は，ウサギとの出会いによって，園に馴染めない自分の気持ちを慰め，くつろぎ，ゆったりとできる環境を自分でつくる。そして，ウサギに餌を与えることを通して友だちとの関係がもて，周囲のさまざまな環境にも好奇心や探究心をもって意欲的にかかわることができるようになる。子どもの今の状況に応じて，自発的にかかわることのできる環境を構成することの大切さを読み取ることができる。このように，子どもは，自分にとって必要な環境を自らのかかわりによって作り出していくとも言える。

しかし，子どもが育つ場は保育の場だけではない。子どもの家庭環境や社会環境，地域環境も重要な環境である。この事例で言えば，園に馴染めないH子の家庭環境や人間関係，社会的状況，地域環境なども考慮に入れて，H子の保育環境とその構成を考えていく必要がある。子どもの状況や発達に応じて，保育者の意図を環境に反映させ，その構成を考えることが求められる。

（2）援助者としての保育者の役割

保育の基本は，環境を通して行う保育である。環境を構成することは保育者の重要な役割である。子ども一人ひとりが豊かな活動を行うためには，一人ひとりの行動の理解と予測に基づいて，それぞれ主体的な活動が展開できるように，保育者は子どもにとって意味のある物的，人的環境を計画的に構成する必要がある。

また，そうした環境のなかで，子どもの主体的活動の援助者として，保育者は，いま子どもに何が育ってきているのか，そこで何を育てたいのかを見極める必要がある。それが，保育者の「援助」と「指導」のあり方を方向づけるからである。「指導」とは，子どもを好ましい方向へと導く直接的な働きかけをすることで，子どもの主体性を大切にし，自発的に活動できるように配慮しながら，保育のねらいを意識してかかわり，活動内容に方向づけを与えていく営みである。一方，「援助」とは，子どもの思いが自己実現できるように，子どもの思いを汲み取りながら側面からかかわる営みである。子どもが何をしたいのか，どうするのだろうかと見守ったりする。「面白そうね」「どうするのか

な」と共感したり促したりしながら意欲をもって取り組めるように言葉をかけたり,「こんな面白い遊びをしているよ」とそれぞれの子どものしていることを伝えて仲間関係をつないだりすることが援助である。

　以上のことをまとめると,子どもが主体的に活動を展開し,保育者が適切な指導と援助を展開していくためには次の3つの視点が重要と言えるだろう。

① 子どもが自発的に活動を展開するための環境とは何かを考え,より遊びが発展する環境を構成する。
② 子どもとのコミュニケーションを通して,子どもが今何を求めているか,一人ひとりの子どもの声を受け止め,必要な援助とは何かを探る。
③ 子どもの内面を理解すると同時に,子どもが行う活動やかかわる環境の性質や本質について,保育者が専門的な知識をもつ。

　保育（保護育成）は,本来,子どもを保護（養護）し,子どもの年齢に応じた適切な環境を用意して発達を促す営み（教育）である。しかし,今日の社会における子育て状況は,家庭や地域における教育力を低下させ,親の育児不安とともに子どもの育ちにもさまざまな課題をもたらしている。そうしたなかで,子どもの育ちがいわゆる発達的個人差とは思われない個人的課題を抱えている子どもが増えつつある。親の子育てと子どもの育ちの課題の双方を見通して,それぞれの子どものもつ課題を克服し,保育のなかでこれからの順調な育ちに必要な援助をいかにしていくか,親にどのような助言や援助をしていくかといった発達臨床的視点から環境構成を考えていく保育者の専門性や資質が求められるようになってきている。

（小川　圭子）

学習課題

○一人ひとりの子どもの発達に応じた園生活のあり方について考えてみよう。
○園生活における遊びとその指導・援助のあり方について考えてみよう。

参考文献

　秋田喜代美（編）『教師のさまざまな役割――ともに学びあう教師と子ども』チャイルド社,2000年。

池田裕恵『子どもの遊びと心の発達——子どもの遊びの意味』子どもの発育発達 vol. 3 No. 3 杏林書院，2005年。
片山忠次・名須川知子編『現代生活保育論』法律文化社，2003年。
加藤繁美「遊ぶ子どもの心と対話する，保育者の実践力量の多様性」『保育問題研究』②13号，新読書社，2005年。
木村昭人「子どもが安定できる保育環境づくりのすすめ」『保育の友』第53巻第6号，全国社会福祉協議会，2005年。
倉橋惣三『幼稚園真諦』（倉橋惣三選集第一巻）1965年。
森上史郎他〈平成10年改訂対応〉『幼稚園教育要領解説』フレーベル，1999年。
中沢和子『イメージの誕生——0歳からの行動観察』日本放送出版協会，1979年。
小川圭子『フレー，フレー，あおぐみ！』出版倶楽部，1996年。
岡本夏木『子どもとおとな』（講座幼児の生活と教育　幼児教育とは）岩波書店，1994年。
柴崎正行『子どもが生き生きする保育環境の構成』小学館，1997年。
塩川寿平『名のない遊び』フレーベル館，2006年。
文部科学省『幼稚園教育要領解説』フレーベル館，2002年。
厚生労働省『保育所保育指針』フレーベル館，2004年。
依田 明『きょうだいの研究』大日本図書株式会社，1990年。
松谷みよ子『いないいないばあ』童心社，1967年。
小六法編集委員会『保育福祉小六法2005年度版』㈱みらい，2005年。
津守真・磯部景子『乳幼児精神発達検査法』大日本図書，1965年。
佐々木正美『子どもの心が見える本』子育て協会，2001年。
NHKテレビ放送『ETV特集　気になる数字——出生率1.29の少子化社会』2005年。
久能徹『心理学入門』ナツメ社，2005年。

第7章 子どもと出会う

　保育の営みは，日々子どもとの出会いである。子どもと保育者の心が触れ合い，相手に向けて互いに心を動かす過程で関係を深めていく。子どもが，保育者との関係によって自分の存在が支えられていると実感しているかどうかは，自分らしい生活を展開しているかどうかに表れている。

　本章では，園のなかで子どもが落ち着いて自分なりの居場所をつくり，人やモノとかかわりながら自分を表現して，周りの人の表現にも関心を向け，心を通わせる中で，受容・共感しあう関係を作りあげる過程と，そこに見られる子どもの育ちについて考える。

1　出 会 う

（1）子どもと出会う

① 出会うことの意義

　保育の仕事は，日々子どもとの出会いである。同じように子どもも，今日も明日もまた次の日もというふうに，一番安心していられる家庭から出て，保育者や周りの子どもたち，自然やモノに出会うために園にやってくる。時には，自分のなかに閉じこもりたい気持ちを破って，外に出て行くことに努めることも強いられる。出会っていく過程は前もってわからないのが，人や自然やモノや時間などのさまざまな環境が絡み合う集団生活の魅力である。

保育者は，子どもにとってふさわしい環境を用意することに努めるが，どういう出会い方をするかはそれぞれの子どもに任されている。

② 子どもにとっての保育者との出会いの重要性

子どもは保育者と出会い，かかわるなかでいろいろなことを体験し，学んでいく。そのことだけでも意味がある。とはいえ，さらに保育者との出会いは，子どもの育ちに欠かせない。子どもが自分の世界を足場にしながら新たな出会いに挑戦しようとする思いを支え，援助する力が，保育者には求められている。子どもが出会う相手であると同時に，他の出会いに向かおうとする勇気を育み，挫折したときには戻ってきて癒され，新たに歩み出すエネルギーをもたらす役割を果たしている。

(2) 出会うことと育つこと

子どもは変わらない日常に支えられながら，変わる周りの環境や変わる自分を，保育者の援助の下で能動的に受けとめていこうとする。子どもがいちばん出会っているのは，自分自身の育つ可能性に対してである。人やモノとのかかわりの実際のなかに，その時点でのその子どもの育ちが表れている。子どもの育ちを読み解くこと，認め励ますこと，そしてその子のさらなる発達の課題を見出し，指導・援助をしていくことが保育者の役割である。

保育者が子どもに出会う際に欠かせないものは「子どもはどの子も育つ力をもっている」という子どもへの信頼である。保育者の特別な援助を要する障害のある子どもや発達に遅れがある子どもに対しても同様である。子どもは自ら育つ存在であり，同時に周りから育てられる存在なのである。育てる保育者の側に，子どもには自ら育つ力があることを信じることが基盤にあって初めて，保育者の指導・援助が子どものなかに受け入れられる。

(3) 子どもと保育者の出会いの実際

① 子どもの心に触れること

保育者は，毎朝，何はさておいてもクラスの子ども一人ひとりと出会うこと

から始める。その日の子どもの心に触れるためである。保育者が向き合うのは，言葉で十分に自分の思いや体調を語ることのできない乳幼児である。保育者は努めて自分の五感（触覚，味覚，聴覚，視覚，嗅覚）を働かせ，子どもの心と体の状態を感じ取ろうする。このことが視診にあたる。子どもの姿や表情を見て，子どもの声を聞いて，子どもに触れて，子どもの匂いを嗅いで，子どもへの言葉かけをとおして，子どもに出会うのである。心を澄まして子どもと出会おうとする姿勢そのものが，保育の基本である。

② 物に思いを託して出会う

　子どもの手にかかると，周りの物は何でもプレゼントの品になる。庭で見つけた小石や木の実，自分で折った折り紙，自分が描いた絵などなど。物を贈るということは，相手に対する自分の気持ちを贈ることに他ならないことを，子どもは知っている。物は，相手に手渡すことで自分の元からなくなる。しかし，相手を思う気持ちは，そのことが伝わっても自分のなかには残ったままで，しかもそれに応えてもらうことで，より豊かになる。目に見えるものをやりとりする中で，目に見えないもののやりとりを同時に体験しているのである。それで保育者は子どもからのプレゼントを心して受け取ることになる。

　事例１　モノに思いを託して差し出す

　　G男（2歳児）は，週1回の幼稚園未就園児親子クラスに通っている。G男は，園でも母親とのみ過ごすことを選び，保育者にはあまりかかわりを求めない。それでも毎週欠かさずやってくる。母親によるとG男は家で私のことを陽子さんと呼び，身近な存在として感じているようだと言う。他の子どもとも直接かかわることはない。その姿から，G男は，周りの子どもや保育者と同じ空間で，同じ時を過ごすことが今の目的なのだと思えたので，ありのままのG男を受けとめることに努めた。3回目の登園の際に初めて，G男は市販のサンドイッチについている，紙のお手ふきの空き袋を二つ折りにして先を尖らせたものを私に差し出してきた。受け取って興味深く見ている私に「新幹線」と教える。G男は新幹線が大好きなのだそうだ。4回目は父親の買ったシャツに付いていた皮の札を差し出す。私は父親を紹介された気持ちになった。5回目には握りしめていた右手を開き，綿毛になったハルノノゲシを差し出して「ふいてごらん」と私を促した。園に来るまでの間に手の中で綿毛が抜け落ちないように，そして指の間から飛んでいかないよう気遣ったことだろ

う。草を受け取って,「ふうっ」と吹くと,綿毛が風に乗ってふわーっと飛んで行き,3人で見送った。5回目は何も持って来なかった。母親が笑顔で「今日は『おはよう』って先生に言うんだって言ってたでしょう」と温かく促す。本人はまっすぐ私を見てにこっと笑顔を差し出してきた。私はありったけの笑顔でG男の笑顔を受け取った。そのあとはいつものように母親と過ごして帰っていった。少ししてG男は笑顔とともに「おはよう」とあいさつするようになり,私へのプレゼントはなくなった。

　G男の物を差し出す行動から,私は,私に出会おうとする意志と現在の自分を受けとめていてほしいという「思い」を読み取っていた。私は,ていねいに受けとるという行動によって,G男の「思いを受け入れている思い」を差し出してきた。

　この事例からもわかるように,子どもと保育者が出会う時に努力しているのは保育者だけではない。子どもも同じようにどうやって保育者と出会うかを考え,試行錯誤している。子どもが保育者に出会って受け入れていく過程は,さまざまである。あっという間に受け入れる子どももいれば,じっくり時間をかける子どももいる。その子の受け入れ方を保育者は受け入れて,じっくりとかかわっていく。

③　小さな出会いを求める

　保育をしていると,子どもがいつ,どこから自分に飛びついてくるかわからないし,複数の子どもが同時に違うかかわりを求めてきたりする。一人ひとりとじっくり出会ってかかわることも大事だが,瞬間の出会いに気持ちを開いておくことが求められる。

事例2　瞬間の出会いでつながる

　ある朝,園庭で来年度新入園児の母親の相談にのっていると後ろから腰の当たりを柔らかくくすぐってくる。母親の話の腰を折ることは避けたい,でも子どもの思いは受けとめたいと思って腰を振ることで応えると,クスクス笑いながら離れていく。しばらくするとまたくすぐりが始まる。話も終わりかけていたので,笑いながら腰を振りつつ振り向くと,「毛虫のくすぐりよ」と嬉しそうに言って自分たちの

> クラスへ向って走りだす。このやりとりだけで二人の女児は満足した様子で，その背中からは追いかけてきてという表現は感じられなかった。

　子どもと保育者は，1日のなかで周りの環境との出会いを繰り返している。その大半が記憶に残るか残らないかの，小さな出会いである。子どもはいろいろな人やモノとの出会いの体験を紡ぎながら，自分の周りの世界を理解し，周りに向けて開かれた心と体をもつようになる。

　保育者と子どもが出会うということは，単に物理的に同じ空間にいて同じ時間を過ごすことを指してはいない。お互いに相手へ向けて心を開き，触れ合えた実感が伴うものである。時間の長さでもない。短い時間でも，さらに言えばすれ違いざまや離れたところからでも眼差しを向け合った瞬間にうなずきあったり，ニコッと笑みを交わすだけで互いに通い合うものを深く実感し，確認しあえることがある。子どもは保育者の心のなかに自分は存在していて，いつも関心を向けてくれている。そしてその気になれば，いつでも実際にかかわりあうことができるという安心感をもつことができる。保育者から言えば，子どもが自分に対して心を開いてくれていることを実感する機会となる。

④ 新しい出会いのなかで新しい自分を見せる

　子どもも保育者も，周りの環境と出会うということは外の世界に自分を開くことであり，多かれ少なかれ自分の殻を破ることにつながっている。さらに相手とのかかわりの過程で自分を変化させ，新しい自分を形作っているのである。

> **事例3　新しい出会いのなかで新しい自分を見せる**
>
> 　私が非常勤で初めて入った年長児クラスでのこと。朝，ゲタ箱の所で子どもを迎える担任の代わりに保育室にいた。子どもにとって馴染みのある場所でも，登園したての子どもには緊張感があると思える。私自身もどういう出会い方ができるのか見通しが全くもてないので，空気のような存在でいて，必要のある時に子どものなかに入ろうと思っていた。するとひとりの男児が「昨日O田M男が近くの道に来たんだ」と話しかけてきた。「うーん，どういうことかなあ」と思いつつ，それとなく上靴の名前を見るとM男と書いてあった。ちょうど衆議院選挙で選挙カーが走り回っていた頃で，自分と同じ名前の人がいたという喜びや驚きがあったのだろう。

それを今日は誰かに伝えたかったのだろう。私は自分の居場所になっていない所で落ち着かない気持ちでいたので，M男からの言葉かけに救われたような気持ちだった。

　園長や担任にこのできごとを話すと，驚いて，そして喜んだ。M男は恥ずかしがり屋で，初対面の人に，しかもそういう話をする子どもには見えていなかったらしい。M男と私の出会いからふたつのことを考えた。ひとつ目は子どもは新しく出会った人に向き合う時，新しい自分を見せることがあるということである。子どもは，日常的にかかわりのある大人が，自分に対して描いている自分像があることに漠然と気づいているようにみえる。それは安心感につながる。その反面，違う自分を表現することに躊躇が起きる可能性もある。日々出会っている保育者は，その子に対する先入観にしばられないで，「いま　ここ」でのかかわりを大事にすることで新しい出会いをすることが可能になる。
　ふたつ目は，私の不安定さをM男が気にして，何とかしようと勇気を出して私と出会おうとした優しさである。

⑤　出会いをとおして互いのつながりを確認しようとする

　保育者が子どもたちに「おはよう」とあいさつするときには，その次に言葉にしていない思いがある。大勢の子どもを相手にするときには，その思いを挨拶のなかに凝縮させている。子どもはそのことを感じ取っていると思える。そしてまた子どもの挨拶の仕方や表情などから子どもの込める思いも伝わってくる。あいさつも出会いも「する」ものではなく，「交わす」ものである。保育者も子どもも互いに相手の心に触れたくて，あいさつを交わすのである。

事例4　出会いから交わりへ，「おはよう。待ってた」

　特別支援学校に通うN子（10歳）とは，毎朝「おはよう」と出会っていたが，ある時から「待ってた」と言うようになる。私は「うん，N子さんが来るのを待ってたわよ」と自分の気持ちそのままを伝える。2階の保育室へ向かう間，他の保育者に出会うたびに「山田先生（私のことを）待ってた」と伝え，「よかったわね」と応えてもらうのを満足そうに聞いている。私が，遅れて登校したり欠席した翌日に登校した子どもに，取り残された気持ちをもってほしくないという思いから「待ってたよ」と声をかけるのをN子は聴いていて，自分も同じように私に待っていてほ

しいと願ったのだろう。N子は昨年度から，担任以外の保育者との関係をより積極的に広げており，私とふたりだけで過ごす時間は短い。ふたりは約1年間「おはよう。まってた」というやりとりを繰り返してきた。朝この会話で出会って，見えないつながりを確認し，それぞれの今日に向って動きだす感じがしていた。

⑥ 出会いのなかで相手の変わらない部分を見つけだし，変わる部分を受けとめることの両方をやろうとする

　子どもは変わらない日常に支えられながら，変わる回りの環境や変わる自分を，保育者の援助のもとで，能動的に受けとめていこうとする。

| 事例5　変わらない部分を見つけだし，変わる部分を受けとめる |

　特別支援学校幼稚部でK男（5歳）を担任した当初，彼は保育室の流しでままごと道具を洗い，拭いて棚にしまうという水遊びで一日を始めていた。K男は視線を合わせないことで私に「僕の世界に踏み込まないで」と表現しているようにみえた。私は「あなたの世界を大事にしたい。そして一緒にいたい」という思いで，距離をおきK男の体と重ならないようにずらして，精神的に圧迫しないように配慮しながら傍にいた。

　6月になって，ある日突然という感じでK男は登園してすぐ私の手を取ってトランポリンに乗り，おぶわれて一緒に跳ぶことで，一日を始めた。体の触れ合いと心の触れ合いの両方が一度に訪れて，K男と出会ったという手応えをもった。それからは，トランポリンがK男と私の朝一番の日課となった。

　3学期の初日，K男は私を遠目に見て遊びに誘わない。私は髪型を変えていた。4日目に通りすがりにという感じで私の手を引こうとする。私がそれに応えようとした途端すっと手を離して行ってしまう。5日目の朝にようやく，私をトランポリンに誘ってきた。私がK男をおんぶしながら近くの保育者に「やっと私を思い出してくれたようです」というと，K男は私の顔を手で回して自分の方に向け，視線を合わせてにこっとする。外貌の変化は内面の変化を表現する。私が気づいていない私自身の変化をK夫が敏感に受け取ったのだろう。K男は4日間かけて，私のなかの変わらない部分をみつけだし，変わった部分を受けとめることの両方をやっていたのだと思う。私のなかにも，この4日間の体験の後に変化があった。それまではK男の存在感の危うさを補完したいという思いの方が強かったが，この時を境に私自身のK男に抱いている積極的な関心を，トランポリンの跳び方や言葉かけのなかに表現するようになり，深くかかわるようになっていった。

第 **7** 章　子どもと出会う

⑦　自分のペースで園全体と意志的に出会う

> **事例6　自分のペースで出会う**
>
> 　F男（4歳児）は入園した翌日からスクールバスで登園し，保育室には入らず，クラスの前の2段の階段を上がったところの石廊下に座って過ごす。自分のクラスの仲間がなかで遊んでいる声を聞いたり，気配を背中で感じ取りつつ，園庭で遊んでいる子どもの姿に眼をやっていた。保育室と門の見える園庭の間にある廊下という居場所には，F男の家庭と幼稚園の間で迷っている姿が表れていた。F男は心細い感じだが，気持ちは張り詰めているようにみえる。表情は固く何を思っているのかを感じ取ることが難しかった。私がかかわりをもとうとすることが支えにならず，かえって不安をかきたてるように思えた。それで私は他の子どもたちとのかかわりをもちつつ「あなたのこといつもみているわよ」という視線を送り続け，短時間でも合間をみつけてF男の隣に座って同じ方向をみつめて過ごした。母親によれば登園を嫌がってはいないという。F男は自分のペースで園全体を居場所にしようとしているようにみえたので，温かく見守ることに努めた。
>
> 　緊張がほぐれていくF男の変化に敏感なのは，子どもたちだった。初めは寄りつかなかったのに，私の傍にいたい7，8人の子どもたちが，自由画帳とクレパスとかブロックで作った飛行機や絵本などを持ってF男と私のところへやってきて遊ぶようになった。子どもたちが，私の後ろから手で目隠しをして，私がお返しにその子を目隠しすると，他の子もやりたがり，目隠しごっこが盛んになった。F男が楽しそうに眺めていたので，思い切ってF男をそっと目隠しするとニコニコした。私はそのとき，F男と出会えた手応えを感じた。私は，F男が早く保育室で過ごすようになることを願いすぎないようにした。保育者の願いが強すぎると，プレッシャーになる恐れがあるからである。翌日から廊下も保育室の一部になったように感じられた。
>
> 　入園式から2週間が過ぎたある日，私が他の子どもと違う場所で過ごして戻ると，F男が保育室の廊下側の窓の桟に上がって，嬉しそうに，安心したように，部屋のなかと園庭を見渡していた。私は，窓ガラスが落ちないように支えながら，F男が満足するまでそのままで一緒に過ごした。その日以降，廊下にいた日々が嘘のようにF男は保育室に入り，他の子どもと過ごし始めた。子どもの園との出会う時の思いが，いかに繊細でしかも意志的なものであるかが伝わってきた。
>
> 　保育者は「どんな状態にあるあなたでも，私は丸ごと受け入れます」という覚悟をもって，子どもを日々迎える大切さを感じた。

⑧　保育者と純粋に向き合えたときに出会おうとする

　保育者が自分の思うとおりに保育を進めることに一生懸命な時，目の前のあ

りのままの子どもの心に出会うことは難しい。保育者の子ども理解は自分の願う子ども像（子ども観）や自分が思い描く保育（保育観）に支えられているが，子どもの気持ちに寄り添い，子どもの立場に立ったものでなければ意味がない。なぜなら，保育は子どもと保育者の共同作業であり，保育者の願いと子どもの願いが合わさって1日のねらいがあるからである。子どもの願いや思いを汲み取りながら，子どもの望ましい成長をめざして指導・援助していくところに保育者の専門性が存在する。

> **事例7　子どもに純粋な気持ちをむける**
>
> 　私が保育者2年目に，家庭では話をするのに幼稚園では話さず，自分を自由に表現しようとしないT男を年長組で担任した。4歳児の1年間は，ほとんど職員室で事務職員の保育を受けて過ごしていた。私は1年目に年長児を担任して，この1年を小学校の準備期間として捉えているがゆえに新任に受け持たれたことに不安を抱いている保護者の期待に応えるべく，クラスをまとめていくことをより大事に考えてきた。それでT男を受け持つことによって自分のクラスをまとめていくことができなくなることを恐れた。何とか早くクラスに溶け込んでもらおうと，努めて傍らにいようとしたり，声をかけたり，スキンシップをした。しかしT男との心の触れ合いは感じられなかった。T男自身に私が純粋に気持ちを向けることをしないでおいて，表面的にいくら受容的な行動をとったところで，彼に伝わらないのは当然のことだった。恩師や同僚の助言からそのことに気づかされ，初めて純粋に出会えるようになっていった。T男は，クラス全員での活動が始まると，走って部屋から出て少し離れた植木の茂みに隠れ，私が迎えにくるのを待つようになった。私と出会うと安心したような，私との関係に手応えを感じているというような満足した表情で，すんなり手をつないでクラスへ戻るということを繰り返した。私は他の子を待たせることになるので困ることはあったものの，やっと出会えたという喜びの方が強かった。

2　受　容

（1）子どもの育ちを支える受容

　津守真（1997）は保育の要は保育者と子どもとの信頼関係の確立にあるとし，

その理由を「子どもは自分の存在感をたしかにされる場所によって成長します。子どもの存在の確かさを与える要は保育者です」と述べている。子どもは，存在感が確かにされている時，自分自身を意識・無意識に限らず自由に表現し，自己発揮することができる。存在の確かさを与えるために，保育者は子どもの存在そのものを受容することに努める。

（2）受容と存在感のつながり

　存在そのものを受容するとは，その子どものなかにある長所も短所も含めて，丸ごと引き受けようとすることである。そして「今のあなたでいいんです」というメッセージを，関係の根っこのところで伝え続けることである。そういう保育者の眼差しは，安心感をもたらし，子どもがありのままの自分自身を受け入れることを支える。たとえば，入園したての時期，登園してすぐに庭で遊びだした子どものカバンをかわりにかけにいったり，上靴を履かずに遊び始めているときはまず床に危険なものはないかを配慮してタイミングを見計らって履くように促すというふうに，状況やその子の性格によって園のルールを伝えることを控えることがある。おとなでも馴れない場所で不安なときに注意を受けると，丸ごとの自分を否定された気になり，途端に居心地が悪くなる。まずは子どもが「ぼく（わたし）はここにいたい。ぼく（わたし）はここにいていいんだ」という実感をもてることを優先させることが大事である。子どもによって時期はずれるが，徐々に生活のルールも含めて保育者の思いや願いを自然に伝えられるようになっていく。

（3）保育者にとっての受容

　受容の入り口は見守ること，気持ちに寄り添おうとする保育者の構えである。
　保育者にとって理解できる行動は，受け入れやすい。一方，理解し難い行動は受け入れ難いものである。そこを踏みとどまって，その時々の，その子どものありのままを丸ごと引き受けようとする態度が保育者に求められる。予測を越えた行動や理解し難い行動も，それが起こる状況や子どもの心の動きがある。

保育者は自分の殻に閉じこもりたいときにも目の前の子どもから逃げないで心を開き，その行動を見て，その子との関係や状況のなかで表現の意味を理解しようとするとき，生きたかかわりが生まれる。

（4）保育者と子どもの受容し合う関係

　受容というと，保育者が子どもを受け入れるという，一方方向を想像しがちである。しかし，子どもの側に保育者を受け入れようという気持ちにならなければ，子どもは心を開いてはくれない。保育者と子どもが，相互に受け入れ合う関係になることで受容は成立する。保育者は，まず自分自身を開いて受け入れようとする気持ちを態度や行為で子どもに差し出し，なおかつ子どもが保育者を安心して受け入れてくれるよう努める。相互に受け入れ合う関係が信頼関係の具体的な姿である。

（5）子どもが保育者を受容するということ

　保育所実習をした学生の反省に「1歳児のクラスに入ったときに，E子は一緒に遊んだり，オムツを替えたり，添い寝したりはスムーズにやらせてくれたのに，食事は絶対わたしからは受け付けなかった。食欲がないのかと思っていると，担任の先生からは，ぱくぱく食べた」とあった。食べるということは自分のなかに異物を入れることで，命に直結することでもある。子どもは相手への信頼感の度合いによって，受容する中身が変わるといえる。

（6）受け入れることと援助すること

　子どもの存在そのものを受け入れようとする気持ちがしっかり伝わっていると思えるようになると，保育者は，子どもの気持ちをまずそのまま受けとめた後で，子どもの行動や気持ちの持ち方について，そのままでは受けとめられないことを伝えることがおきる。

第7章 子どもと出会う

事例8　受け入れられる中で自分を振り返る

　L男（4歳児）は空き箱でビー玉ころがしのゲーム機を作っている。そこへB男がきて板切れで作った作品コーナーからL男の作品のロボットを持ってきて，L男の目の前で頭の部分を動かして引き抜くそぶりを見せる。L男は「やめて」というが，取り戻そうとはせず，半泣きになりながらもゲーム機を作り続けている。それでますますB男はからかう。私が思い余って「L君の顔を見て御覧なさい。嫌がっているわよ」と声をかけると，B男はやめて，L男と私の後ろ側にあるままごとコーナーへ行く。少しして，B男は私の背中にぬいぐるみ人形を投げつけてくる。自分の表現を振り返って，どう修復すればいいか思いあぐねているように見えた。私は指にはめて「あら，くま君こんにちは。一緒に遊びましょう」と話す。次から次へと4個の人形を私に投げつける。そのたびに指人形と話をする。投げるのが納まったところで「私を呼んだのは君かい？」と人形達を持ってB男のそばに行く。するとB男は嬉しそうにおもちゃの食べ物を弁当箱に詰めて差し出す。「わあ，ピクニックだあ」といって指人形になりきって食べていると，L男もにこにこしてやってきて，仲間に入る。3人で一緒に遊んでいるところに，外遊びから帰ってきた4人の子どもたちが「入れて」と参加して，にぎやかなピクニックごっこになった。L男とB男は自然に仲直りして，他の子どもたちのなかに混じって楽しく過ごした。

　B男は，L男のことを自分から相手に怒りをぶつけない子だと理解していて，安心してちょっかいを出しているように見えた。B男は，自分がやりたいことが見つからないで，つまらない思いをしているときに，熱心にゲーム機作りをしているL男がうらやましくもあり，許せなかったのかもしれない。私はぎりぎりまで二人に任せていたが，間に入る必要を感じて声をかけた。L男に向けた表現を私に阻止されたB男は，私への苛立ちと，持っていきようのない自分自身に対する情けなさから，私にぬいぐるみの指人形を投げつけてきたのだろう。とはいえ，積み木などの硬いものではなく，柔らかくてしかも子どもたちの心の友だちになっているぬいぐるみの動物人形を投げるところに，私への気遣いや自分を正当に理解してほしいという願いや私との関係を修復しようという気持ちが感じられた。私自身も，B男との途切れた関係を修復したい思いできっかけを探していたときだったので，すかさず応えた。私のそういう気持ちもB男に伝わっていたのだと思う。自分の感情とうまく付き合うためには他の

人の感情に気づくアンテナを張ることが欠かせない。ぬいぐるみや食べ物やお皿やお弁当箱を介した遊びのなかで途切れた関係を修復し，楽しく遊びたいという思いが彼を立ち直らせていった。L男は，B男の行為が嫌にもかかわらず，正面からB男に抗議する強さをもっていない。L男は，私に代弁してもらうことで，自分の感情を伝えることができた。その後でB男と私の遊びに参加したのは，B男を許していることを伝える行為でもある。保育者は必要に応じて，子どもたちの間に入り，それぞれの思いを理解しようとし，必要に応じてそのことを両方の子どもに伝えることが望まれる。それによって，子どもは自分の行為を振り返り，子どもなりのやり方で修復することができる。

（7）子ども同士の受容し合う関係

① 遊びのなかで友達の提案を受け入れることで自分の気持ちを切り替えていく体験

> **事例9　友だちの提案を受け入れることで気持ちを切り替える**
>
> 　5歳児のJ男とY男とC男とH男の4人が，以前から作っておいた空き箱のおもちゃで「ガンダムごっこ」をやろうということになる。用意ドンでぶつかり合って壊れたほうが負けになる。J男のおもちゃは，他の子どもの作品より小型で壊れにくいので，2回続けて勝つ。「こういうやつ（乳酸菌飲料のカラ容器を3個つなげたもの）がついてなきゃダメ」と抗議するY男に，「いいじゃんこれで」と強気に応える。C男がなにげなく「改造しよう」と自分の気持ちを表明してその場を離れ，製作コーナーで自分の作品に廃材を足していく。H男も同調する。この展開で雰囲気が変わり，J男はみんなから責められているという感情から開放された様子で，他の子どもの物と同じようにカラ容器をつけ，Y男に見せて「これでいいんだな」と言う。Y男は「それでいいよ」という感じで笑顔を向ける。その後Y男も「改造しよう」と言って仲間のところへ行き，また4人でおしゃべりしながら遊び始める。

　一瞬険悪なムードになったが，C男の発言で雰囲気が変わった。どの子もグループでの遊びを壊さず，一緒に遊び続けたいという思いをもっていることがうかがえる。ここでは，J男が周りの人たちの態度から，自分の行為を振り返って考え直したり，自分で修正することを決めた。そのことをY男は認め受け入れた。他の子どもたちは，J男に自分を振り返る余裕をもたらした。子ども

たちは状況によって，どの立場にも立つ可能性がある。こういった相互性を発揮する活動のなかで，役割交代を体験しながら，グループ全員がそれぞれに自分の感情とうまく付き合う力を育んでいく。言いたいことを言い合いながら，修復の方向に動いていく背景には，両者の間に信頼関係が育まれていることもうかがえる。他者の感情とうまく付き合うことと，自分の感情とうまく付き合うことが連動して，豊かな感情が育っていく。

② 相手の行動からイメージした事柄を基にして，相手の行動を受け入れる

> **事例10　相手の行動を受け入れる**
>
> 　2歳児クラスのU子とR男がままごとで遊んでいた。U子が使っていたプラスチックの包丁をR男が欲しがったので，私が別の包丁を渡すと，R男がまるでフェンシングのようにU子の包丁に自分のを当ててカチャカチャやりだした。予想外の展開だった。R男は活発で力も強く，遊びに夢中になると行動がエスカレートすることがある。U子は兄がいるためか，少々のことではめげない子だ。U子のたくましさを頼りに，R男の思いをすこしでもつかんでから間に入りたいと思案してると，U子がうれしそうに「かんぱい」と言って自分の方からも包丁を向けていった。U子は，R男の一見乱暴にみえる行動のなかに，「一緒に遊ぼう」という表現が込められていると受け取ったのだろう。R男もすっかりその気になって，U子の提案を受け入れ，にこにこしながら「かんぱい」をくり返していた。U子は兄と共に毎晩父親の晩酌にジュースや水で付き合い，乾杯を楽しんでいるそうだ。ふたりとも相手の行動を想像の力で受け入れて楽しく過ごした。その後，それぞれのまな板でマジックテープのついたおもちゃの野菜やお肉を切りながら，自分の世界に入り込んで料理作りに励んだ。

3　共　感

（1）共感とは

　子どもが嬉しい気持ちや楽しい気持ちになっているとき，その気持ちに共感することは容易である。他方，子どもが泣いたり怒ったりしているときに，すっと共感できるときと，背景や状況がわかってやっと共感できることもある。

保育者はかつて確かに子どもだったが，大人になったいま，そのままの自分で目の前にいる子どもの気持ちを理解することは難しい。そのときには，自分の見方を変えて，子どもの立場に立って，柔軟に捉えようとすることで共感できる場合が多い。子どもを一人の人間として尊重することが基にあることで，その表現にはその子の必然性があると信じてかかわることができる。

（2）共感的理解のめざすもの

　保育者は，子どもを理解しようとする行為を通して，子どもに何を伝えようとしているのだろうか。まずは，私はあなたに積極的な関心をもっている，私はあなたとつながっていたい，わかり合える関係でありたいという姿勢であり，その子への愛情である。子どもも保育者である私自身も発達の途上にいる。日常の活動的な時間を共に過ごす者同士でも，互いにそれぞれ成長し変化しながら出会うわけであるから，理解の中身も動いている。裏を返せば，だからこそ外側から見ると繰り返しにみえるような日々の子どもとの生活が，心のもちようで毎日新鮮な思いで過ごすことができるのである。このような姿勢が，子どもへの理解を広げたり深めたりすることを可能にしていく。

（3）保育者が子どもを理解する過程

　保育者が子どもを理解するとき，今の自分はこういうふうに理解するという，自分の見方への信頼する思いと，もしかしたら子どもの思いとずれているかもしれないという不安な思いを，同時に抱くことがある。そういう時すぐに決め付けないで，時間をかけることが，保育者に柔軟な理解をもたらしてくれる。またその子ども対する先入観や固定観念が，理解の妨げになっている場合があることを意識しておくことも大事である。

　保育者が自分の見方だけで子どもを理解したと思い込んでいるとき，子どもは直感でそれを感じ取り，自分の深いところを見せようとしなくなる。

（4）共感的理解の実際

保育者は，実践のなかで試行錯誤を繰り返し，反省を繰り返しながら，子どもを共感的に理解する力を豊かにしていく。保育の修練は，基本的には，子どもとの生活のなかで行うものである。

① 子どもを共感的に理解する：固定観念と先入観をはずす

事例11　「S君，先生を許してね」

　S男（3歳児）は，入園直後から荷物を部屋に置くと，ぱーっと外へ出て好きな遊びを始める。私が声をかけると嫌そうで，「そばにこなくてもいいよ」という感じだったので見守ることにした。そのうち，S男は遊びの合間に私のところへきて，肩をポンとたたいていくようになった。私は遊ぼうという合図だと思ってそばに寄ると，擦り抜けていく。無理強いはしない方がいいと思って見送っていると，S男は肩に重くのしかかってくるようになった。それから髪の毛をまとめてギュッと引っぱるようになった。髪の毛が全部抜けてしまうんじゃないかと思うくらい強い力だった。しまいには私と他の子どもたちが積み木を積んだり，粘土でおだんごを作ったりしているところへ来ては，壊していくようになった。私は途方にくれた。私がかかわろうとしてもS男が拒否するため，無理にかかわらないほうがいいと考えて見守っているのに，どうしてこんなことになるんだろう。私にどうしろというの？　という気持ちだった。思い余って恩師に相談すると，「あなたの気を引こうとしたんだろう」と言われた。私は，人の関心を引くときには相手が喜ぶような手段を選ぶと思い込んでいたので驚いた。S男にしてみれば，私の肩をたたくことが，その時の精一杯のかかわりだったのだろう。それなのに私はその行為に馴れてくるにしたがって，振り返るときに，最初の頃ほどは気持ちを込めなくなっていたのだと思う。S男は私に心から振り向いてもらおうとして，どんどん行動をエスカレートさせていったわけである。S男に申し訳なくてかなり落ち込んだ。翌日から「S君，先生を許してね」という気持ちで，彼の働きかけに心をこめて応えようとした。S男は照れながらも，私を受け入れて過ごすようになった。そして，あのエスカレートした行動はまったくみられなくなった。私がつくづく思ったのは，保育者の固定観念と先入観の恐さである。それと，子どもの，そんな私を許してくれる大らかさである。

事例12　「好きなのあげる。タオルを貸してくれたから」

　3歳児クラスでは給食のために子どもたちが部屋に集まり始めた。一日見学者の私が，外で遊んでいた子どもたちと一緒に戻ると，K子が保育室の入り口のところ

にできている水たまりを，箸箱や布ナプキンも入ったままの給食袋で拭いていた。水たまりは，水のようにもみえるし，おしっこのようにもみえる。近くにあった雑巾を差し出して「これを使ったらどうかしら？」と声をかけるとK子は「ありがとう」と応えて受け取り，拭きとっていった。私は彼女に任せた方がいいと思えたので，姿を消すことにした。しばらくして戻ると，K子は自分で着替えている最中だった。給食袋やナプキンなどは担任の手で干してあった。私が「おしっこだったんだあ」と思いつつ傍にいくと，K子はニコニコしながらカバンから折り紙で折ったチューリップを4個出して，お気に入りの1枚を「これは私の大事だから」とカバンにしまい，他を見せながら「好きなのあげる。タオルを貸してくれたから」とプレゼントしてくれた。それからK子は急いで荷物を片付けて「絵も描いてあげる」と言って，A4サイズの画用紙にピンクのくれよんで「やまだようこだいすき」と書いてから，自分と私のニコニコしている全身像を両面に描いてくれた。

私が，水かおしっこか区別がつかなかったのは，「床が濡れていたら拭く」という行為がK子の手で当たり前にしかも自然に行われていて，おまけに彼女の表情には何の屈託もなかったからだった。私は，K子が自分がトイレに間に合わなかったという事実をそのまま受け入れ，そのことで動揺することもなく，自分で始末をしようとする彼女の気持ちに共感して，彼女に任せることが援助だと判断した。K子はそのことが嬉しかったのだろう。

② 子どもが保育者に共感的理解をすること

　　事例13　「先生，A君やったね，よかったね」

　年長児になって知的な遅れのある子どものための通園施設から幼稚園へ転入したA男は，すっかり園を居場所にしている他の子どもたちを巻き込み，時には巻き込まれながら1年を過ごした。そのA男が卒園式練習の際，証書をもらってから右に曲がるところを左に曲がることもあった。私はA男が自信をもって卒園式に参加することを願っていた。卒園式当日，A男は堂々としかも右に曲がった。するとすぐに一番前の席にいたR男が振り返って，離れた所にいる私を見て声には出さず（先生，A君やったね。良かったね）と，とびきりの笑顔を向けてきた。（共感してくれてありがとう）という気持ちで笑顔でうなずくと，I男はすっと前を向いた。あっという間のやりとりだったが，そのときのI男の笑顔を思い出すと今でも胸が温かくなる。

第 7 章　子どもと出会う

③　子ども同士で相手を共感的に理解する

> **事例14　「みんな先生のこと好きなの」**
>
> 　見学先の 4 歳児の保育室に入ると壁に子どもから担任へのプレゼントが丁寧に一つ一つ飾られていた。担任の顔の絵や折り紙で折ったものや，キャラクターの便箋に子どもの名前が書いてあるものまでさまざまだった。担任がどれも大事にしていることが伝わってきた。すると，どこからともなく S 子が現れて「みんな L 先生のこと好きなの」と声をかけてきた。「そう」と答えながら S 子の方を向くと，すでに自分の遊びに戻ろうとしていた。

　作品群の中には S 子のものもあったに違いない。彼女の言動から，担任へのプレゼントの出来具合いは問題ではなく，そこに表している先生への思いが大切なのであること，そして自分とクラスの仲間の思いが表現されたものだということがしっかりと伝わってきた。その気持ちの背景には，担任が一人ひとりの子どもの気持ちを喜び，それぞれの存在を大切にしていることまで子どもが理解していることがうかがえた。

④　保育者や友だちに共感されることにより気持ちを切り替える

> **事例15　「ウフフッ」「トントンツンツン」**
>
> 　E 男（1 歳児）が泣いていたので保育園の担任が抱っこして過ごしていると，C 子と M 子と R 子がやってきた。そして泣いている E 男の体を「トントン　トントン」と言いながら触り始めた。それでも E 男は泣き止まない。すると今度は「ツンツン　ツンツン」と E 男の体を軽くつつきだす。そうしながら 3 人が顔を見合わせて，「ウフフッ」と笑い合う。「トントン　ツンツン」を繰り返すうちに，E 男は泣き止み，抱っこから下りてひとりで遊び出した。

　1 歳児のやりとりから，子ども同士だからこそ共感し合えることがあるように思えた。そして言葉にすれば「どうして泣いているの？」「だいじょうぶ？」「元気出して」という気持ちを体の触れ合いのなかで伝えている。E 男はそのことを感じ取って，気持ちを切り替える後押しになっているのだろう。

4 信　頼（安心感）

（1）ありのままの子どもを受け入れる

　ありのままの子どもを受け入れることが大切なことは保育者なら誰でも周知のことである。なぜ必要かと言えば，子どもはありのままの自分を受けとめようとする人の前では安心して心を開こうとするからである。この安心感が保育者との間で信頼関係を育む地盤になる。

> **事例16　「先生，金魚作って」**
>
> 　N男（5歳児）は私や他の子どもたちに対してほとんど自己主張をしない時期があった。そのころ実習生が入った。2日目の反省会で，N男が実習生に「先生，金魚（折紙）作って」と要求してきて，一緒に折紙をして楽しく遊んだことが話に出た。驚いた。N男はどうして私にではなく初めて出会った実習生に心を開いたのだろうと考えた。私は実習生にはありのままの子どもと出会って，自分で理解していってほしいと思い，子どもたちについての情報は最小限にし，困ったときは相談するように話しておいた。実習生は先入観なしにすっとN男を受けとめたのだ。私はN男に「ありのままのあなたでいいのです」という私の思いは十分伝わっていると思い込んでいた。そのことがきちんと伝わらず，自由に自分を発揮してほしいという願いだけがわたしの眼差しや態度でN男に伝わり，圧迫していたのだと反省した。

（2）心の拠り所になる

　子どもは自分の望むときにそばにいて温かく見守ってくれる保育者を，心の拠り所にする。

> **事例17　腰を落ちつけて子どもと過ごす**
>
> 　保育者は一緒に過ごしている1歳児のH子が自分で遊びだしたら，そばを離れて違う仕事に移ろうと考えていた。楽しく遊びだしたのでそろそろ離れても大丈夫かなと思った途端H子が泣きだした。じゃあもう少し一緒にいようと思うと，H子はすぐに泣きやんで機嫌よく遊びだす。しばらくしてもう大丈夫と思って離れようとすると再び泣きだした。保育者はH子に自分の気持ちが伝わっていることに気がついた。それで腰を落ち着けてH子と過ごすことに決めた。H子は安心して楽しく遊び続けたのだった。

子どもにとって保育者は心の拠り所であり、安心して過ごせる安全基地なのである。安全基地への信頼から、そこから離れて戻ってくる場所にもなっていく。友だちとの遊びの世界に踏み入れたり、新しい遊びに挑戦したりする。保育者という心の拠り所を支えにしつつ、自分の世界を広げていくことで、子どもは自分に対して自信をもち、少しずつ自分自身をも心の拠り所にしていく。それで困ったことがおきても、本人や友だち同士で解決していく場面がふえていく。子どもは、保育者、自分自身、そして友だちというふうに幾重もの心の拠り所を作っていく。それらが安心して自立できる基盤になる。安全基地としての保育者の役割は、子どもの年齢や子どものその時々の状況によって異なるが、なくなることはない。

　子どもは嬉しいことがあると、保育者に一緒に喜んでもらいたい。何かができるようになると、保育者に認めてもらいたい。困ったことや手に負えないことが起きたときには助けてもらいたい。これらのことをかなえてくれる場所が、心の拠り所である。保育者が子どもたちの心の基地になるということは、彼らが保育者を心の拠り所にすることで成立する。とはいえ、保育者の側に何の準備もないまま、いきなり子どもを深いところで受けとめるのは難しい。心の基地になって子どもを支えるのにはエネルギーが必要だが、裏を返せばその関係によって保育者は子どもにとっての自分の必要性を感じ、自分の存在感を支えていたことになる。保育者は、子どもを自分に縛りつけることにならないように気をつける必要がある。

（3）信頼感と自立の関係

　自立は、捉え方によっていくつもの様相を帯びている。自分でできることを知り、それを自分でやろうとすること。自分にできないことも知り、やりたいことでも思いとどまり、無茶をしないこと。自分で選択し、自分で決定していくこと。そして必要なときには素直に「助けて」と他人に頼ることなどである。相手への信頼感を土台にしながら助けたり助けてもらったり、状況や必要に応じて立場を自由に変えられることも自立の現れである。

第2部　乳幼児保育の実際

事例18　ひとりで保育室から他の部屋に出かけるようになる

　子どもの自立は，ある日突然という感じで表に現れることがある。たとえば，長い間親しい大人と過ごすことを選んできた特別支援学校に通うA子（8歳）が，あるとき，これまでずっと頼りにしていた私をまっすぐに見て「先生のこと嫌い」と繰り返し言う。私は突然ということもあり，自分の存在が揺るがされた。彼女を支えることで自分を支えているところがあったからである。A子はいわば私から親離れしようとしており，私は子離れの時期に来ていたのだった。私はその気持ちを尊重した上で，「私は（そういうふうに成長しようとしている）あなたのことが大好きよ」と気持ちを伝えた。するとにっこりして出かけていくのだった。これを3か月ほど繰り返した。この頃から，ひとりで保育室から他の部屋へ出かけるようになった。2人の関係のなかでもそれぞれが独立した存在として感じられるようになった。

5　自己表現と自己充実

（1）自己表現と自己充実

　集団のなかで子どもが自分らしく生活できている姿が自己表現と自己充実している現れである。

　子どもの，その時々の姿そのものが，自己を物語っている。そこから，その子は何を表現しているのかを読み取ることが，まず保育者に求められる。表現は受けとめて，応えてくれる相手がいるときに，より積極的に現れるようになる。自由に自己を表現することが，自己充実には欠かせない。

　自己表現の仕方は，状況によっても異なる。ひとり遊びでは，遊びの姿そのもののなかに表現されている。他の子どもとの間での自己表現は，時にはしっかり自己主張したり，時には相手の主張に自分の主張を譲ったり，互いに主張しあい，折り合いを付け合い，互いの表現を読み取りながら，試行錯誤し，豊かなかかわりを培っていく。自己充実は能動的にその活動に参加し，友だちと一緒に自分の力も発揮できたと実感できるときに感じ取ることができる。ひとりで夢中に何かに取り組んでいるとき，やり遂げたときも同様である。

（2）自分の思いを通しながら友だちの気持ちを思いやる体験

事例19　「私はこれね，いい？」

　3歳児のY子とF子はお家ごっこをしている。洋服を選ぶときに，Y子はまず自分が好きなものを取り出して「私これね。いい？」とF子に質問の形を取りつつ，自己を主張する。そしてF子の答えを聞くまもなく，もう一枚選んで「Fちゃんはこれ，いい？」と差し出す。F子は受け取らずに，洋服入れの中から自分の好きな服を選び取って身につける。F子が電話機やバックを探してきて，自分の周りに置くとそのたびに「バック使ってもいいよ」というふうに認める発言をする。Y子はF子に「ありがとう」と言う。そして自分も違う電話機やバックを探してくる。同じおもちゃを揃えたい気持ちが双方にあるようだ。F子は時折笑顔でY子に応えながらも，自分の好きなものを選びとっていく。それらを2階建てのままごとコーナーの2階に集める。2階のスペースは二人が座って持ち寄ったおもちゃを置くと足の踏み場がないという感じだが，空いている1階のスペースを使おうとはしない。必要なものを持ち込んだ二人は，同じ空間でそれぞれ楽しそうにお家ごっこを続ける。

　Y子の「私これね。いい？」からは「自分の思い通りにすすめて遊びたい」思いと「F子と一緒に遊びたい」思いの両方が伝わってくる。また「……してもいいよ」という発言で，F子の思いや願いを受け入れていることをF子に伝えようと努めている。また「私もそれ欲しい」という思いを飲み込んで，自分に対しても言い聞かせているようにも聞こえる。Y子が，自分の願いとF子の願いの狭間で葛藤している姿がうかがえる。F子の方は，Y子の思いも汲み取りながら自分の思いをしっかり通している。二人は1階にも空間があるのに，わざわざ同じ空間で過ごす。一緒にいたいという気持ちが伝わってくる。

　一緒にいたいという願いが思い通りにしたい気持ちを自分で抑制し，相手の動きを見ながら，自分の願いを表に出したり，相手に譲歩したりして調整を図っている。こういう体験のなかで相手の気持ちを感じとり，それに対する自分の感情を意識し相手に伝えていくなかで，自分の感情とうまく付き合う術を身につけていく。

（3）自分の表現のなかに自分の存在感を支えるものを見出す

> **事例20　決まって，二つの折り紙を触る**
>
> 　年長組の入り口の横の壁に子どもの先生へのプレゼントが貼ってあった。D子が保育室に入るときに，決まって二つの折り紙を触っていた。担任に聞くと，それらはD子が担任にくれたプレゼントだそうだ。1か月ほど前に，父親の転勤で転入してきたD子にとって，早く居場所になるようにとの思いで，担任が飾ったのだった。D子の気持ちを担任が受け止め，入り口にはることで，先生に大事にされている自分をN子は確認することになる。他の子どもの作品も同居しており，周りの子どもとのつながりも読み取ることができた。

（4）相手に向けて自己表現することの喜びを感じる

> **事例21　「U男粘土する」**
>
> 　2歳児クラスのU男が登園すると「U男粘土する」と宣言して遊び出した。それを聞いて，先ほどから乗り物の絵本を見ながら，母親や保育者と電車の話題でおしゃべりを楽しんでいたD男が，「僕絵本見てるんだ」と誇らしげにいった。

　U男もD男も，周りの大人に向けて自分の好きな遊びを宣言することで，自分自身を強く意識しようとしている。二人の言動からは，自分の意志によって遊びを選択し，決断することの喜び，そしてそれを大人によって認められ，実現できることに対する満足感と充足感がうかがえる。

参考文献

佐藤学監修『「学びとケアで育つ」愛育養護学校の子ども・教師・親』小学館，2005年。

津守真『保育者の地平』ミネルヴァ書房，1997年。

森上史朗・浜口順子編『新・保育講座「幼児理解と保育援助」』ミネルヴァ書房，2003年。

　　　　　　　　　　　　　　　　　　　　　　　　　　（山田　陽子）

第8章 一人ひとりに寄り添う
——個の理解と援助

　子どもは自ら環境とかかわり，様々な葛藤を乗り越えながら，自分を軸に周りとの関係を形成して，自分の内面づくりをしていく。その内面の育ちは，それぞれの子どもによって異なる。子どもたちはそれぞれ個性的な存在であり，一人ひとりの特性に応じたかかわりや援助を考える必要がある。ことに，「たたく」「突き飛ばす」「かむ」「多動でうろうろする」「視線があわない」「すぐパニックになる」など気がかりな行動を見せる子どもには，特別な配慮を要する。しかし，こうした子どもたちとの出会いは，保育者にとって，子どもの理解のあり方，援助の視点やかかわりのあり方を自問し，成長する機会となる。

　本章では，気になる子どもとのかかわりの事例を通して，保育における子ども理解と援助，一人ひとりの子どもに寄り添うことの意味，そして，保護者や保育者のあり方について考える。

1　保育のなかで気になる子ども

　ある調査（伊藤他，2001）によると，4歳児・5歳児を担当する保育者の9割以上の人が「最近，気になる子どもが増えた」と感じていた。その内容をみると，行動面では，「独占欲が強い」「自分の好きな事しかしたがらない」「文字や数字に関心が強い」「根気がない」などが過半数を超え，生活面では，「生活リズムが乱れている」「排泄習慣が身についていない」「偏食が激しい」「食

事を一人で食べられない」などが同様の割合であげられていた。また，遊び面では，「運動遊びが苦手」「手先が器用でない」「室内遊びを好む」「身体の動きがスムーズでない」「ものに固執する」などがあげられ，社会面では「みんなと一緒の場で話が聞けない」「生意気な事をいう」「先生の気持ちを自分に向けるためにいろいろな行動をとる」「子ども同士のコミュニケーションがとりにくい」「言葉で自分の気持ちを表現する力が弱い」などが特に気になると答えていた。さらに，情緒面では「自分の思い通りにならないことに対してすぐに癇癪をおこす」「自分のものや園のものを大切にしない」「素直に謝れない」「友だちに乱暴をする」「予想のつかない行動をする」などが目立った。

　この調査では，これらの内容を元にアンケートを実施し，子どもの実態と保育者の対応についても調べている。その結果は「注意散漫」「落ち着きがない」「集中力に欠ける」「自分勝手な行動が多い」「気に入らないとすねる」「身体が不器用」など，上記の傾向を裏づけるものであった。また，こうした子どもの実態と指導上の困難性に対して，まず，保護者との連携を図り，保育のなかでは友だち関係のなかで行動の適応を図ることを重視していた。子どもを個別に指導したり話をしたりする時間をとりながら，対応するように心がけていることもうかがえた。そして，実際の保育では，さまざまな悩みに直面することが多いにもかかわらず，クラスのなかで何とかしていける，園全体の協力が必要であると考えていた。

　保育現場の保育カンファレンスや研究でも，いわゆる障害とはいえないが，これでいいとも思われない「気になる子ども」に関する理解や援助のあり方がよく取り上げられる。多くの保育者が子どもの姿や親の姿の変容に戸惑い，その対応の難しさに苦慮している。

2　「気になる」子どもとの出会い

　保育は，日々子どもとの出会いである。その出会いのなかで，特定の子どもに保育者の目が止まるとき，そこには何かしら引っかからざるをえないものがあ

る。

> **事例1　素直に自分を表現できないＨ男（3歳児）**
>
> 　4月当初，母親から泣いて離れないことが多い。機嫌よく登園できても保育者と目を合わせようとせず，「おはよう」と声かけしてスキンシップを図ろうとしても「やめろー」といって拒否する。友だちに対してすぐカーッとなって手が出たり，友だちの遊んでいるおもちゃをわざとふんだり蹴ったりして笑っている。母親が迎えに来ると，自分のかばんや靴を園庭に投げつける。母親はにこにこ笑いながら「まっとって，ひろってくるから」とＨ男が投げた靴やかばんを拾いにいく。保育者が「Ｈ君の大事なかばんだよ」というと「たわけ」と一言。

　担任のＡ先生は，新学期になって担任がかわって戸惑っているのだろうと，Ｈ男に積極的にかかわり，信頼関係を築こうとする。しかし，Ｈ男はなかなか受け入れない。家庭訪問の時，母親も「うちの子は素直じゃないんです。兄ともよくけんかをして大変です。」と困っている様子だった。保育では，安全に配慮し，してはいけないことを言い聞かせるが，通じない。Ａ先生は，Ｈ男との関係がよけいに広がっていくようで悩む。自分のかばんを投げつけるのは未満児のときからで，そのときも母親がいつも拾っていた。Ａ先生は，こうした母親の態度をみて，どうして笑って過ごせるのか，なぜ毅然とした態度が取れないのか不思議に思う。

> **事例2　うろうろするＪ男（4歳児）**
>
> 　Ｊ男は担任がかわったためか，私の誘いになかなか乗ってこない。自分の意に反したりするとひっくり返って自己主張する。いつも動き回り，部屋から急にいなくなることが多い。偏食も多く，給食もほとんど食べようとしない。皆が席についても全く無関心で，何を言っても無言で部屋を動き回る。

　朝，Ｊ男と母親が登園してくると，あたりが一瞬緊張する。サッサとしないＪ男に，母親は大声で命令口調の言葉を浴びせかけ，その声が園中に響き渡るからである。母親の前のＪ男は，園での行動が嘘のように素直でおとなしい。ところが，保育のなかでは，人が変わったように，全く違った姿になる。

第2部　乳幼児保育の実際

担任のB先生はJ男の動きに翻弄させられ，J男を理解しようとすればするほど関係がまずくなって自信を失ってしまう。B先生のこれまでの経験では，ともに触れ合い一緒に遊ぶことで子どもたちは心を開いてくれた。ところが，J男はいつもB先生の予想に反する行動をし，向き合う関係になれない。J男がどうすれば保育者や仲間に心を開くのか，J男の持ち味を生かすにはどのように援助したらよいのか，B男が絡まった糸のようにB先生の心に引っかかる。

事例3　自分勝手に遊び続けるT男（4歳児）

給食前，片付けをしようとみんなに声をかけた。しかし，T男は遊び続ける。初めから口うるさくしてはいけないと思い，私は少し様子を見ようと他の子と片づけ始めた。その時，Y子がT男に「片付けよ」と声をかけると急に怒り出し，Y子を叩いた。叩くのをやめるようにいうと，今度は「くるな，あっちいけ」と大きな声でY子の耳元で怒鳴りだした。

新任のC先生は，T男の気持ちを元から否定してはいけないと思い，しばらく様子を見守る。しかし，T男は頻繁にこうした行動をする。C先生は，いけないとわかっていながら禁止句を連発し，どうかかわっていいのかわからなくなってしまう。T男は，結婚後12年目にできた子どもで，T男が生まれたとき，母親はとても喜んだ。しかし，T男の出産とともに生活は一変する。それまでの自由な生活は子育てに縛られ，子育ての戸惑いもあって，気持ちの晴れない日々が続く。父親は夜勤の多い仕事のため自宅にいることが不定期で，子育てはすべて母親一人の手にかかっていた。T男のことはかわいい反面うとましくもあり，そうしたことが反映してか，T男へのかかわりは，そのときの気分で極端なものになってしまう。そうした母親の気まぐれなかかわりが，J男の情緒を不安定にしているように思えた。

事例4　感情のコントロールができないI子（4歳児）

4月当初，朝，園にくると下足箱の前で靴も脱がず，じっと下を向いて立っている。「一緒に部屋に行こうか」と声をかけるも「フン」と横を向いてしまう。まだ園に慣れていないと思い，手をつないで行こうとするが，突然叩いたり蹴ったりしてくる。しばらくして気持ちが納まっても，靴を脱がないので保育者が脱がせる。

第 8 章　一人ひとりに寄り添う

感情の起伏が激しく，怒りだすと腕を組んだまま一日中動かない。家では生活習慣は自立しているが，園ではトイレには絶対行かないし，給食・おやつにもほとんど手をつけない。

　担任のD先生が一対一で手をつないだり，身体をもちあげたりしながら遊ぶと笑顔になり，一緒に走り回って遊ぶ。しかし，他の子や保育者が声をかけてくると笑顔がなくなり，腕組みをして立ち止まってしまう。それからは，保育者が手をつなごうとしても叩いたり蹴ったりして怒る。叩くことはいけないことや，他児や保育者がＩ子と仲良くしたいと思っていることを話していると突然ドラえもんの話を始める。その話に付き合っていくと落ち着くが，周りの子が話しに入ってくるとまた怒ってどこかへ行こうとする。他児とも一緒に話したいことを話すが伝わらず，怒って叫ぶ。仕方がないのでＩ子が落ち着くまでそばにいるようにする。

　ある日，Ｉ子は我慢しきれなくなって排泄を漏らしてしまう。D先生が衣服を着替えさせようとした時，Ｉ子は先生を思いっきり蹴った。思わずD先生は本気でＩ子を怒る。すると「お母さんに叱られる。お母さんに言わないで」と訴え，はじめて家でのことを話す。その話から，家庭で母親からとても厳しい扱いを受けていることがわかり，これまでのＩ子の姿は，失敗を恐れての防衛策であったことが理解された。その後，Ｉ子はD先生のいうことを素直に受け入れ，服を着替えさせてもらう。

| 事例5　乱暴でちょっとしたことでキレるＳ男（5歳児） |

年長になってＹ男と同じクラスになり，Ｙ男と遊ぶ事が多い。一緒に折り紙や広告紙で，虫や恐竜を作っている。Ｙ男ができて自分ができないと「どうせぼくなんかあー」と怒りながら紙を放り投げてしまう。その後，Ｙ男から「悪い子」といわれたと，テープ台を投げたり，壁を叩いたり，いすをついたり，シューズを投げたりして泣きわめく。

　Ｓ男は，新入園児に対してにらんだり威嚇したり，絵本を見ている友だちの頭を不意に叩いたり，通りすがりにキックパンチをしたり，自分の思いが通らないと部屋から飛び出す。そうした行動を担任のＥ先生が注意すると，聞くど

ころか眉間にしわを寄せてにらみ，嚙む，叩く，蹴る，ものを投げつけるなど，やつあたりをする。E先生はわらべ歌遊びなどで一対一の関係をつくりながらS男を受け止め，気持ちを代弁しながらかかわるようにするが，一向にパニックはおさまらない。E先生は，いままで出会ったことのない子どもの姿に，これでいいのかと他の先生と一緒になって考え込んでしまう。

S男は，家で叱られることが多いらしく，スキンシップの心地よさがわかっていないのか，肌に触れられることを極端にいやがる。親の子どもへの関心は強く，賢い子どもに育てようという気持ちが勝っていて，もっと子どもの気持ちに目を向けてほしいと思うが，受け入れる余裕がない。姉は親の思うように育っているようで落ち着きもあり，頼りになる存在である。母親が忙しい時には姉が一緒に過ごし面倒を見ているらしい。母親は目一杯働いていて，父親も仕事の帰りが遅い。朝の登園も父親と来ることが多い。

事例1，2，5の保育者は，保育者歴20余年のベテランであり，事例3，4はまだ新任保育者である。保育経験の長さに関係なく，素直に自分が表現できない，うろうろする，自分勝手に遊び続ける，感情のコントロールができない，乱暴でちょっとしたことでキレる，といった子どものさまざまな動きに振り回され，援助の方向性が見出せない。まずは，いまの子どもの行動を受容し，信頼関係を作ろうとさまざまなかかわりをするが，向き合う関係がとれないまま，当面の行動に対する対応に追われてしまう。

さまざまな行動を見せる子どもへの対応にマニュアルはない。子どもの抱える課題によって対応はさまざまである。実際の保育においては，そのときの状況や子どもの動きに突き動かされ，その対応は直感的なかかわりにならざるをえない。しかし，そこには当事者でないと感じ取れない間主観的な理解がある。ここでは，かかわりの良し悪しよりも，そのとき，なぜ保育者がそのようにかかわらざるをえなかったのか，子どもの行為から内面を読み取り，保育者のかかわりの根拠を問い直す必要がある。そして，子どもの今の育ちに何が必要かを見極め，その後の援助を考えることが求められる。

こうした子どもの行為の背景には、その子と親の関係や家庭の状況がある。今の気がかりな行動をどうするかという直面課題への取り組みと同時に、その背景にあるものを捉え、それぞれの子どもの「いま」の育ちを考えなければならない。それは、問題の原因を追求するのではなく、それぞれの子どもを取り巻く環境に何がいま必要なのかについて、個々の子どもの特性や、その背景、保育環境や条件などを総合的に捉えながら、それぞれの子どもの状況に応じた手立てを考えていくことが、一人ひとりの子どもに寄り添うことになる。

3 「気になる」ことの背景

子どもの行為には、いまの子どもの心もようが表現されている。気がかりさを見せる子どもの行為は、周りとの関係のなかで安定を失っている心の姿である。「気がかりさ」には、それぞれの子どもの生活と育ちの課題が隠されている。これまでの事例の子どもたちのその後の姿を追いながら考えてみよう。

(1) 子どもの行為の意味するもの

> **事例6 奇声を発するH男**
>
> 保育者の言葉かけやスキンシップを拒否していたH男だが、5月に入って少しずつ心を開いてくれるようになってきた。「明日もニコニコで来るからね」と言ってくれたり、友だちに対しても今までの乱暴さは少なくなり、友だちのできないことがあると「やったる」といって手伝ってくれるようになってきた。しかしまだ、朝母親との別れの際、泣くことが多く、自分の気に入らないとすぐに手が出て、友だちとのトラブルが多い。
>
> 参観日の日、母親と一緒にニコニコしながら「おはよう」といって元気に登園してきた。保育者が「うれしいなあ」と伝えると、H男も嬉しそうにする。しばらく園庭で遊んだあと、保育室に入ると、突然机の上に上って降りようとしない。保育者が「机の上はだめだよ」と言っても「いやや」と叫び、止めようとする保育者を蹴ったり叩いたり、手の付けられない状態になる。何とか机からおろしても、違う机に乗って「うるさーい」とみんなが歌っている声に対して叫ぶ。そのうち、園庭に走り出したかと思うと、ままごと用テーブルをひっくり返し、保育室に戻ってき

たが，まだ気持ちは納まらず奇声を発する。しばらくして気持ちが納まると，今までなんだったのというくらい，穏やかな顔になっていた。

　A先生は相変わらずH男とのかかわりに悩む毎日だったが，少しずつ変わっていく姿に嬉しさを感じ，少しの変化でもH男のいい面をその場で認めていこうと考えていた。そんな矢先の出来事だった。予想していなかった姿にA先生は驚いてしまった。まず気持ちを落ち着かせるために抱きかかえたが，激しい抵抗にそれもできない状態だった。参観していた母親はH男の姿を黙って見ていたが，A先生と目があうとH男の所に行く。しかし，どうしてよいかわからない様子だった。

　H男は，こうした行動で大人の気を引こうとしているのだろうか。普段帰るときでも，すんなり「さようなら」と帰ることはなく，してはいけないことを必ずして帰る。すんなり入ったり帰ったりすることができない。でも，母親は怒らない。こうしたH男の行動は，体を張って向かってこない母親への抵抗のようにも思える。参観終了後，園長が母親と面談しH男の家での様子を尋ねると「怒ってばかりいます。言い出したら聞かず，やんちゃを言ってはイライラして怒っています」と答え，H男にどうかかわってよいかわからないと声を詰まらせた。テレビを見ているような，眺めている育児だが，母親も一生懸命であり，H男の思いも母親の思いも察するとA先生の思いは複雑だった。H男の突然の行動をどう理解すればよいのか，母親にどうアドバイスすればよいのか。その後，母親が妊娠していることがわかり，ますますA先生は悩んでしまう。

（2）子どもの育ちの課題

　乳幼児期は，人間性の基盤が育つ時期である。人間性の基盤の形成には，乳幼児期における親しい大人のかかわりが重要である。子どもは，周りから受け入れてもらうことを通して人への愛着と信頼感を獲得し，周りとの関係をつくることができるようになる。そして，その信頼を寄せる大人を安全基地にして，自発的に周りとかかわり，さまざまな能力を獲得していく。そうした過程のな

かで，子どもは，自分が有能で意味ある存在であるという自己存在感や「これでよし」という自己肯定感を獲得し，自分の世界をもつようになっていく。

　事例1のH男だけでなく，事例2のJ男も，事例3のT男も，事例4のI子も，そして事例5のS男も，周りと安定した関係をもつことができない。周りとの関係は，自分の思いを突きつけるか，さまざまな行為でまわり試すという形でなされ，そこに相互性がない。子どもの荒れる姿はさまざまでも，そこには，人としての育ちに必要な課題が経験されないまま育ちそびれた姿がある。

(3) 親の課題

　子育ての基本はコミュニケーションであり，子どもとの視線や感情，場の共有，子どもの気持ちへの共感やかかわりと意味の共有が必要である。ここで示した事例の親と子のかかわりを見ていると，出すぎていたり引きすぎていたり，子どもとのかかわりに相互性や安心感が感じられない。

　しかし，それは母親の子育てが悪いということではない。親のほうも，子育ての仕方がわからなかったり，自分の仕事や生活に余裕がなかったり，こんな子に育ってほしいという気持ちが勝ちすぎていたり，親自身がそれぞれの生活の状況で抱えているものがある。養育の当事者として，子どもとのかかわりに対する保育者と同じような戸惑いがある。親も悩んでいるのである。

　最近，親の子ども虐待が問題になっているが，そうした場合でも，親自身がさまざまな課題を抱えている場合が少なくない。子どもを産めば親になれるわけではない。親には，子どもとのかかわりを通して，愛する他者に自己を開示し親密性を獲得するという発達課題がある。しかし，今日の親は，そうした養育者としてのアイデンティティの課題に直面し，葛藤しつつも乗りきれない状況がある。

　気になる子どもへの対応は，その子どもと周りとの相互的な関係のなかでの親子双方の課題を捉え，子どもの変化とともに，母親，父親，そして保育者自身も含めた相互関係を見極めながら，共に育ちあう過程を見る必要がある。

(4) 保育者の子どもを見る目

　気になる子どもとのかかわりは，保育者にとって，何となく居心地さを感じさせるものである。それは，受け止めたり，受け止められたりする相互性が感じられず，かかわった実感がもてないからである。子どものありのままの姿を受け入れ，受容的，共感的に，その気持ちを理解しようとしても心にとどかない。子どもとのコミュニケーションのずれが，保育者に居心地悪さを感じさせるのである。

　しかし，一方で，保育者自身がもつ価値の枠組みとのずれが，気がかりさを感じさせる場合がある。保育者は，これまでの経験や保育理論などから引き出される，子どもや保育に対する自明的イメージをもっているものである。保育についていえば，個を大切にすること，子どもの気持ちを読み取りながら集団に適応した行動を育てること，子ども同士のかかわりができるようにすることなど，今日の子どもを主体とした保育の理念が前提にある。子どもについても，自発的に遊ぶ子，積極的に取り組む子，集団に適応した行動のできる子といったような望ましい子ども像がある。そうしたなかで，ベテランであれば，過去の経験と照合してかかわるであろうし，新任あればこれまでに学んだ保育理論や先輩の助言などを頼りにするだろう。どちらにしても，保育者自身の考えや見方，これまでの経験からくる自己の枠組みが，現実の子どもを見る視点となる。

　事例1と事例2のベテラン保育者は，自分の経験から予測する子どもの姿とのずれを感じ，保育においてもこれまでどおりに行かないことが気になる気持ちのなかにある。事例3と事例4の新任保育者は，「子どもは受容しなければ」という保育理念からくる判断が，気持ちをありのままに受け止めることを難しくしている。

　保育者は，初めから一人ひとりの子どもに寄り添う，適切なかかわりができるわけではない。ベテラン保育者であろうと新任保育者であろうと，子どもとの初めての出会いとかかわりには多かれ少なかれ戸惑う。そうした戸惑いを解決していく上で，自己のもつ保育に対する視点がどのようなスタンスにあり，

それが，自分の見方にどのような影響をもたらしているのかを見つめ直す必要がある。この「気づき」をもつためには，「保育する者」としてだけでなく，保育をしている「私」が子どもと共有された世界でもった感情の体験や思索を，子ども（あるいは同僚の保育者や他の子どもたち）との関係のなかで再考することが1つの有効な手がかりとなる。

4　一人ひとりに寄り添う──気になる子どもの理解と援助

（1）子どもの行為を受容する

　子どもの行為は心の表現である。すでに述べたように，荒れる子どもの姿には，心の不安定さがある。そうした子どもの心を理解するには，そのいまの心持ちを受け入れていくしかない（倉橋，1965）。しかし，保育という集団の場では，一人ひとりにかかわる重要性は理解していても，現実的には，クラスと気にかかる子どもとの間で，保育者の気持ちがひきさかれてしまう。

> **事例7　いなくなるJ男**
>
> 　5月になっても，依然部屋で遊んでいるときスーッとどこかに行ってしまう。時には園庭や門の方まで行ってしまう。心のなかではJ男と一緒に過ごす大切さを感じるのだが，部屋に残してきた子らの様子が気になる。反対に，集団のなかでは，かかわりの中から離れたJ男は，どこで何をしているのか，園から出て行っていないかと不安になる。いなくなるJ男の気持ちを部屋に向けるため，彼が十分に遊べるように，自由に何でも使えるように保育室の環境を変えた。

　J男は，依然，心が定まらない。J男の心が安定を求めてうろうろする行動となっているのであるならば，それを全面的に受容していく他はない。しかし，保育という集団の場では，保育者は集団か個かの狭間で揺れてしまう。B先生は，受容を試みる一方で，クラスの環境を変えることでJ男の安定を図ろうとする。

第 2 部　乳幼児保育の実際

（2）愛着と安全基地を作る

> **事例 8　虫に思いを寄せる J 男（5・6 月）**
>
> 　6 月になって，子どもたちはダンゴムシ捕りに夢中。しかし，J 男は「虫は嫌い。恐い。」と触ろうとしない。ところが，ダンゴムシ捕りの子どもたちを見ているうちに，J 男も次第に興味を示すようになる。J 男はこわごわと手のひらに虫を乗せ，ひっくり返って足を動かすダンゴムシの様子に「見て見て，僕のダンゴムシ。ひっくり返っても動くよ」と目を輝かせて私を見る。今日ほど嬉しいことはなかった。私は思わず「これだ！」と思った。ひょっとして虫とかかわることで，J 男と共有関係をもてるかもしれない。これからの援助に見通しが持てた気がした。その後，部屋に生物の本を置くようにすると興味を示し，独り言をいいながら自分なりに虫に名前をつけ，本をじっと見るようになる。そして，小さな虫を見つけてきては勝手に名前をつけ，嬉しそうに虫の本と一緒に持ち歩く。そして，ダンゴムシを介して他の子どもともかかわるようになる。
> 　この頃，徐々に行き場所が定まってくる。J 男の好きな場所は，遊戯室・階段の中段・1 階のげた箱である。姿が見えないと思うと，いずれかの場所で寝そべっている。私が「J 君，みーつけた」とかくれんぼをしているかのように声をかけると「ワー，みつかっちゃった！」と嬉しそうに答える。しかし，私が手を差し出すと払いのけ，「どこにもいかへん！」といって逃げ出す。おやつ前の片付けもしないし，部屋に皆が入っても滑り台から降りようとしない。
> 　ある日，自由遊びの後，衣服の始末をしていると「誰にも俺のやることに口出しさせない」と急に言いだし，私を拒否する。心配だからついかかわってきたが，これから少し引いてつき合おうと思う。

　J 男は，いつでも，どこでも，テレビのヒーローの世界に入り込んでしまう。一人でグルグル回って，キック，パンチのまねをし，何もしていない他の子どもにのしかかったり，上に乗って押さえ込んだり，いつの間にか本当の戦いになってしまう。止める B 先生の声も耳に届かない。ようやく周囲が静まって，他の子と一緒に良いこと・悪いことを話し合うと，友だちの言ったことに「そうや！そうや！」と相づちを打ち，まるで他人事のように話す。ある日，滑り台から降りてこようとしないので，「蝶を見に行こうか」と声をかけると「どこ，どこにいる？　あっ，あれはモンキチョウや」と得意げな表情を見せ，しばらく虫の話をすると，とても素直な J 男になる。

この頃の子どもはヒーローになることが大好きである。心のイメージを身体（あるいはモノ）に置き換えて表現する楽しさと同時に，自分が自分以外の何者かに変身することで，いつもの自分では経験できないことができる面白さがある。そうした経験が，子どもの今を変化させる。ふりをしながらイメージを心のなかでつなぎ，流れをつくって（お話づくりをして）楽しむことを通して，「自分の思いで自分を生きる」ことを学ぶ。こうして現実と想像の2つの世界を行きつ戻りつしながら，次第に心の内面と現実の世界を分離させていく。

　しかし，J男の場合，自分の存在がヒーローの世界にとどまったままで，現実の世界のなかでちぐはぐな行動をとる。そんなある日，B先生は虫とのかかわりのなかで素直なJ男の一面を見る。「虫」への興味を広げることが，みんなと場を共有する糸口になるのではないかと考え，クラスに図鑑を用意したりいろいろな虫を採集したりして環境構成をする。以後，J男はいつも「虫」と図鑑を手に歩き，それを介して友だちとのかかわりが始まると同時に園のなかの特定の場所に留まり始める。特定の場所に身をおくということは，自分だけの空間を確保する居場所づくりが始まったと見ることができる。その居場所は，保育者の目を逃れる隠れ家でもあり，自分を見つけてという保育者へのアピールにもなる。そして，虫への愛着が，J男の行動の基盤となる。

　子どもに愛着の対象がうまれ，それに夢中になる経験が，心の安定をつくるきっかけになるということなのであろう。夢中経験は，我を忘れさせ，硬直した自分の殻にほころびを作り，子どもの素直な気持ちを表出させる。

（3）巻き込み，巻き込まれる関係を作る：子どもと保育者の変容

> **事例9　I子と2人で一緒に過ごす（6月）**
>
> 　老人クラブの交流会でお餅づくりと試食会に参加する。しかし，I子は一緒に食べず，周りから「食べないの?」と聞かれて怒り出す。園に帰ってから交流会について話をし始めると，外に出ていってしまう。外は雨が降っているのに入ってこようとしない。今日はとことん一緒につき合おうと思い，クラスを加配の先生にお願いし，服を脱いで雨のなかで一緒に過ごす。
>
> 　この頃，特定のカーテンにくるまって怒ることが多くなる。すぐに追いかけ，声

をかけると一層くるまってしまう。しばらくして,「行こうか」と手を延ばすとやっとカーテンから出てきて手をつなぐ。

　この頃,怒り出した時には「何が嫌だったのか言葉で言って」と自分の気持ちをできるだけ言葉で表現するように求めた。この日は尋ねた途端,私の顔に唾を吐いたので,本気で怒ってしまう。すると次から怒り出すと床に唾を吐いたり自分の体にかけたり,手のひらに唾をだしてくちゃくちゃと握るような行為をするようになる。一方,腕組みをすることがなくなる。

　D先生の受容的なかかわりによって,Ｉ子は,D先生との関係をつなぐために友だちや他の保育者を攻撃し,嫉妬するようになっていった。この日も,保育者の気持ちを向けさせようとする行動が目立ち,いっそ,D先生は,とことんＩ子に付き合ったらどうだろうという思いに駆られた。ただ黙って,Ｉ子のそばにいて,Ｉ子の動きに沿って動き,最後は,滑り台の上で,ずっと一緒に黙って座り,園庭を眺めた。自分のクラスが見え,ふと子どもからはこんな風に見えているのだなと思う。D先生がＩ子に身を委ねて向き合った時,違うものが見えてきたのである。

　その後,Ｉ子は,特定のカーテンの中に身をおくようになり,そこで気持ちを落ち着けて外に向かっていくようになる。この頃から,D先生は,Ｉ子が怒り出した時には,「何が嫌だったのか言って」と,自分の気持ちをできるだけ言葉で表現するように求めた。はじめは尋ねた途端,D先生の顔に向けて唾を吐く。それを叱ると次からは床に唾を吐いたり自分の体にかけたりする。しかし,腕組みすることがなくなる。カーテンに「隠れる」ことは,自分を包む,自分を消す,自分を見つけてもらうというように,安心感と期待感の交錯した気持ちが含まれる行為であり,他者を意識し,「モノ」を媒体にして自分を切り替えようとする姿とも見える。こうしたかかわりを通して,腕組みすることで自分を防衛していたＩ子の心がしだいに開かれていく。

　D先生は,これまでＩ子を本気で叱ることをあまりしなかった。Ｉ子の気持ちをありのままに受容することが最も重要と考えていたから,大抵のことに耐えてきた。しかし,Ｉ子に唾をかけられた瞬間,D先生の本音が思わず出てしまう。雨のなかで追いかけさせたり思わず怒らせたりする。Ｉ子の行動は,D

第8章　一人ひとりに寄り添う

先生の保育者としての私でなく，一人の人間としてのありままの気持ちをひき出させ，D先生の内面に変化を与えている。

　この事例では，保育者が子どもを巻き込もうとする関係から，子どもに保育者が巻き込まれる関係へとかかわりの方向性が変化し，それに伴ってＩ子と向き合う関係が生まれてくる様子が見える。保育者は，Ｉ子の行為にむかって本気で怒る，Ｉ子にとことん付き合うといったように，本音を表現されることで担任としてのかかわりの視点の転換が生まれている。またＩ子も，こうした経験を通して，自分を切り替えようとする動きがその内面に感じられる。「自分に向かって唾をはく」行為のなかに，自らの感情をまだ自分で処理できないが，自分と周りの世界との関係を保ちつつ葛藤を処理しようとするＩ子の「揺らぎ」が生まれつつある。

（4）甘えを受け入れる

事例10　ダダをこねて甘えるＩ子

　9月ころから10月にかけて，怒り出すと物を投げたりけったりするようになる。Ｉ子の自分ではどうしようもできない感情を受け止める一方で，そろそろ，駄目なことをきちんと知らせていこうと考えた。そして，物を投げることはいけないということを話すと，怒って泣く。しかし，泣き方が以前のように怒りを前面に表したものではなく，甘えてたような泣き方をする。
　11月の日，登園バスから降りて「Ｉちゃんおはよう！」と声をかけると怒り出し，甘えているように大泣きする。部屋に一緒に行こうと思い，抱っこすると降りようとしない。叩いたりつねったりするので，落ち着くのを願って抱っこをしていると，赤ちゃんのように身を委ねてくる。暫くして一緒に歩こうかと誘うとうなずいて降り，静かに手をつないで一緒に部屋に行く。部屋にはいると，家で兄と遊んだことなどを話してくれる。降園のときも，バスに乗るためにクラスの子と玄関へ行くと「フン！」と怒り出し，帽子やかばんを放りなげて運動場の方へ行ってしまう。そばに行って「どうしたの，いやなことがあったの？」と聞いても気持ちが納まらない。母親に聞くと，その日の朝，迎えにきてほしいと「ダダをこねた」そうである。母親にダダをこねるなど，Ｉこれまでのｉ子では考えられないことだったので少し驚いたが，母親に甘えられたＩ子のことが嬉しかった。

D先生は，この頃，もうこれ以上Ｉ子の気持ちを受容できないと限界を感じ始めていた。受容しなければと考えず「抱く」という感覚的な受け止めを通して，受け入れていこうと考える。身を委ねてくるＩ子の思いを無条件に受け入れ，Ｉ子の動きに巻き込まれ，その感情をそのまま代弁していくかかわりを展開していた。「保育方法としてこれが必要だからする」というのではなく，Ｉ子の思いに寄り添うかかわりを始める。こうしたD先生の内的変化は，Ｉ子の内面にも変化をもたらす。この日，Ｉ子はD先生に抱っこされた後，D先生の求めに素直に応じ，自分から降りて初めて一人で歩いて部屋まで行くことができた。

　その後も，D先生との関係のなかでＩ子は「甘え」を素直に見せるようになる。「甘える」ことは，自分の弱みを見せることであり，そうすることで逆に相手を自分の方に取り込んでいくことでもある。その背後には，外界が自分を受けいれてくれるという信頼感があり，Ｉ子にとって情緒的な安定と同時に外界を自己の手中に納めるという二重の意味がある。それは，能動性が発揮できない「私」に有能感を芽生えさせ自己存在感を見いだす契機となる。Ｉ子の「甘える」行為には，保育者への信頼と保育者を安全基地にして外界を信頼し，素直に自分を表現する「私」がいる。「甘えてくるときには甘えさせる」かかわりが，子どもの自己存在感の獲得には必要であるということである。保育者に受容され，甘える心地よさを実感したＩ子は，母親に対しても同じように受容の要求し，「私」の存在を突きつける。外界への信頼と自己存在感を獲得し，「私」を意識し「私」の葛藤を解消していく手だてを身につけていく。

（5）自分の世界づくりを援助する

> **事例11　友だちとのかかわりを楽しむＩ子（2月）**
>
> 　お面をつくってガラガラドンごっこをよくするようになる。その日によって役を変わるが，Ｉ子は特にトロルがお気にいりで「トロルをやりたい子？」と聞くと手を上げ，お面をかぶって張り切る。自分からはなかなか台詞を言えないこともあったが，怒り出すこともなかった。担任Ｓが一緒に台詞を言うと，大きな声で「とっと

> と言ってしまえ～っ」と言えるようになる。
> 　そんなある日の朝、いつものように朝バスを出迎え、Ｉ子が降りてくるのを待っていた。バスが来て、Ｉ子を見るときちんと座っていた。降りる時も順番を待っていた。降りてきたのを見て、「Ｉちゃんおはよう！」と声をかけ、手をつなごうとすると、いつもなら、すぐに手をつなぐのに、そのまま自分の下足箱の方へ言った。あれっ？と思いながらも「Ｉちゃん靴脱いで。一緒に行こう！」と声をかけた。しかし、スリッパを保育者が片づけている間に、一人で部屋にいってしまった。

　自己存在感を感じ始めたＩ子は、Ｄ先生と自分の関係を友だちの世界へと広げることができるようになる。一緒に走り回り、友だちとのやりとりを楽しみ、場を一緒に走り回るようになる。人と場を共有することもできるようになる。
　「お面を作る」「ごっこ」をするというのは、いまの自分を別の自分に変身させる遊びである。変身するだけでなく、架空の存在になった「つもり」でストーリーを即興的に作って動くということをやってのけなければならない。つまり、自分以外の他者になり、その他者の人生を生きるということである。こうした活動は、自分の存在が意識されないとできないものである。Ｉ子のお気に入りはトロルであるが、それ以外の役にも挑戦し、保育者に支えられて台詞も言えるようになる。また、自分が失敗しても感情的にならず、自分から楽しんで参加するようになる。
　Ｄ先生は、毎朝Ｉ子の出迎え、部屋まで連れて行くことが日課になっていた。しかし、この日は先生を置き去りにして、自分一人で部屋に行ってしまう。「いくこととができた」ではなく「いってしまった」という表現に見られるように、保育者の方が見捨てられた感覚に陥っている。それほどまでに、保育者はＩ子に巻き込まれた状態でかかわり、生活をともにしてきたことがわかる。

（6）一人ひとりに寄り添う

　荒れる子どもの姿からは、安定していないことはわかっても、その内面を読み取り、気持ちを共有することは容易ではない。倉橋（1965）は、こうした子どもへの配慮に対して「子どもの心もちを味わう」という表現を用い、この心もちを味わうことを共感ではなく「共鳴」という言葉で表現している。そして

教育的な配慮の前に，原因や理由を分析することなく「その子どもの今の心もちを味わうこと」を強調し，心理の理解と心もちの感触とを混同しないことを警告している。つまり，心の状態を心理的に分析し判断して理解することと感じたままに捉えることは異なるということである。津守（1989）も，あるがままの子どもと出会い，受け入れていく保育者の姿勢として「無構造の心」を重視している。ありのままの子どもと出会うためには，保育者としての私もありのままの心で子どもと出会う構えをもつことが必要なのであろう。

受容とは，その子どもがおかれた内面に共感的にかかわる過程であり，あるがままの子どもの姿を丸ごと受けとめることである。いま，子どもが求めていることを感受し，感じ取ったままを満たすというかかわりのなかではじめて，相手に受容された，共感しあえた実感をもたせることができる。受け入れる側が，相手を信じ，相手にすべてをまかせて共にする余裕がなければ実現しにくい。また，相手の気持ちを読み取ることができなければ表現しにくい。共感するということも，共に感じあうことであり，音を感じる，味を味わう，肌で感じるといったことに近い感覚器官を通した行為であり，考えこんで自分も相手も揺れた状況では難しい。

子どもが自分の心的世界を他者とのかかわりのなかで形成していく過程を支えることは保育の重要な課題である。保育者が子どもに心を動かされ，引き込まれていくこと，その過程のなかで表現される受容や共感的かかわりが求められるということであろう。子どもとの出会いにおいて，保育者は自己の保育活動に子どもを巻き込んでいくことに目が奪われがちである。しかし，子どもが自己の存在に気づき，その心の育ちを支えるには，保育者が子どもに引き込まれ巻き込まれていきながら，保育者としての思いのこだわりが薄れて自分の心が動いたとき，子どもへの本質的な受容や共感が生まれ，子どものいまの思いに沿うかかわりが可能になるのではなかろうか。思いを映し合う関係が子どもに自己存在感と信頼感を生じさせ，それを基盤に今の自分を自分で切り替えながら心の世界に意味を作り出していくことを可能にする。子どもの「自分づくり」とは，今の葛藤場面を切り返し，自分の思いに流れ（物語性）を作ってい

くことであると言えよう。

5　職員と親の連携と保育者の専門性

（1）職員間の連携

　集団のなかでさまざまな動きを見せる子どもとのかかわりは，担任一人の力では十分な対応ができないことが多い。職員間の共通理解と連携があれば，個別にそう対応がとりやすくなる。そのためには，園内で保育のカンファレンスを開き，子どもの今の状態に対する共通理解を図ったり，これまでのかかわりの見直しをしたり，これからの育ちに向けたかかわりのあり方を検討したりして，今後の保育の見通しを考えていくことが望まれる。そして，必要に応じて協力体制を作ることも考えなければならない。

（2）親とのかかわりと信頼関係

　また，親との連携も重要である。保育のなかでの子どもの様子や変化を折に触れて伝え，保育者が保育のなかでどのようなかかわりをしているか，またどのような見通しをもっているか，あるいは見通しがもてなくて困っているかなど，状況に応じて保育者の本音も話せる関係を作るようにするとよいだろう。そのためには，子どもや子育ての良し悪しに関係なく，親の今の気持ちを受け止めるようにし，信頼関係を作っておくことが大切である。場合によっては親の方もさまざまな問題を抱えていて，わかっていても子どもを受け入れる余裕がないということもある。そうした場合は，親の責任と押しつけるのではなく，家族や親自身に対する援助的視点をもってかかわっていくことも必要な配慮である。親の心理的安定を図り，子どもがどのような状態にあっても受け入れ，肯定的な目を向けることができるように働きかけることが望まれる。

（3）親としての育ちへの援助

　事例3のS男の場合，E先生は他の職員と話し合い，友だちと遊べず荒れた

とき，一人にして話しを聞くようにすること，S男の気持ちを聞いて受け止め一緒に考えるようにすることなどを共通理解しあった。また，S男は3年保育の3年目であり，母親との関係はすでに回復してきたので，母親に降園時，その日のS男のことを話すこと，S男は気持ちをしっかり受け止めてもらうと素直になれるようになってきたこと，家では保育者が話したことを話題にないことなどを提案することにした。

6月頃から，S男は自分の気持ちが受け止められると素直な自分を表現するようになった。また，クラスの子どもからも自分の気持ちを受け入れらたことで，自分の過ちを認めることができるようになってきた。母親にも，そのことを伝えると，母親も，S男がみんなから受け入れられるようになって，ずいぶん変わってきて，これまで園に行くことを嫌がっていたのが最近は喜んで行くようになった，自分も迎えが苦痛でなくなったと笑顔で話してくれた。

夏休みを過ぎたころから，E先生は，S男に自分勝手なことをすると他の子が辛い思いをすることを伝え，S男の感情を全面的に受け入れながらも善悪をきちんと知らせるようにした。S男はいけないとわかっていながら自分でどうしてよいのかわからない状態なので，否定的な言葉かけをしないよう職員間でも心がける。母親にも，そのことを伝えるともに「最近さよならのあいさつがきちんとできるようになって嬉しく思っている」とE先生の気持ちも話す。母親は，「もっと大きな気持ちがもてたらいいのに」といいながら，S男の前では否定的な言葉を使わないよう心がけていることや最近S男がとても変わってきたことなど，家での様子を教えてくれた。

しかし，10月に入ってもS男のイライラは時々爆発する。片付けの時間になっても，もっと遊びたいS男はなかなかやめられない。他の子どもから「もう6になったから片付けなあかんで」と言われ，ままごとの調理台や椅子をひっくり返してしまう。「Sちゃん，もっとあそびたかったんやねえ。でもねえ」と気持ちを受けとめると，「わかってる。したらあかんのわかってる。でもやってしまうんやあ」と自分の気持ちを訴えるようになった。みんな遊びたいけど約束の時間だから我慢していることを話すと「ふーん」と納得し，片付けに

加わる。母親にもこの出来事を話すと,初めは険しい顔になったが,「最後は先生のおかげで,ずいぶん成長がみられるようになって嬉しい」と喜ぶ。その後も,落ち着いた日と荒れる日が一進一退する。職員間で,相手の気持ちになってみることが難しいようなので,自分がされたらどうなのかなどの話し合いを多くもつようにしようと話し合う。

　12月になると,発表会の練習などみんなでする活動が増える。しかし,S男は相変わらず,ふざけたり他の子にいたずらをし,注意されても聞けない。勝手に行動し,自分の場所を確保するために他児を押しのけたりする。そんな時,保育者と2人になってじっくり話しあうと,徐々に自分のしたことを振り返ることができ,悪いことに気づいて他児に謝りに行くなど,徐々に自分を見つめなおすことができるようになってきた。

事例12　私メッセージを使うことを知らせる

　降園のとき,「みんなと一緒に発表会の練習してますか?」と聞かれたので「オペレッタなどの自分の役割はきちんとできますし,ソーラン節も喜んでしているのですが,それまでがなかなか…」というと,「始まるまでもみんなと一緒やでと話しているのですが。」と言われる。あまり否定的な言葉は使わず,「きちんとしてくれたらお母さん嬉しいなあ」という具合に話してみてほしいというと,「先生はいつもそのように子どもに話すんですか?」と聞かれる。「そうですね。そんな風に入ったら本人も受け入れる事ができますね。」と返すと,嬉しそうに帰っていった。

　母親自身,子どもとのかかわりにおいて,しなければならないこと,きちんとすることに目がいってしまい（それがしつけと思っているので），子どもの気持ちに共感する余裕がない。それは,S男がいつも何か起こすトラブルメーカーという認識が強いためもあろう。保護者はどうしてもそうなりがちであり,だからこそ保育者は,母親に寄り添いながら第三者として親子関係を相互調整する役割を担う必要がある。そして,親も子どもの気持ちを汲みながらも,主体性をもってかかわることの大切さも伝えたいものである。

（4）子どもの変化と保護者・保育者の変化

　子どもとのかかわり，あるいは保護者とのかかわりは，保育者自身の子どもや保護者の見方にも影響を与える。変化は相互的なものである。これまでの事例の流れを見ていてわかるように，子どもも，保護者も，保育者も，それぞれの状況のなかで，お互いに相手の変化から自分も変化させられている。子どもの育ちを読み取り，考える中で，保育者も保護者も，さまざまな気づきを与えられ，新たなかかわりの方向性が生まれていく。

　育ちは相互的なものである。子どもの育ちを考えるとき，保育者自身も自分自身の内面の変化にも目を向け，自身の保育のあり方やかかわりを見直し，自己の保育者としての実践力を高めていくことが望まれる。

（5）保育者の専門性とその構築

　保育は子どもの育ちを援助する営みであるが，それは，個の視点に立った発達臨床の仕事でもある。子どもの状況に応じて，かかわりのあり方や方法を考える上で，保育者としてだけでなく，さまざまな専門領域の知見，たとえばソーシャルワークや，カウンセリング，あるいは心理療法などに学びながら，子どもの課題解決に向けて工夫していくことが求められる。もちろん，保育者は，ワーカーでもカウンセラーでも心理療法家でもないが，子どもの抱える課題によっては，そうした専門的なかかわりの理論や技術に学び，援助していかなければならない場合がある。それは，保育者が孤軍奮闘するということではなく，そうした専門家や専門機関とも連携を図り，そこでの知見を保育に生かしていく姿勢が大切である。

　その意味で，保育は発達臨床であり，応用的な学問である。日々の保育は大変な仕事であるが，さまざまな子どもとの出会いを通して経験を積み，年数を重ねるなかで，自分なりの保育論やその哲学を作り上げ，専門性を構築して行きたいものである。子どもの幸せと保育領域の発展をめざして。

第**8**章　一人ひとりに寄り添う

学習課題
○気がかりな子どもとのかかわりを考えるポイントをまとめてみよう
○気がかりな子どもの親とのかかわりのポイントをまとめてみよう

参考文献
麻生武「人生における乳幼児期の意味」講座生涯発達心理学2，金子書房，1995年。
倉橋惣三『就学前の教育』（倉橋惣三選集第一巻）フレーベル館，1965年。
鯨岡峻『両義性の発達心理学』ミネルヴァ書房，1998年。
鯨岡峻・鯨岡和子『保育を支える発達心理学』ミネルヴァ書房，2001年。
津守真『子どもの世界をどう見るか』NHKブックス，1987年。
津守真『保育者の地平』ミネルヴァ書房，1998年。
寺見陽子「保育者のかかわりと子どもの育ちに関する事例的研究（1）——気になる子どもに対する保育者の心持ちと子どもを受容する過程」神戸親和女子大学児童教育学研究第16号，1997年。
寺見陽子ほか「荒れる子どもへの対応パートⅠ・Ⅱ」学習研究社『ラポム』連載，2000年。
寺見陽子ほか「子どもの「自分づくり」を支える保育者のかかわり（Ⅰ）——子どもの自己存在感の形成と保育者の受容的・共感的かかわりの意味」日本保育学会第53回大会論文集，2000年。
寺見陽子ほか「保育実践と保育者の成長——新任保育者の子どもとのかかわりと自己変容過程を通して」神戸親和女子大学児童教育学研究第19号，P17-48，2001年。
寺見陽子「母親の育児意識の世代間差異に関する研究——育児への自信とライフスタイル・ソーシャルサポートとの関連を中心に」日本教育心理学会第47回大会発表論文集。
寺見陽子ほか「保育において気になる子ども」濱田浩・坂下喜佐久編『生きる力を培う人間関係』みらい出版，2001年。
寺見陽子編『心を育てる人間関係』保育出版，2002年。
寺見陽子編『子どもと保育の心理学』保育出版，2003年。
寺見陽子編『子ども理解と援助——子ども・親とのかかわりと相談・助言の実際』保育出版，2004年。
寺見陽子ほか「保育における発達援助に関する研究——受容における拒否の意味」日本保育学会第59回大会発表論文集，2006年。
寺見陽子「保育カンファレンス・マイ・フィールドノーツ」未発表，2007年。

浜田寿美夫編『私というもののなりたち――自我形成論のこころみ』ミネルヴァ書房, 1992年。

増山真緒子『表情する世界＝共同主観性の心理学　ことば・自我・知覚』新曜社, 1991年。

ワロン, A『精神・自我・社会』ミネルヴァ書房, 1953年。

（寺見　陽子）

第9章 保育実践を読む

　保育は，子どもと保育者のお互いの心の表現のやりとりと言える。また，保育は，子どもと保育者の関係性によって生み出される営みである。そこには，子どもが保育者の"表し"を，保育者が子どもの"表し"を読み取る過程が存在する。つまり，お互いにその"表し"を読み取り合う過程が存在している。

　保育実践を読むとは，こうした"表し"を丁寧に見つめ，読み取り，それを明日の実践につなげ生かしていくことである。

　実践とは瞬間の出来事である。それゆえ，保育実践者は，その場に有りながら，ほとんど無意識のうちに，身体感覚によって，保育を行っている。一方，今を生きる子どもも，瞬間を生きている。保育はまさに生きているのである。そこには，子どもや保育者のさまざまな感情の揺れが交錯している。保育実践を読むとは，まさにこの感情の揺れを含め，言葉に置き換える作業である。子どもに巻き込まれた状態の時には見えなかったことが，保育後，記録を書くことで，あるいはその保育の瞬間から少し時を隔てることによって，見えてくる。換言すれば，記録を読み記録を書くという行為は，保育者が一日の保育を振り返りながら，そのとき認知できなかった，①子どもの内面，さらには②保育者の内面，と対話する有効な手段として捉えたい。書くという行為は一過的な保育の営みを意識化し，そこに，保育的意味を見いだしながら，保育の全体像をつかむ過程において非常に重要である。

　そこでこの章では，①保育実践を読むということについて，②保育実践を書く観点について，③保育を豊かにする親とのコミュニケーションツールとしての保育記録のあり方について考えることにする。

第2部　乳幼児保育の実際

1　保育における記録

（1）子どもと保育者とのかかわりの歴史としての保育

　保育をしているときや子どもに向き合っているとき，保育者は，理屈ではなく身体的な感覚によって保育をしていることがある。たとえば，年度末を迎えた3月のある朝の出会いの時，子どもが保育者に向かって走ってきたら，多くの保育者は両手を広げてその子を迎え入れるだろう。その時，保育者の身体は自然に子ども迎えいれる体勢をつくるのである。

　それでは，そういった迎え入れ方がなぜ生まれるのだろうか。その原点は，保育者と子どもが時間的な流れのなかで創り上げた歴史にある。それはお互いに信頼しうる関係をつくるための歴史といってもよいだろう。一人の子どもとお互いに信頼しうる関係をつくるために，さまざまなドラマがそこにはあったことだろう。その子が親元から離れ泣いているときに保育者が手をしっかりとにぎってあげたこと，その子の笑顔が見たいがために保育者が大げさにおどけて見せたこと，「先生，これあげる！」と言って路地で摘んだ花を持ってきてくれたことが嬉しくてクラスのみんなにも報告したこと，水になかなか慣れないその子を背中に背負ってワニ歩きをしたこと，かけっこでゴールにたどり着く前にくじけそうなその子を応援しながら一緒に走ったこと，クラスにサンタクロースが表れたときお互いに顔を見つめ合わせにっこり微笑んだこと……。こうしたドラマが積み重なって"今"を迎えているのである。そして大きく手を広げて迎え入れるという一つの表現が生まれてくるのである。保育における一瞬の保育者の行為は，一見，感覚的な行為にみえるが，それは一つ一つの今までの歴史の積み重ねの結果として生まれてくる営みなのである。であるとすれば，その歴史を丁寧に紐解くことによって，子どもへの援助のあり方や指導法が導き出されるのではないだろうか。

　津守（1980）は，保育はお互いの身体の水準によるやりとりであると言っている。子どもと向き合うとき，保育者は子どもの行動に対して，感覚的に行動

や言動を引き起こしている。それは意識しない世界で起こっていることと言い換えてもよい。その無意識に行っている行為に，どのような意味があるのかを捉えるために，保育を記録するという営みは欠かすことができない。それは，感性で行う保育を理性で整理するということである。そして，保育者は保育記録を書き綴りながら，自分が今まで感じ得なかった感性を開いていくのである。

また，保育は，一瞬の行為の積み重ねであり，その一瞬の行為にそれまでのドラマが隠されていることが多い。実習生や単発でその保育を見る他者は，長い時間にわたる壮大なドラマのなかの一瞬を見るだけなのである。そのため，一瞬の出来事が，その子にとって，保育者にとって，あるいはその相互の関係性の歴史の中で，どのような意味があるのかを考えることが大切になってくる。

（2）保育記録の対象

保育者は保育記録を通して，対話をしているのではないだろうか。対話という以上，そこには対象が必要になる。その対象は，"保育という営み"そのものである。『今日の子どもたちの遊びや生活の姿はどうだったのだろうか。どんな活動をしていたのだろうか。その活動の中で何を楽しんでいたのだろうか。また，何に興味をもち，何を経験したのだろうか。さらにこの体験を通して，どのようなことを乗り越えようとしていたのだろう。果たして環境構成は妥当だったのだろうか。その時に保育者のかかわりはどうだったのだろうか』などと考えながら保育を見返しているのである。そして，明日，来週，来月に向けての指標を模索しているのである。ここには，指導計画のための基礎的な資料の収集という意味合いもある。

また，他にも重要な保育記録において対話をしなければならない対象が存在する。それは"子ども"であり，"自分自身＝保育者"である。保育記録において，今日の子どもとの対話を振り返るのである。そして，その瞬間には感じとれなかった子どもの心の動きを，叫びを，心の揺れ動きを振り返るのである。また，保育は自分自身との対話でもある。子どもとのかかわりにおいて感性で行っていたその瞬間を振り返り，自分のつたなさを感じることもあるだろう。

このような丁寧な読み取りを通して，子どもへの適切な援助への方向性を見出すことが可能になる。

(3) 保育記録の視点

　保育記録を書く視点については，無数に存在するものと考えられるが，あえて，ここに絞り込むとすれば，次の4点になる。一つには，子どもを理解するという視点，一つには，自分と子どもとの関係性を問うという視点，一つには，生活や遊びを支える保育者の役割を問うという視点，一つには自己を理解するという視点である。

　これは，5月3歳児の1年目の保育者の記録である。

> **保育記録事例**
> 朝の集まりの時，A男とB子が遊具で遊んでいてなかなか並ぼうとしないので呼びにいった時，すでに並んでいた子どもたちも私の後をついてきて，ごちゃごちゃになってしまった。

　ここには，現象としてだれにでも認識できる子どもの姿だけが書かれている。こうした記録は保育を進める上で役に立つのだろうか。答えは否である。なぜなら，この記録からは明日の保育への見通しを見出すことができないからである。保育とは変容していくものでなければならない。そして，子どもの育ちを保障するものでなければならない。変容していくためには，そこに変容させるための何かが必要となる。それでは，この記録を今後の見通しをもたせるように書き直したとしたらどのようになるだろう。

> **書き直しの事例**
> 朝の集まりの時，A男とB子が遊具で遊んでいてなかなか並ぼうとしないので呼びにいった時，すでに並んでいた子どもたちも私の後をついてきて，ごちゃごちゃになってしまった。明日からは，A男とB子がちゃんと並べるようにがんばりたい。

　確かにここには，明日からどのようにしていこうかという保育者の意気込み

は感じられるが，具体的な方法が書かれているわけではない。保育を進めていく上では具体的な手立てが必要になる。そうした具体的な手立てを導き出すことが求められているのである。

　それでは，具体的な手立ては，どのように導き出すことができるのだろうか。そこで，次の4つの点から手立てを導き出してみる。一つは，ここに表れている保育者の気持ちの動きはどうだったのかという点である。おそらく，この1年目の保育者は，A男とB子を並べようと思っても並んでくれないこと，あるは並んでいた子どもたちまでごゃごちゃになったことに対して，腹立たしさを覚えつつも，同時に自分に対するふがいなさを感じていたのではないだろうか。"なぜ，他のクラスは並べるのに私のクラスはならべないの？"というように。こうした保育者自身の感情の動きに応じた手立てを求めたとしたら，そこには"子どもを叱る"という方法論につながる可能性がある。もちろん，保育者も感情の動物である以上，子どもと感情的にぶつかる場面が多くあるだろう。感情をぶつけ合うことによって，関係性が変容することも可能性としてはあるが，果たしてこの場合はどうだろうか。

　そこで，次に，A男とB子の行為の意味を考えることにする。3歳の5月，ようやく子どもたちが自分の居場所を見つけ，遊び出そうとする時期である。A男もB子もようやく園での生活に慣れ，自分はこの遊具で遊びたいと思い始めた時期なのかもしれない。また，少しずつ園での生活がわかるとともに自由にならない時があることがわかり，みんなと一緒にいることにしんどさを覚えるようになった時期かもしれない。あるいは，朝の集まりそのものに興味がもてないということから集まれないのかもしれない。いずれにしても，A男とB子が，なぜ，並ぼうとしなかったのかを，今までの園生活の姿に目を向けながら，理解しようと努力する必要がある。したがって，"並べない"と否定的に捉えるのではなく，子どもたちが"並ばない！"と意志決定しているその心の動きを感じていくことが必要であり，その心の動きを丁寧に捉えることで，かかわりの手立てが生まれてくるものと考える。

　これは，並んでいた子どもたちが保育者についてきてしまったことについて

も同様である。なぜ，並んでいた子どもたちがごちゃごちゃになってしまったかを考えてみよう。この時期，保育者と子どもたちとの関係は，先生を居場所として認め，先生となら安心して行動ができることが多くなる時期でもある。だから，子どもたちは，先生が目の前からいなくなったことに対して不安を抱き，探そうとしていたのかもしれない。また，先生が"集まれ！"といったから集まっただけで，そこで何をするのかということへの見通しがもてず，ごちゃごちゃになったのかもしれない。つまり，保育者と子どもとの関係性を捉えていく必要がある。並んでいた子どもたちがごちゃごちゃになることにも，意味があると考えることが必要なのである。

このように，A男・B子・他の子どもたちのそれぞれの心の動きを捉えていくと，その子その子のそれぞれの育ちを確認することができる。一見否定的に見えてくる子どもたちの行為は，こうした育ちの裏返してして映る場合が多い。そのように捉えると，"保育者が叱る"という行為には妥当性がないことがわかる。

つまり，子どもを理解しようとする姿勢や，子どもの行動の意味を読み取ろうとする姿勢，さらには自分自身の心の揺れを捉えることは，保育者のかかわりの根拠を明らかにすることにつながるのである。それが，結果的に，子どもの育ちに応じることになる。

2　記録を保育に生かす手だてについて

保育記録の様式は，どうあることが望ましいのだろうか。ここでは，ある実習生の保育記録の一例を通して，考えてみようと思う。

一般に養成校における保育記録は，**表9-1**のように子どもの活動と保育者の援助・指導上の留意点を箇条書きにし，簡潔に事実を記載する形式をとっている場合が多く見受けられる。もちろん，実習生が園での生活の流れを知るために，この記録の様式には大切な意味がある。ただ，子どもの活動と保育者の援助・指導上の留意事項を箇条書きにするということは，目の前で起こったこ

表9-1　実習生の保育記録（抜粋）

時　刻	行　動　記　録	
	子どもの活動	保育者の援助・指導上の留意点
8：30	登園する	・視診をする
		・<u>一人ひとり名前で呼びかけ，笑顔であいさつする</u>③
		・顔色と全体の様子をみる
	・出席シールを貼る	・着替えるように呼びかけ，できない子にはできるところまでやるよう励ます
	・スモックに着替える	
	・帽子かばんをロッカーにしまう	・<u>カラー帽子をかぶって外に出るように呼びかける</u>④
9：30	自由遊びをする	
	・<u>砂場遊び</u>①	・<u>色水はコツを具体的に伝える</u>②
	・色水	・一人で遊んでいる子にも気を配る
	・シャボン玉	

とを抽象化し，ある意味で普遍化する力が必要となる。そのため，子どもという存在・保育者の役割・保育のあり方などを学ぶ過程にある実習生や就職間もない保育者にとって，果たしてこうした記録のあり方がふさわしいのかを判断していかなければならない。以下に，5つの視点からこうした記録のあり方について検討してみよう。

（1）子どもの活動を個条書きにすること

下線部①に『砂場遊び』という表記がある。まず，この"砂場遊び"という表記からは，そこで遊ぶ子どもたちの具体的な姿がまったく伝わってこない。砂場遊びをする子どもたちを見ていると，そこで展開されるさまざまな営みがある。砂を掘っている子・山をつくる子・水を汲み砂場に流している子・おだんごをつくっている子……，あげればきりがないだろう。そういった姿を捉えずに，"砂場遊び"という一括表記で活動を集約して捉えてしまうと，子どもたちの主体に基盤をおいた保育を成立させることが難しくなる。保育者として，子どもの遊びを組み立てていくために必要なことは，それぞれの子どもたちがより具体的にどのような遊びをしているのかという情報を詳しく知ることであ

る。子どもの活動をより丁寧に言葉に置き換える作業は，子どもがさまざまな興味・関心をもって遊びを組み立てていることを知るための第1歩と言えよう。

　さらに，こうした現象を中心とした羅列的な記載からは読み取れないことがあるということを踏まえておかなければならない。たとえば，"山をつくる子がいた"という記録が残っているとする。それでは，その"山をつくる子ども"の心の動きはどうなのだろうか。"山をつくる"のにも，一人で砂を高く積むということを楽しもうとする子もいれば，友だちと力を合わせて山づくりをすることを楽しんでいる子もいるだろう。そこでは"楽しさの質"が異なるのである。さらに，"山を高く積む"ことを楽しいと感じている子も，その活動をし始めるまでの文脈があったはずである。もし，その子が，他の子と競争して山づくりをしている時に，そのことを知らず保育者がどちらかの山づくりに加担したとしたら，そうした『競争の場』を否定することになりかねない。つまり，『砂場遊び』『砂場で山をつくる』という単純な表現ではつかむことができない遊びの世界＝遊びの質が存在することを認識しながら，丁寧に言葉に置き換える作業をしていく必要がある。

　また，遊びの世界は，子どもと行動を共にしながら感じていく世界でもある。この記録に書かれている子どもの活動は，客観的に捉えた子どもの姿に過ぎない。色水遊びのなかでジュースに見立てている子がいるとしたら，それは，見立て遊びである。また，ジュースのやりとりがあるとしたら，それはジュース屋さんごっこになっているのかもしれない。そうした子どもと活動を共にして感じた世界を記録に起こすことによって，環境構成や援助のあり方も変わってくるのである。子どもの姿を箇条書きに書くことは，保育経験のなかで蓄えられたさまざまな遊びの世界を感じてきた過程があってこそ，意味が生まれてくるとも言える。

（2）保育者の援助を箇条書きにすること

　次に，下線部②『色水はコツを伝える』という表記について考えてみよう。ここでは保育者の指導・援助について記載されているが，色水をつくっている

子どもに対する指導・援助のあり方として、はたしてこのあり方が適切なのだろうか。もちろん作り方のコツがわからずに困っている子どももいるだろう。しかし一方で、試行錯誤して色水をつくるその過程を楽しんでいる子もいるかもしれない。箇条書きにするということは、余分なものを削り取りスリムにするということである。そのため、ややもすると指導援助のあり方が、一対一の対応になってしまう可能性をはらんでいることに留意しなければならない。ここには、明らかに子どもの興味・関心を捉える視点が欠如している。そのため、保育者のかかわりの根拠が明らかにされないまま、指導・援助を行っていることになる。また、保育は、ある意味でその時の一度限りのかかわりや指導法で成立するものであろう。なぜなら、場面によってすべて状況性が異なるからである。ゆえに、その状況がよりくわしく記録に残こされることによって、結果的に適切な指導・援助が可能になると言える。

(3) 自分の保育行為の根拠を問い直すこと

　さらに、下線部③『一人ひとり名前で呼びかけを笑顔であいさつする』について考えてみよう。

　保育者は、なぜ、こうした行動をとるのだろうか。子どもと一日でも早く仲良くなりたい、という自分と子どもとの関係性のあり方に根拠をおいている場合もあるだろう。また、一人ひとりが安心して幼稚園・保育園での生活が送れるようにという保育者の配慮から生まれる行為かもしれない。それぞれ、なぜそのような行動をとるのかという根拠を明らかにすることが、保育者の援助を明確にしていくために重要である。それには、自分がどのような思いでそうした行動をとったのか、内面を掘り起こしながら記載していくことが求められる。記録する際には、自分のとった保育行為の意味を丁寧に問い直していくことが、結果的に保育力を高めることになるのである。

(4) 保育行為の営みの意味を捉えること

　下線部④『カラー帽子をかぶって外にでるように呼びかける』について、

この保育者の援助がなぜ必要なのか，また，それを具体的にどのように伝えその結果，子どもがどのように動いたのか，そこまでを書き加えることによって，保育のなかで行われるさまざまな営みの意味を理解していくことができるようになってくる。保育では１つの場面をつながりの中に組み込まれた一つの現象として見ることによって，それに対する保育者の一瞬のかかわりの意味が明確になっていく。また，保育者が自分のかかわりの意味をはっきり意識するにつれ，子どもにも保育の意図が伝わるようになる。

（５）『子どもの活動』と『保育者の援助（保育者の活動）』を分離して書くこと

　前項（１）～（４）からもわかるように，子どもの内面や行動の意味を捉えることと保育者の援助には，密接な関連性がある。そのため，子どもの活動と保育者の援助（保育者の活動）を別の欄に分離して捉えるということ自体，不合理であるとも言える。つまり，保育者がある行為を起こすには，そこに『読み取り』という作業が組み込まれているはずである。それは，『～～だから～～した』というように，ある必然性を導き出すために不可欠な作業である。そうした必然を丁寧に追いながら記録し，その事実を省察していくことで，保育という営みを理解できるようになり，ひいては保育の質そのものを高めることにつながるのである。ゆえに，関連性・必然性を明確に意識しながら書くためにも，『子どもの活動』と『保育者の援助（保育者の活動)』の間に仕切りを入れず，一体として記載していく方法を勧めたい。

（６）推測して書くことの意味

　保育の第１義的な目的は，その子の育ちを保障することである。そのために，保育の場では，子どもをいかに理解するかという点が重要視される。子どもの行為から内面を読み取り，その行為の意味を解釈し，それに応じた保育者の指導援助が求められる。

　子どもの思いを理解するとともに，保育者自身が感覚的に行った行為の意味を把握するためには，「推測する」という営みが必要になってくる。推測して

記録することを繰り返すことで,その子への理解,さらには保育者の行為の裏に隠された真意に近づいていくことが可能になるのではないか。また,こうした努力をし続けることで,保育という営みの構造や全体像が見えてくる。

保育は臨床であると言われる。保育実践には,実際に目の前で展開される行為にどのような意味を見いだし,保育者としてそれにどのように対応し,その結果子どもから何が跳ね返ってくるのかを確認し,再び保育者としてどのような行為を起こすのかを決定するという個への対応の循環性があるからである。そうした保育における臨床的な営みを学ぶためにも,箇条書きでは言いつくせない,子どもや自分自身の内面にふれた詳細でかつ自分の思いに素直な記録のあり方が求められるのである。

(7) 表現の様式・言葉にこだわりすぎることの欠点

保育者が指導計画を立てる場合,保育者は,さまざまなそれまでのクラスの状況,一人ひとりの子どもの姿,保育者の今までの捉えなど,無数の情報を関連づけながら頭のなかで整理している。形として現れた指導計画は,端的な言葉で箇条書きにされたものであっても,1行の文言として表現されるまでには,保育者としてのさまざまな葛藤や思いの揺れ動きがあったことだろう。保育キャリアを積めば,その揺れ動きを背景に感じながら,適切な言葉に置き換えることができる。しかし,保育キャリアが少ない保育者にとっては,適切な言葉で記載するということは,自分自身の心の動きを捉えないまま,形のみを捉えて書くという作業に陥りやすい。たとえば,〜〜させるという表現は使わないようにという指導を大学などで受けたとする。しかし,なぜ〜〜させるということが望ましくないのかということは,実際に子どもと共に生活するなかで,実感していくべきものである。それがひしひしと感じられることで,自分の保育観の一翼を担うことになる。また,見守ることが大切だという事を学習した学生は,なぜその時見守ったのかという根拠が明記されなければ,その見守るという行為は,単なる保育テクニックとしての行為になってしまう。見守るという行為には,その場に応じて行われても子どもにとってプラスに働く場合も

あれば，マイナスに働くこともあることを感じておく必要がある。
　このように考えた時，様式や言葉にとらわれた記録というものが，ややもすると保育者自身の保育観を創り上げていく上での妨げになることもありうる。だからこそ，実感として感じたことを，そのまま素直な言葉で表すことから，自分なりの保育観が形成されていく過程を大切にしていきたいと考える。

（8）記録における脱主観性への疑問
　「記録」とは，「より客観的なものであることが望ましい」という言い方をする人もあるだろう。現象として認知されたことを対象化して記録に残す方法である。この考えによると，一つの場面をＡ・Ｂ２人の保育者が見たときに，多少の語彙の使い方の差異があったとしても，ほぼ同じ記録がでてくることになる。しかし，現実の保育は感覚的な営みであるため，実際はそのようにはならない。それは，保育者自身が子どもとかかわりをもつ時に，その人なりの感情が動いているからである。ある事象を捉えているのは，まぎれもなく「私」（その保育者）自身なのである。つまり記録をとる場合も，当事者感覚が基盤にあることを否定してはならない。さらに言えば，ある事象を捉えているのは，ある価値枠をもった「私」自身なのである。客観的な記録は客観という見方に立った時の一側面に過ぎない。あくまでも保育とは保育をする主体と保育を受ける主体との関係性の上に成立するものである。だからといって，保育は主観的であってよいといっている訳ではない。主観にとどまることなく，記録を捉えた者（保育者）の理解の仕方を読み取る，つまり省察を加えることが求められている。そして今，自分があたりまえと思っていることを見つめ直し問い直すこと，さらに，自分自身の価値枠に気づく過程が求められている。言い換えれば，自分と子どもとのかかわりを「もう一人の自分」が見つめる真摯な姿勢が常に求められているのである。

3 家庭と園が有効な連携をとるための家庭連絡帳のあり方について──育ちを捉えるという観点から

(1) 家庭連絡帳の意味

　毎日の保育は保育日誌や児童票等，さまざまなものに記録される。その記録の一つに保護者とかわす家庭連絡帳がある。家庭連絡帳は，①家庭からの連絡事項を伝える　②園から家庭への連絡事項を伝えるという2つの側面がある。そこに書かれる内容の基本的なスタンスは，家庭と園がお互いに子どもの育ちを保障していくということである。育ちを保障するということになると，つい，指導上困ったことを家庭に伝えるということになりがちであるが，まず，保育者に求められるのは，子どもの成長を家庭と共にお互いに喜び合える関係を形成していくことなのではないだろうか。それぞれの保護者がその人なりに子育てにおいて精一杯，努力しているという前提に立ち，さらにその子育てが豊かなものとなるように，支え，援助することが園の役割の一つであるとするならば，まずは，保護者のおかれた状態も考慮しながら，その状況を受容していくことが求められる。そこで保護者との間に開かれた関係が形成される。その開かれた関係を土台として，家庭に対してこうしてほしいという要求が伝わるのではないだろうか。そのために，まず，家庭連絡帳の利用の仕方として，園と家庭とが，お互いに子どもの育ちを喜び合えるという関係を築くために，子どもの行為の意味を捉えながら，肯定的にその姿を捉えているという姿勢が貫かれていることが大切になるものと考える。また，保護者にわかってもらえるように，経過を見ながらひとつの出来事を丁寧に書き伝えていくことが大切になる。そうした保育者の肯定的なまなざしが，家庭における保護者と子どもとの関係を円滑にし，さらに子どもの育ちを促すことにつながるものと考える。

　ここでは，子どもの育ちを保障するために，家庭と園が有効な連携をとるための家庭連絡帳の在り方を，"つなぐ"というキーワードをもとに捉えていくことにする。

（2）家庭と共に子どもの育ちを喜びあえる関係をつくる

ここでは，保育者にとって「ちょっと困ったな」と感じられる行動が続いた1歳児（Ｊ男）のある時期の連絡帳にある記録を通して，保育者・家庭の相互が，子どもを理解しあう関係をつくっていく過程について捉えてみたい。

① 否定されることを育ちとして見ようと努める保育者

> **家庭連絡記録事例1（4月25日）**
> （保育園から）給食の時，保育者が1・2秒横を見たすきに牛乳をジャーッとやってしまいました。叱られた時もちょっと反応を見ているようでした。よく様子を見ていかなくちゃと思います。

この連絡文を読むと，保護者は「先生も大変だなあ。先生を困らせているんだな」と思うのではないだろうか。ここで保育者は「保育者も子どもとのかかわりにおいて葛藤する」という姿を見せている。これによって保護者は，"先生でも大変なんだ"と思うことだろう。この連絡文は暗に，「子育てに答えがあるわけではないので，子どもとのかかわりで葛藤することは，子育てにおいて当然あるものですよ」というメッセージを保護者に伝えているように思う。保護者からすればそのことによって身近に保育者のことを感じることになるのではないだろうか。

> **家庭連絡記録事例2（5月17日）**
> （保育園から）給食の時，かき玉汁をおかわりすると言うのでつけて戻ってくると，ご飯しか残っていないはずなのに，Ｊちゃん何かをすすっているではありませんか。よく見ると白い液体が……。そうなんです。牛乳がご飯の上にかかっていたのでした。ふと横を見るとすでにＫ子ちゃんも牛乳ご飯になっていたのでした。他の子もお互いの真似をしていたずらしていることが多くあり，友だちの影響大です。
>
> （家庭から）家でも同じようなことをよくします。困ってしまって。よく怒られています。

この事例において，保育者の言葉の使い方を見ると，牛乳をかけるという行為事態を決して否定せず，"この程度のことは結構ありますよ"という感覚でみているということが伝わってくる。さらに，周りの子どもたちにＪ男が影響

を与えている姿を通して，周りの子どもたちの姿に興味をもち，同じことをしてみようとする気持ちが生まれてきていることを育ちとして受け止めているのである。また，保護者からすれば，園からの「K子ちゃんも」という下りで，「みんな一緒なんだ。そんなものなのかな」と安心感を得ることだろう。また，ユーモアのある文章表現にその場の様子を想像して，ほっとした感覚さえある。ただ，保育者の役割は保護者に安心感を与えることだけではない。子どもの行為にどのような意味があるのかを，保護者にもわかるよう伝えながら，その子の育ちを親と共に確認することで，結果的に「子どもってこんなふうに育つんだな」「子どものいる生活っていいものだ」という実感を親にもってもらうことが大切なのである。

> **家庭連絡記録事例3（6月4日）**
> （保育園から）給食の時おかずの中に牛乳をあけてしまい，後から部屋に入ってきた主任にジェスチャーで「ん，ん，ジャージャー。」と自己申告していましたよ。

事例3のように自分がしている行為が否定されることであるということを他者に伝える行為をしていることから，自分の起こした行動によって周りの人がいろいろな反応を示すことを心地よく思い，そうした反応を期待した行動として起こしていることがわかる。こうした意味では，頻繁にお茶や牛乳をこぼすのは，意識的であったとも言える。言葉を換えれば自分の行動の結果起こる相手の反応を探っているのである。その背後には，自他の区別が明確になり，他の人は自分とは違う動きをするということを意識し始め，試したり，相手の動きを予想して行動する姿も見られるようになってきているとも言える。そして，そうした繰り返しのなかで，周りの人がしていることを真似たり，周りの子と触れ合う楽しさも感じ始めているのではないか。周りのものに対する関心も強くなって，結果的にいろいろな他者へのかかわりを生み出していくことになる。ちょうど同じような時期に，次のような記録が残っている。

> **家庭連絡記録事例4（5月31日）**
> （保育園から）トイレタイムのとき，私が他の子の着替えをして振り向くと，トイレ内のお尻洗い用シャワーの所にJちゃんとM子ちゃんが。しかもM子ちゃんがカランから少し水を出していて，二人ともスリッパのままバチャバチャ。笑顔の二人に一瞬何も言えませんでした。JちゃんにとっていろいろなことをするM子ちゃんみたいな子は魅力的なんだと思います。今日の派手ないたずらも以前なら圧倒されていたJちゃんですが，思わず一緒にやってみたくなったのはちょっとした変化でしょうか。M子ちゃんのオーラでしょうか。

　J男が友だちの影響も受けながら，世界を広げていく様子が語られている。この保育者はいたずらと思われることでも，自分から友だちにかかわりたいという思いが生まれてきた姿として捉えている。視点を変えることで一見否定されることでも，育ちとして捉えることが可能になるのである。保育者にはこうした捉えの構えが必要なのである。しかし一方，子どものさまざまな行為によって，保育者も感情が揺さぶられ子どもを否定せざるを得ないような状況に追い込まれることもある。では，保育者はそうした状況をどのように持ちこたえているのだろうか？

② 素直にかわいい・育ってきたと思える姿を家庭連絡に書き記す

> **家庭連絡記録事例5（4月30日）**
> （保育園から）給食の時Jちゃんの隣に座り一緒に食事をしていると，Jちゃんは私の方を指さし，「しぇんしぇー」今度は自分のお腹を指し「じゅーん」と繰り返し言っていて何だかかわいかったです。

> **家庭連絡記録事例6（6月25日）**
> （保育園から）給食の時，S子ちゃんやT男くんみんなで牛乳のコップを持って「パンパーイチ」と乾杯をしています。流行の兆しでしょうか。

　ある子どもがやり始めた事象が伝わっていく様子である。他者への関心をもとにその子どもたちに共有する感覚が生まれ始めていることに育ちを感じる事例である。保育者にとって否定しがちな行為があったとしても，子どもたちの普段のかわいらしい姿や育っている姿を実感することで，今の状態をもちこたえようとする気持ちが生まれる。否定される現象・肯定される現象は一見結び

つかないことも多いが，否定される現象がたとえ続いたとしても肯定される現象があることで，子どもを見る目を前向きにさせるのではないだろうか。そうした明らかに肯定される場を明記することで，その子のことをかわいく思う気持ちが増幅され，育ってきている姿として意識化できるのである。

③　家庭での大変さを育ちとして捉えて返す

> **家庭連絡記録事例7（6月22日）**
>
> 　（家庭から）おしっこをする時にふざけるようになり，出そうなのに「おしまい」と立っていってとんでもない所でしたり，「アンパンマン」と言いながら保育園のアンパンマンの絵のついたトイレのようにオマルに逆に座って用を足し，おまるからおしっこがでてしまったりしています。
>
> 　（保育園から）あらJちゃんやっていますね。いろいろなことがやってみたくてしかたがないんですね。給食の時もご飯が載ったお盆を運んでくれようとしたり，空になったお皿を持ってきて自分でおかわりをつけようとしたり，好奇心で一杯のようです。

　家庭からの連絡を受け，そういえば園でも同じようなことがあるということを書き表し，そのことを好奇心の表れとして捉えながら再度家庭に返しているのである。こうしたやりとりによって，子どもが育っていることをお互いに確かめ合えるのである。

　この事例7では，家庭からの連絡を受け，直接排泄の話題を取り上げるのではなく，質的には同じ他の肯定感の強い例を用いて，その子の育ちをさりげなく解説している。トイレの使い方についてあれこれ解説するわけでなく，親の気にしていることはサラッと流しつつ，保育者としての捉えを別の例を用いて保護者に伝え，結果的には印象深く訴えることになったと思われる。そのことで親としては余り深刻にならずにいられる。もちろん，こんな場合，明確な対応の仕方や手立てを求めている保護者もいる。そんな時には真正面から受け止め，返していくことも必要な場合もある。いずれにしても，"自分の抱えている問題を連絡帳という手立てを通して明らかにし，表現する"そして"家庭で書かれた内容をさまざまな方法で受け止め返していく"というやりとりを通し

て，家庭と保育者（園）との今までとは違う関係が築かれていくのである。

④ 家庭が園の今までの情報を捉えながら，子どもの見方を変えていく姿

こうした否定的なことを違う側面から捉えようとする姿を伝えることや，かわいいと思う姿・実際に育っている姿を意識的に書き記すという努力，あるいは家庭での大変さを育ちとして捉えて返すといった方法によって，家庭にも次のような変化をもたらすことになる。

家庭連絡記録事例8 （6月13日）

（家庭から）お父さんが2日前に買った大判焼きを電子レンジで"チン"して食べていたら，J男が「パパ，マンマ，チョウダイ」と言いました。ちょっと古いあんこだったので「ダメだよ」と言うと，なんと泣き真似をするではありませんか。泣き真似ができるようになったとは驚きました。知恵を働かせているなと思うと同時に，大人とのかけひきをしているようにも感じました。

泣き真似をすることは否定されがちな行為として捉えられることもあるが，ただ単に否定するのではなく，そこに知的な発達を確認しようとする姿勢がこの保護者の書いた記録からうかがえる。しかし，一方その姿をかけひきしているという姿としても感じているということは，肯定する一方で否定する自分を感じている。その葛藤が見え隠れする。このような表現が生まれてきた背景には，それまでの保育者が育ちとして捉えていこうとする家庭連絡のあり方があったのではと予測できる。

（3）一連の事例の考察

事例1，2，3のような行動は，保育者にとっては困ることである。子どもがそういう姿を経て成長すると発達的にわかっているとはいえ，実際にこのようなことが続くことは保育者をイライラさせることになる。しかし，保育者は，子どもが昼寝をしてから冷静に思い起こすと，そこに何かしら子どもの育ちが隠されているように感じることが多い。さらに連絡帳で親にむけて文章を書く段階で，なぜ今日はこの出来事をあえて保護者に伝えようとしているのかということを自分自身に問うことになる。その時に困った行動と共に思い起こされ

るのが事例5．6のような"かわいいな"と思ったり成長を実感させられるような出来事だろう。困った行動をするけれども，一方で育ちを実感する出来事に出会う，その絡みが保育者の子どもを見る目を前向きにさせるのである。さらに事例7．8のような家庭の子どもの姿に関する情報を得ることで，普段の子どもの姿や自分自身の捉えとつなげながら，保育者は自分なりの捉えを確かめる作業を，意識的に，また時には無意識に行なっているのである。事例7はそういった読み取り行為による育ちの意味を，即，保護者に投げかけている例である。現象としてあらわれる姿は困ったことでも，大人がその行動のもつ意味を理解しようとすることで，より子どもの育ちに合ったかかわりが可能になる。そのことを目の前の子どもの行動を通して本当に心から納得できた時に，保護者にも温かい言葉で子どもの成長について語りかけられるようになるのだろう。

　また，この事例検討を通して，家庭連絡帳のやりとりの中で，保育者・家庭が子どもの育ちを共に望み，共に育てようとする連携が生まれることがわかる。家庭連絡帳はまさに子どもと家庭・保育者とを，子どもの発達保障のために，つなげていくものであるとも言える。そのつながりは，"育ち"というキーワードをもとに形成されていることが確認できるのである。

　今，子育てに自信がもてず，子どもと共に生活することに喜びがもてない保護者が増えている。そのために，保育の場で何ができるのだろうか。その有効な手立ての一つとして，子どもの育ちを捉えるということをキーワードに家庭連絡帳を通して，豊かなコミュニケーションを図っていくことを一つの手立てとして考えていくことが求められる。また，園から発行されるおたよりなども，子どもの育ちということをキーワードに利用することによって，家庭と共有のスタンスに立って子育てを進める一つの手立てになっていくものと考える。

第2部　乳幼児保育の実際

> **学習課題**
> ○実習中・保育中に採った記録をランダムに選び，子どもや自分自身行為の意味を加えて書き直してみよう。
> ○自分自身の保育を高めるために保育記録を書く場合，どのようなことに留意しなければならないのか捉えてみよう。
> ○実習中・保育中に採った記録をランダムに選び，その内容を家庭連絡帳で保護者に伝えるとしたらどのような表現になるのか考えてみよう。

参考文献
鯨岡峻『両義性の発達心理学』ミネルヴァ書房，1998年。
鯨岡俊『関係発達論の構築』ミネルヴァ書房，1999年。
津守真『保育の体験と思索』大日本図書，1980年。
西垣吉之他『保育における育ちを捉える視点に関する一考察——「つなぐ」行為から』中部学院大学・中部学院大学短期大学部紀要，2004年。
西垣直子『保育における家庭連絡帳がもつ意味——保護者と共に子どもの育ちを喜び合える関係をつくるために』第48回全国保育研究大会第5分科会発表原稿，2004年。
西垣吉之他『子どもの心が複雑化・立体化していくことに関する一考察——心地よさを形成するという観点から』中部学院大学・中部学院大学短期大学部研究紀要，2003年。
西垣吉之他『実習記録におけるエピソード記録の妥当性と有効性に関する研究』日本私学振興財団助成「特色のある教育研究の推進」研究報告書，1999年。
松川由紀子『ニュージーランドの子育てに学ぶ』小学館，2004年。

（西垣 吉之・西垣 直子）

第10章 保育において育ちを捉える

　保育の場では"育ち"という言葉をよく耳にする。子どもの"発達"ではなく、なぜ、"育ち"という言葉をあえて使うのだろうか。この育ちという言葉には、柔らかな響きがある。そこには、子どもの成長を多角的に幅広く捉えていこうとする保育者の思いが込められているように思われる。ただし、その育ちをどのような指標で捉えるかは、それぞれの保育者のもつ保育観によって変わったり、子どもたちが生きる社会がどのような力をもっている人材を求めているかによって変わることは言うまでもない。そのため何をもって育ちとして捉えるのかということを、それぞれ保育に携わる人間がどのように考え、またそれを実際の保育の場で、どのように実感しているかを、常に問うことが求められることになる。この章では、保育の場における"育ち"に関する基本的な考え方を整理しながら、子どもの育ちを捉える手だてや、子どもの育ちに応じた保育者の援助、さらには、子どもの育ちを見通した指導計画のあり方について考える場としたい。

1　保育における"育ち"

(1) "育ち"を捉える際の人によるズレ

　5月に入り、3歳児クラスのA子の保護者から担任にクレームが入る。「この園に入園してから、入園前にできていた衣服の着脱・食事・排泄の後始末などができなくなった。どんな保育をしているのか？」というものであった。担任はそのことについて、次のように捉えていた。「確かにA子は、4月当初、手がかからない何

でも自分でできる子どもだった。しかし，しばらくすると，保育者に甘えてくるようになり，できることでもやろうとしなくなった。これは保育者にやってほしいというメッセージだと思い，やってあげることにした。」と。

① 現象として見える"育ち"と子どもの心の"育ち"

　A子の保護者が指摘するように，現象として何かができるようになるという能力の面から子どもの"育ち"を捉えることが一般的である。言い換えれば，A子の保護者が捉える育ちとは，数値で置き換えて捉えることが可能な部分である。たとえば，自分の体を2本の足で支え，バランスをとることができるようになる身体的な発達を伴う"立つ"という行為についていえば，立つことができないことを0（ゼロ）とすると立つことができることは1（イチ）なのである。こうした数値に置き換えることができる内容は，子どもの育ちとして捉えやすい。A子の保護者も，A子が入園後，園での生活に困ることがないように，A子の基本的生活習慣が自立していくように働きかけてきたことだろう。だからこそ，A子の保護者が一人でできていたことができなくなったことに疑問を抱き，園に対してクレームを言いたくなるのは当然と言えよう。

　一方，保育においてはこのケースをどのように考えればよいのだろうか。たとえば，こんな考え方がある。3歳児の4月当初，各家庭で育ってきた子どもたちの個人差は甚だしい。なかには，トイレで排泄ができず紙おむつをしていたり，食事がひとりでは難しい子どもも見受けられる。保育者はこうした一人ひとりの子どもの発達状況に合わせて援助していかざるをえない。そのため，A子にとっては，周りの子がひとりではできない部分を"補い支えてあげる保育者の行為"を目のあたりにすることになる。その結果，A子の"まだしてもらいたい""まだ甘えたい"という封印された感情を呼び起こすことになったとも考えられる。A子自身が家庭で背伸びをし，がんばってきたことが，"今までできたことができなくなる"という事態を必然として引き起こしたとも考えられる。

② 保育者と子どもとの関係性の変化から見える子どもの育ち

　また，保育者はまず，A子の期待・要求に応えることで，ありのままの彼女

を受け入れ，信頼関係を育むことを優先させようとしたのではないだろうか。保育者は自分とA子との間に形成される信頼関係の形成こそが，集団の場でその子が自立していく足場となると考えているからこそ，ありのままの彼女に寄り添い，その要求を受け止めたのである。それと同時に保育者は，その子の能力が消えたわけではなく，"私は自分でできるけれども，今はやらないの！"というメッセージとして捉えていたため，すぐに，また自分でするようになるという見通しをもっていたと思われる。

　ここでは，子どもと保育者間でおこるお互いの心持ちの変化が起きている。A子からすれば"自分はやりたくない"という思いを保育者がありのまま受け止めてくれたことで，誰かに甘えられることの心地よさを味わいつつ，それが保育者に対する信頼感を育むことになったのであろう。保育者としても素直に今の自分を出しながら甘えてくるA子のことをいとおしく思ったことだろう。その結果，お互いにそれまでとは異なる関係性が築かれることになる。そうした関係性において生じる具体的な子どもの姿そのものを，保育者はその子の"今の育ち"の表れとして捉えていくのである。保育者が捉える育ちは，子どもとの関係性を通じて感じるものであり，感じ合うものと言える。だからこそ，保育者の数だけ，あるいは保育者と子どもの関係の数だけ，子どもの育ちの捉え方があるとも言える。

（2）目に見えない世界を読みとることから生じる育ちを捉える際のズレ

　保育においては，心情・意欲・態度という，形としては表れにくい心の育ちを育むことがねらいとして掲げられている。たとえば，跳び箱を1段跳べる子どもと2段跳べる子どもがいる。どちらが育っていますか？と問われた時，2段跳んでいる子どもと答える人は多いだろう。しかし，1段跳べる子どもは必死に練習してようやく跳ぶことができたという情報と，2段跳をとべる子どもは2段をすんなり跳べ，その後3段に挑戦したが，1度跳んで跳べなかったらすぐにあきらめてしまった，という情報を聞いたとしたら，心情・意欲・態度という側面から評価すれば，1段跳べる子どもの育ちの方が高く評価されるの

ではないだろうか。身体機能の面から言えば，2段跳べる子どもの方が優れているのは明確だが，それだけで子どもの育ちを評価したとは言えないことをこの事例は物語っている。1段を跳べるようになったその子にとっては，周りの子どもが2段を軽がる跳んだとしても，自分なりの達成感や一生懸命その活動に取り組んだ満足感を感じることができたという意味では，生きるうえでとても大切な育ちをしていると言える。

　このように育ちを捉える視点が，その子の内的世界にまで及ぶとなると，当然それぞれの大人（保育者）が目に見えないその世界をイメージすることが求められる。また保育者がイメージしたこと自体も，それぞれの保育者の心の内で起きることなので，保育者間においても育ちを捉える際に，ズレが起こる可能性がある。眼には見えない世界を，保育者同士が共有にもつということ自体がもともと難しいことなのである。そのため保育者間においても育ちという言葉をめぐって，ズレがあるということを前提に捉えておく必要がある。

　以上の点から，育ちをどう捉えるかと問われたときに，保育に携わるものは，この言葉を一面的に捉えるのではなく，この言葉を巡って揺れ動きながら，子どもが育つということについて真摯に向き合い，子どもの育ちを多角的に，幅広く捉える姿勢が必要であり，そのことが保育者の資質として重要であることを確認しておく必要がある。

（3）育ちを捉える際の両義性：否定されがちな姿の裏に，育ちがある

> 　ジュースがカウンターの上にのっていた。椅子などの踏み台をもってきて手が届く範囲が広がってきたJ男（2歳5か月）。コップに入っていたジュースが，カウンターの上にあったのを偶然見つけたらしい。その時，周りにいた保育者はJ男が背後でごそごそしていたことを感じていたのだが，視線は送っていなかった。コップがこつこつと動く音が聞こえたので，J男の方を見てみると，椅子の上にすでにジュースがこぼれていた。保育者が「だめでしょ！」と言いながら近づいていくと，J男は保育者を見るやいなや，ジュースの入っていたコップを，「はい，先生！」と言って保育者に手渡した。

　「はい，先生！」と差し出された瞬間に，保育者としては叱れなくなってし

まう。まさに，相手の気持ちの動きを察した動き方である。叱られるから，相手の気持ちの働かせるベクトルを他に向けさせようとする複雑な心の働かせ方が見える。また，相手にモノを差し出すことで，彼は"ありがとう""優しいね"などという反応をそれまでにされてきたのだろう。ここでは，その行為は相手を心地よくさせるものだということを学んでいる。つまり，この行為は相手の感情の動きを読んだ行為と言える。まさに，相手の不愉快に思う気持ちを察し，相手の感情の動きを変えるように調整していく作業をしている。この事例は，子どもが，人やモノという環境との出会いのなかで直面する葛藤を切り返しながら，自分が心地よく居られる方向を探り，その状態をどう乗り切っていくかを考え行動するという育ちの例といえよう。このように考えると，J男のこの行為は，"育ち"として捉えることができる。しかし，それを人の気持ちを察して"裏をかこうとする"という意味で，気になる行動として見ることもできる。あるいは，たとえ，その行為を育ちとして捉えたとしても，いずれは周りの人によって否定される行為として捉えられるようになるかもしれない。するとその時に子どもは，再びこのケースとは違う調整作業を求められることになる。つまり，同じ行動であってもその時期や場面，おかれた状況などによって育ちとして捉えられこともあれば，育ちとして捉えられないこともある。こうした意味で，子どもの行為を育ちという側面から捉えるとき，そこには両義的な意味合いが常に隠されていることを認識しながら保育を進めていく必要がある。また，一見否定されがちな行為においても，そこには育ちの裏返しとして表現される事柄があることを捉え，肯定的に見ていこうとする保育者の構えが必要になる。

（4）"育ち"の定義

　それでは，保育の場では"育ち"をどのように捉えればよいのだろうか。
　筆者は，人が時間経過とともに変容していくことをワクワクしながら受け止め，そのことを素敵と思えることは，その人が育つために大切な心の動かし方ではないかと考えている。あるいは，自己が変容するとは，新たに自分が創ら

れることであり，そこには新たな自分自身との出会いが存在する。人が育つということは，自分のなかに新たな自己を発見する連続性の上に成立するものではないだろうか。また，子どもは，自らの心地よさを求める方向で自己の感情をコントロールし調整していく存在であるとも考える。こうした観点から育ちを捉えるとするならば，"人やモノという環境との出会いのなかで直面する葛藤を切り返しながら，自分が心地よく居られる方向を探っていく"ところにその子その子の育ちがあるといえるのではないかと考えられる。

一方，（3）で述べたジュースの事例からもわかるように，保育者自身も，子どもの"育ち"を捉えるときに，保育者自身がその育ちをめぐって自分自身の揺れ動く内面の動きを感じている。それと共に子ども自身も，環境とのかかわりのなかで派生する葛藤を経験しながら，調整をし，バランスをとるという意味で，感情が揺れ動く体験をしていると言える。"育ち"あるいは"育つ"という言葉をめぐって，保育者も子どもも，常に揺れ動いているのである。つまり，子どもの育ちを捉えるとは，そうした保育者の感情の揺れ動きが前提としてある。そのため，むしろこうした揺れ動きを感じない時，子どもの育ちを一面的に，固定化して捉えている危険性をはらんでいることを確認しておきたい。

（5）子どもの内的な世界を捉えることと"育ち"を捉えること

> D男（2歳4か月）が汽車セットのレールをつなぎ，そのレールに沿って電池で動くトーマスの汽車が走っている。突然，彼はそのつながれたレールの周りを走りだす。狭いところで走っているので，保育者があぶないと思い，止めようとしていた矢先，D男は「Dちゃん，トーマスになっている～」と言いながら，保育者に少し視線を送り，何度もその周りをまわっていた。

この場合のD男の"トーマスになっている"という言葉による表現は，保育者の行動を規制することになった。その言葉に触れたとき，保育者はその行動の意味が腑に落ちたのである。もし，走っている時の彼の内的世界を捉える視点がなかったとしたら，彼の心の内で起きているつもりの世界に気づくことが

できず，その行動を止めるというかかわりが生まれていたことだろう。彼のしている行動の意味がわかることで，保育者の行動を調整する働きがそこに生まれてくる。また，D男にしてみれば，(1)自分がトーマスになっているということを言葉に置き換える事で，自分自身に対して自分がしている行為の意味を確認していたのである。また，(2)相手に自分の心の内で起きている"つもりの世界"を伝え，共有してほしいという思いの表れとしても捉えることができる。それは，一方で，相手に自分の内なる世界で起きていることが伝わらないことがあるかもしれないという，おぼろげなイメージや不安をもち始めている育ちの姿として捉えることもできる。

　こうした姿が生まれる前，D男自身の行動によって，かなり保育者がイライラさせられたりする場面が多かった。手当たり次第におもちゃを出したり，椅子などを動かして高いところの物に手が届くようになってから上にある物を下に投げたりなど……。この事例の2か月ほど前から叱られると少し神妙な顔になり，そのことを不快に思うようになりつつあった。こうした経験を通して，自分の思いが伝わらない事があるということを学び始めたように思う。それはトーマスの事例のように，D男が心地よい心の状態にある時も同様で，自分が今，こんなに楽しい思いをしていることを，言葉に置き換えることで，それを他者に伝えわかってもらおうとする姿として捉えてもよいのではないだろうか。

　その子の行動の意味をその子の内的な世界に気持を向けて捉えることは，その子の育ちを捉えることにつながり，子どもにとっては自己を肯定的に捉えられているという実感をもたせることになる。それが，育ちをさらに助長させることになるのである。

　また，この記録を残した時，保育者は今までのD男に対する印象とはちがうD男の姿を感じたのではないだろうか。時に，それは保育者にとって肯定的な姿として映る場合もあれば，気になる行動として映ることもあるが，いずれの場合も，その背後に，心の育ちが関与している場合が多いことを認識しておきたい。

第2部　乳幼児保育の実際

2　つながりを解釈することと育ちを捉えること

　子どもが育つ時，そこには何らかのつながりが形成されていることを捉えることができる。そのつながりはさまざまな表れ方をする。たとえば，目に見える部分では，物理的なつながりとして現れたり，状況のつながりとして現れる。しかし目に見えるつながりだけではなく，子どもは心の世界におけるつながりも体験している。ここではこうしたつながりを解釈することが育ちを捉えることと関連していることについて述べることとする。

（1）物理的なつながりと内的な世界の育ち

　3歳児の5月と11月に，色画用紙を台紙にしたバスにシールを貼るという活動をした。

作品1　　　　　　　　　　　　　作品2

　作品1，2はいずれも3歳児U子の作品である。それを見ると明らかにシールの貼り方に変化が起きていることがわかる。5月時点は，何かに固執するかのように2か所に集中的に貼っている。11月になるとシールをつなげて貼るという物理的なつながりが形成される。つながらないものがつながるということは，ある起点をもとに次を意識することである。さらにそれを起点として次を意識する。そうした連続の結果として11月の作品が生まれたのである。この事例のU子は未満児からの進級児である。3歳進級当初は頑固な側面があった。

たとえば，U子は5月頃，通園バスに乗るときも，通路側に座って窓側に誰も座らせようとしなかったり，所持品の始末の時に保育者が手伝おうとしても，素直にそのことを受け入れられない姿があった。しかし，11月ともなると，友達関係においても通園バスで同じクラスの女児と仲良くなり，その友だちが後から乗ってくると自分から窓側に移動し，友だちを招き入れるようになっていたという。このように人を受け入れ，そのつながりを楽しむ姿が生まれてきた時期にシールもつながっていったということは興味深い。

素直な"もの"とのかかわりの結果として生まれてくる作品には，その子の"今"の内的な世界が投影されるものである。シールをつなぐという力は認知の発達からくるものでもあるが，その背後には人への関心・人とのつながり，さらには人を受容できるようになったU子の内なる世界が投影されていることが見えてくる。

（2）つながりが生まれることと知恵を生むこと

> K男（1歳9か月）がよく廊下にある靴入れから手当たり次第靴を投げることが続いた。靴を投げるのはK男にとってとても面白いようで，何度もそれを繰り返し，その度に保育者から注意を受けた。しかし，注意されることが繰り返されると，靴を投げようとするときには，わざわざクラスと廊下の間にある扉を閉め，外から保育者が何をしているのか，視線を送ってから靴入れまで行き，投げるようになった。

ここではさまざまなつながりが形成されている姿が現れている。(1)廊下に行くとたくさん靴があるということ　(2)靴をなげることが面白いという感情を生むということ　(3)靴をなげると叱られ不快な気持ちになるということ　(4)自分の行動が保育者から見られないようにするために扉を閉めるということ　こうした一つ一つの因果が意識でき，さらにその一つ一つの因果を大きなつながりとして捉えていくことで，彼は，叱られないための知恵を生み出しているのである。そこには見通しが形成されている。見通しが形成されることで，"今"をコントロールしようとする姿と言えよう。こうした育ちの背後には，自分なりに心地よい状況をつくる方向に向けて心を動かすという感情の動かし方があ

るものと考える。感情の揺らぎ・物理的世界の因果の獲得・見通しの形成が絡み合い，こうした行動を可能にするのである。

(3) 子どもとの感情的なつながりが育ちの基盤をつくる

> 　保育者のお腹の上にまたがらせ，Y子（11か月）の両脇に手を添え，高い高いをする。そして，"ドスン"といいながらお腹の上に落とすと，げらげらと笑う。保育者はそのげらげらと笑う声を聞いたり，とてもいい表情を見たくて4～5回繰り返す。すると，今度はY子から"やって"といわんばかりに両手をのばしてくる。

　これは，子どもが保育者にしてもらったことを楽しかったと感じ，そのワクワクした気持ちを何度も味わいたいがために，保育者の手（力）が必要になることを感じていく姿である。子どもにとって，大人は自分に心地よい気持ちを起こさせてくれる存在である。してもらった経験が自分にとって楽しく，さらに大人もそのことを喜んでくれれば，また同じような感情を味わいたいと願う。そして，その感情の動きが行動を起こさせることになる。そして，心地よさを実現させようとして子どもは積極的に環境や人に働きかけようとするのである。このように子どもが保育者に働きかける根底には，心地よさを再度体験したいという感情の動きが考えられる。それとともに，子どもは，自分と同じ感情の動きをしてくれる保育者の存在を，鏡のように自分の感情を映し出してくれる対象としてみなし，結果，自分の感情の動きに気づくことになる。そして，同じように心を動かしてくれる人の存在に気づき，その人との感情レベルでのつながりを形成することで，子どもは安定し環境に積極的に働きかけることになる。まさに，感情レベルでのつながりが，環境への能動性という育ちにつながっているのである。

　このように，子どもが"育つ"そこにはさまざまなつながりが形成されていることがわかる。すると，子どもの内面に起きているつながりを解明することは，結局，子どもの育ちを捉えることになる。また，保育者側からすると，子どもの内的な世界におきている事柄をつなげていく作業を通して，子どもの育

ちを捉えていくことが可能になると言える。

3　子どもの育ちと保育者の援助

　保育の場に"在る"人はみな、"心が大きく揺れ動く"体験をしていることは、今までの各節で述べてきた。実はそうした"揺れ動く"体験こそが保育の質を高めるために重要な意味がある。保育者も子どもも自分の気持ちを時に大きく、時に穏やかに揺さぶられながら、自分の心の動きに気づいていくのである。また、揺さぶられながら、自分の"今""このように在ることが望ましいと思われること"へ向けて折り合いをつけていくのである。そして、自分を譲りつつ、折り合いをつけながら、子どもと保育者間に、真に信頼に足る関係を形成していくのである。

　さて、ここでは、言語によるコミュニケーションがスムーズにとれないK男の記録とその読み取りを通して、担任A（保育歴2年目）・担任B（保育歴6年目）が葛藤しながらも、子どもに対する捉えや保育観を少しずつ変容させていく姿や、子どもと保育者がお互いに受容し、信頼しあえる関係を創造していく過程について考えていくとともに、保育者の援助が、子どもの育ちに応じることの大切さについて考えてみることにする。

（1）実践を読む

①　保育者が自分の思いを共有してくれたことに心地よさを味わう時期（5月）

> 　年中への進級当初はほとんどK男の言葉がわからず、K男が何を求めているのか理解できないような状態だった。ある日、突然K男に「タットー」と言われる。最初は意味がわからなかったが、どうやら絵を描いて欲しかったようだ。そこでK男の身の回りの物をみていくと、K男の持っていたポケモン図鑑に「タッツー」と言うモンスターがいるのを見つけ、保育者が「これ？」と聞いたところ頷いたので、絵に描いて手渡すと、とても嬉しそうに笑った。

　このころ、担任は、まず自分の思いを保育者に受け止められたという実感が

大切だと考え，身体と身体の接触などを通して味わわせていくことを中心に保育を進めていた。時々自分の好きな物の絵を描いてほしいと要求してくることが多かったのだが，その言葉がわかってもらえずイライラしていることが明らかに伝わってきた。担任AはK男の態度や行動から何を要求しているのかを感じとろうと努力していた。自分の気持ちが伝わったとき，K男はとてもいい笑顔になり，少しずつ保育者が居場所になっているという実感をもつこともあった。

② 自分と他児との違いを感じ葛藤する時期（6月上旬）

> 保育中に「キャー‼」と絶叫することが多くなった。また，友だちを故意に押したり，つねったりすることもあった。ある日の室内遊びでのこと。友達がテープカッターを使いセロテープを上手に切って，廃材をつなげ，車や電車を作って遊ぶのを見ていた。K男自身，同じようにしてみようとするのだが，テープをねじってしまうまく切れず，激しく泣く事が何度もあった。

K男はクラスの活動にはなかなか入れなかったため，保育者は一緒にクラスの活動に入れたいという願いをもってかかわったが，K男自身は自分が他の子と同じようにできないことを敏感に感じ取ることが多く，そのことがストレスになり，奇声を発したり，時には周りの子どもに攻撃的になっている感じがした。しかし，なぜK男がここまで激しく怒ったり，奇声を発するのかがはっきりとつかめず，担任はかかわり方に悩む日々が続いていた。

③ 友達への関心が生まれかかわろうとするがうまくいかず葛藤する時期（6月上旬）

> 他児がしていることに関心をもち，一緒にブロックや廃材で遊ぶようになってきた。「ベイブレード」という子どもに人気の玩具に似せてブロックを組み合わせて遊んでいるときのこと，ブロックを組み合わせることが難しいK男は周りの子が作ったものを借りて遊ぶことが多かった。ただ，友達が貸してくれない時には，貸してほしいという自分の思いを伝えられず，そのことが引き金となって，イライラして思わず手が出てしまうという状態にあった。

この時期，K男の思いが周りの子に伝わるように，保育者がその雰囲気やニュアンスからK男の思いを読みとり，それを言葉に置き換えていく，という援

助を続けた。しかし，まだ保育者自身，Ｋ男の言葉（意志）がすべてわかるわけではなく，またＫ男は突発的に手を出してしまうことがあり，友だちにいつ怪我をさせるかと冷や冷やする状態が続いていた。一方，この時期，Ｋ男を取り巻く他の子どもたちは友だちとのかかわりも充実し，遊びの場面でも共有の思いをもって友達と遊び始めた時期であるため，Ｋ男が突然，他の子どもたちの遊びに乱入することで，遊び自体が壊れることが多くなってきた。担任は，集団と個の狭間でかなり悩んでいた時期である。そこで，担任Ａ・Ｂは２人で相談の上，Ｋ男のみを他の場所（プレイスペースなど）に連れて行き，一対一の保育をしようと，学年主任に相談をし，Ｋ男の現状と担任２人が考える援助のあり方について話すことになった。

【相談を受けた際の学年主任の捉え】
　相談をもちかけられた学年主任は，そのことを聞いたとたん，その方法論に対して疑問をもち反対した。しかし，その時には確実な根拠があったわけではなく，単に気になる子どもを排除して保育を進めていこうという担任Ａ・Ｂの気持ちの動きを感じたため，感覚的に反対したと当時を振り返っている。この際，担任Ａ・Ｂはいずれも学年主任の言葉を受け入れられないでいた。学年主任は，引き続いてＫ男の具体的な様子を尋ねた。そのなかで，Ｋ男の行動があくまでも，友だちと一緒にいたいという思いの表れではないかと感じ始め，当面，Ｋ男が気に入ってしている遊びをみんなとしてはどうかという提案をした。この際，担任Ａ・Ｂはいずれもその提案に対して半信半疑であったようである。
④　友だちと一緒に遊びたい・友達と一緒にいたいという思いを明確に表す時期（７月上旬）

　　担任Ａ・Ｂは，しぶしぶではあるが，学年主任の提案を受け，保育者の近くでＫ男が夢中になれる遊びを準備し，そこに周りの子どもが入ってこられるような雰囲気を醸し出す環境の構成を考えていった。ちょうどこの頃，小さく切ってある発泡スチロールに色画用紙を巻いてお寿司を作る遊びが流行っていたので，これならＫ男にも無理なく楽しめるのではないかと思い一緒に遊んでみた。すると，思いのは

> かK男もこの遊びを気に入り，熱心に色とりどりのお寿司を作っていった。それを見て周りの子もK男に目が向き，「Kちゃんのお寿司おいしそうだね，Kちゃん寿司屋さんやね！」と言い，周りもK男を自然に受け入れてくれた。それをきっかけに，K男が周りの子に手を挙げることも少しずつ減っていった。
> 　そんなある日，避難訓練の際に，担任AがK男を抱きかかえて二人で避難しようとしていた時のこと，クラスの他の子どもたちの方を指さして，「みんなみんな！」と激しく訴えたため，急いでクラスに合流し一緒に訓練に参加した。すると，それまでの騒ぎが一変し，冷静さを取り戻し，にこにこし出した。

　担任A・Bは，学年主任に方法論を反対されたことにひっかかりながらも，その言葉を受け入れ，K男の好きなことを中心に遊びを組み立てた。K男が，そうした遊びをきっかけに周りの子に受け入れられる経験によって，安定していったのである。そうした時期に担任Aは「みんな，みんな」という言葉を耳にすることになる。その結果，K男がクラスの友だちと一緒に遊びたい，みんなと行動を共にしたいという思いがあることが見えてきたと同時に，今までのK男の見せる姿に，一連のつながりがあることを感じることになったのである。それは，理屈の世界ではなく，実感としてもたらされたK男に対する捉えの変化と言える。

　このようにK男が何を望んでいたのかを捉えられたことで，担任A・Bはさらにk男に対する援助のあり方について明確にし，そのことによって自分達の意識を変えていくことができたように思う。そのことで，K男が以前にも増してかわいいと思えるようになり，そうした感情がK男に伝わることで，相互の関係が深まる時期を迎えることになる。

⑤　**保育者の温かなまなざしが向けられることで，さらに安定し，他者と共有の世界をもとうという意志が明確になる時期（8月下旬）**

> 　アンパンマンの劇を見たときのこと，K男はとても楽しんでこの劇を見ていた。すると，急に保育室へと走り出し，自由画帳とクレヨンを持ち出して登場人物を描き始めた。そして担任Aにそれを見せてくれた。担任Aが「Kちゃん，これはアンパンマン？」と聞くと嬉しそうに頷く。その後，描かれたキャラクターを一つずつ指さしては，担任Aに「当てて！」というように合図を送ってきた。それを当ててもらうのが，この上なく嬉しそうだった。

K男の友だちと一緒に遊びたいという思いや、今のK男の状態をまるごと受け入れ、その思いを大切にしていこうと保育者自身の意識が変わっていくことで、K男のなかに、"自分の気持ちをわかってもらえている"という確信が生まれたように思う。しかし、言葉が伝わらないもどかしさからイライラすることもあったが、このころから、しきりに絵を描くようになり、その絵を通して、今、心のなかに思い描いていることを伝えようとし始めた。そうすることで、その人と共有の世界をもてるということを感じとっていったようである。また、どのようにすれば、相手に自分の思いを伝えられるのかを調整している姿として捉えることができる。

⑥ クラスのなかでの自分の存在を意識し、まなざしをさらに向けてほしいと思う時期 (11月〜)

> 11月頃になると、よく服を脱ぐ姿が見られるようになった。服を脱ぐ必要もない製作中や、給食時など、突然脱ぎ出す。その表情を見ると、実に嬉しそうである。保育者はその嬉しそうな姿に本気に注意することができず、柔らかな調子で「みんなの前で服を脱いだりしては恥ずかしいよ」などと伝えるに止めていた。周りの子にとってはその突拍子もない行動は面白く映り、みんなも「Kちゃん何やっとるの〜」と決して否定的ではない視線を注いでいた。

K男は注目を浴びたいが為に「服を脱ぐ」という突拍子もない行動に出ていたのである。ちょうどこの頃は造形展の準備にクラスが向かっていたため、子どもたちも製作に没頭していた。また、保育者がK男へ向けるまなざしも薄れがちであった。そのことに敏感に反応したK男は「服を脱ぐ」という行動で自分に視線が向くようにしていたのだろう。こうした行動から、K男が、今まで以上に自分に視線を向けてほしい、という気持ちの育ちを感じることができる。また、この時、保育者も「そんなことしちゃ駄目」と切り捨ててしまうわけではなく、おおらかに対応する姿勢を見せていくことで、周りの子どもたちも安心して「面白いことやってるから、笑ったっていいんだ」「K男くんっておもしろいなー」と彼を受容的な態度で受け入れていくことができ、さらにK男に対する関心も深まっていったものと思われる。

⑦ クラスの子どもたちに受容され自己を表せるようになった時期（2月）

> 生活発表会に向けての活動では，最初のうちはなかなか他の子どもたちがしていることが理解できず，イライラしている感じをうけることもあったが，他の子どもたちが繰り返していると，少しずつ劇そのものの内容を理解し，劇にでてくるいろいろな役割を少しずつやりはじめた。生活発表会のころには，他の役割のせりふなども理解し，最終的には，みんなと一緒に役になりきって表現する姿が見られた。

他の子どもたちと共有の世界を楽しむ事ができるようになった姿である。そこには，周りの子どもたちがありのままのＫ男を受容して，それを心地よく思えるＫ男自身の育ちがあったと考えられる。

（2）実践を通した学び
① 育ちに応じるということ
　この事例においては，Ｋ男の育ちを，担任が『○○の時期』として確認していることがわかる。その頃のＫ男の行動・言動をもとに，Ｋ男の心の動きを言葉に置き換え，Ｋ男が何を課題として抱え，何を乗り越えようとしているのかを，丁寧に読み取ろうと努力している。どのように応じていくことが，Ｋ男の"今"を支えることなのかを考えながら，保育を組み立てているのである。

　保育は，子どもの実態をつかむことがその原点と言っても過言ではない。保育者がかかわりをもつ子どもが，何に興味・関心を示し，何を楽しみ，何を乗り越えようとしているのか，そしてそこに子どものどのような育ちが隠されているのか，それを読み取ることで，保育における願いをもち，ねらいに応じた環境を構成し保育者としての援助を考えるのである。保育者が育ちを捉え，その育ちに応じることによって，子どもは安心して"今"を生きることができるのであり，自己発揮が可能となるのである。

② 保育者の葛藤体験について
　保育は，子どもの内的世界と大人の内的な世界のぶつかりあいである。そしてその内的な世界が絡まり合い，ぶつかり合い，そしてもつれた紐がほどけることによって，初めてそこに，お互いに信頼する関係が成立することになる。

これは，保育者間においてもいえる。保育歴も生い立ちも違う保育者が保育をしているのである。そこにさまざまな捉えのズレが生じることは当然のことであることを保育していく上で認識しておかなければならない。それではそうしたズレをどのように調整していけばよいのだろう。そこには"自分の保育を語り合う"体験が求められる。語ることによって，語り合うことによって，自分がどのような捉えのもとにその子へのかかわりをもとうとしているのかを明確にすることになるのと同時に，語り合うことによって，相手の考えに触れることになる。そのことによって，自身の考え方を修正することもあれば，自身の考え方に確信をもつことも可能になる。第1節でも述べたように，育ちを捉える観点が無数にあるということからも，いろいろな人の捉えがあることを認識しつつ，子どもの育ちを捉える拠り所，根拠を探る努力をしなければならない。

③　子どもが育つことと保育者が育つこと

　子どもが育つということは，その子が変容するということはもちろんだが，そこでかかわりをもつ保育者自身のその子への捉えの変容がなければ，保障されることはない。一方，保育者自身も感情をもちながら保育をしているということは誰も否定しないところである。そのため，理屈で自分自身が変容しなければと思っていてもなかなかうまくいかないものである。そこで，感情レベルで腑に落ちるということが必要になる。

　この事例では，6月の事例（他の保育者に自分たちがしようとしている保育の方法論を否定されたときに，素直にはそれを受け入れられなかったというところ）にそのことが表れている。それが7月の上旬にK男の"みんなみんな"という必死な表現を目の当たりにすることで，今までの行為とK男の気持がつながることになる。そして，"自分の感情の揺れ動きと，うまく付き合う"腑に落ちたかかわりが可能になる。腑に落ちたかかわりが可能になるということは，その子の発達課題を共有しながら乗り越えようとする姿勢を創るためにとても大切な要素である。その子の苦しみや喜びを感情レベルで共有しながら，"その子"のための保育方法が生まれてくるのである。

4　子どもの育ちを捉える指導計画

　これまでの節では，子どもの育ちに応じるということが保育において重要な意味があることを押さえてきた。このように考えると，指導計画においても子どもの育ちに応じた環境構成・指導援助というつながりが求められることになる。ここでは，子どもの育ちを見通せる指導計画の作成について考えてみたい。

> **3歳児6月の事例**
> 　プール遊びの時に数箇所に穴を開けたペットボトルを用意しておくと，S男がそのペットボトルをプールに沈めてから持ち上げた。すると穴からシャワーのように水が出てきた。「うわー」とS男は声をあげた。それを聞いて，「うわー。花火だ。」とY男が言った。R子は「もう一回やって」とS男に向かって言った。S男がもう一度ペットボトルを沈めて持ちあげると，また，穴から水がとびだした。それを見ていたY男・K男・S男もペットボトルを手にして一連の同じ行動をとった。ペットボトルを持ち上げ，水がとびだすと，H男が「花火だ。花火」と言った。それを聞いたK男は「花火やね」とY男に同意を求めた。するとY男も「うん。花火だよ」と応えていた。

　指導計画を立案するための基本は，子どもの実態を捉えることである。それでは，子どもの実態とは何を指しているのだろうか。今，保育においては，子どもの自発性を基盤において活動が展開されることが求められている。自発的活動において，子どもはより豊かな生活を営むことができ，それが発達を促すという考え方に基づいている。すると，子どもを主体とした保育を展開するということが保育を進めていく上でとても大切な意味があることがわかる。そのため，子どもの実態を捉える際に，何より大切なことは，子どもの興味・関心を捉えるということが大切になる。興味・関心とは"何を楽しいと思っているのか？""何に心が動いているのか？"ということである。何を楽しいと思っているのかというと，つい，子どもが楽しいと思っていることだけが遊びとして取りあげがちであるが，たとえば，鉄棒で前回りをしようとしてできなくて時には泣き，時には悔しがりながらも，自分なりに課題をもち課題を乗り越え

ようとする姿にもその子の主体的な活動への参加する姿を認めていかなければならない。つまり，子どもの実態として，今，活動していることが個々の子どもにとってどのような意味があるのかを捉えることも大切な視点としてあるだろう。さらには育ちを捉えるということも大切になる。このように考えると，この記録事例は"子どもの実態"のごく一部しか捉えていないことになることが見えてくる。それでは，読者の皆さんは，この記録事例にどのようなことを書き加えるだろうか。ここに実際に保育に携わった保育者がこの記録に引き続いて書いた記録がある。

> この日は，穴を開けたペットボトルも用意しておいた。使った子どもが「わー，水が出てきた」と言って，出てきた水に興味をもって遊ぶのではないかと思い，子どもの様子を見ていると，保育者の思いに反してY男の言葉は「わー，花火だ」だった。このごろクラスみんなで花火の歌を歌ったり，実際に「花火を見に行った」，「夜に花火をした」という話も子どもたちの中から聞かれた。これらの花火というイメージがペットボトルから飛びだす水と重なり，「わー，花火だ」という表現になったのではないだろうか。Y男は，自分が思ったことを素直に表現できる力がある。また，ペットボトルの穴から水の様子を花火という言葉に置き換えて表現した姿から見立てることも楽しいようだ。また，「もう一回やって」と言ったR子や，Y男の言葉を受けて「花火だ，花火」と言ったH男からは，まわりの子がしていることに関心が向き始めてきたことがわかる。また，その姿に刺激を受け，自分もしてみたいという気持ちも生まれてきているようである。さらに，周りにいる子ども同士で"花火"という共通のイメージをもち，楽しめるようになってきていることがわかる。

この記録を保育者はさまざまな視点から解釈していることが見えてくる。その解釈の観点をあげれば，次のような5点になるのではないだろうか。
① 子どもの興味・関心に応じていくという保育の基本を確認している姿
② 子どもの普段の姿と今日の姿を結びつけながら活動が生まれてきた背景を探る姿
③ 子どもの以前の生活と比較し，変化してきた様子を捉えようとする姿
④ 子どもの育ちを子ども同士のかかわりの視点で確認する姿。
⑤ 共有のイメージをもち遊ぼうとする力の育ちを確認する姿

子どもの実態を捉えるためには，子どもの変化を身近に肌で感じようとする保育者の姿勢が問われるのである。子どもの実態として記録に残ってくる内容について，保育者は一見，無意識に捉えているようではあるが，実は，子どもと生活を共にする中でその変化を感じ取り，それが記録として残されていることが多い。保育者には，そうした感覚的につかみ取った記録が，なぜ生まれてきたのかを考えることが求められる。そこに見られる変化にこそ，子どもの育ちが表れているからである。そして，その育ちをさらに豊かにしていく試みが指導計画に反映されていなければならない。

子どもの育ちを捉えるとは，子どもの"今"を捉えるということである。子どもの"今"にどのような環境を構成し，どのような援助・配慮をしていくかによって，子どもの豊かな育ちが実現していくのではないだろうか。

学習課題

○実習中・保育中に子どものことをつい否定してしまった事例を思い起こし，なぜ否定したのかを考えてみよう。

○実習中・保育中に自分にとってなかなか理解しがたかった子どもの姿を再度思い起こし，その子の行為の意味を育ちという観点で捉えたとしたら，今，どのようなことが言えるか，考えてみよう。

○子どもが遊びに取り組んでいる場面を記録に起こし，子どもの実態を丁寧に捉えてみよう。それをもとに，あなたなりに次の日の，あるいは次の週の指導計画を立ててみよう。

参考文献

鯨岡峻『両義性の発達心理学』ミネルヴァ書房，1998年。

鯨岡俊『関係発達論の構築』ミネルヴァ書房，1999年。

須田治『情緒がつむぐ発達』新曜社，1999年。

西垣吉之他『保育における育ちを捉える視点に関する一考察──「つなぐ」行為から』中部学院大学・中部学院大学短期大学部紀要，2004年。

西垣吉之他『子どもの心が複雑化・立体化していくことに関する一考察──心地よさを形成するという観点から』中部学院大学・中部学院大学短期大学部研究紀要，2003年。

羽島市保育会『保育において保育者が子どもの育ちを捉えることの意味（3歳児指導計画）』岐阜県保育研究協議会編，2006年。
森上史朗他『保育者論の探求』ミネルヴァ書房，2001年。
ラポム編集部『心の保育を考える　Case67』学習研究社，2003年。

（西垣　吉之・西垣　直子）

第11章 保護者とパートナーシップをつくる

　第2次世界大戦敗戦より60年あまりが経過した。今日，日本人は厳しい自然に耐え，貧しく，ひもじさをこらえていた時代から，便利で，豊かで，快適な時代を享受している。1960年以降の高度経済成長はそんな日本を実現させたのである。その時代に生まれ，豊かさのなかで育った世代が，現代の親たちである。大きな意味で，それまでの日本人の価値観や子育て観，社会に向き合う姿勢なども大きく変化し，子育て以外は電化され，家事などにも時間が余りかからなくなった反面，昔と変わらない子育ての煩わしさと手間に，親たちの悲鳴が聞こえてくる。親の中には子育てに意義を感じ，喜んで子どもとの生活をしている人もいないではないが，やはりサポートが得られなければ，かなりのストレスになるようである。本章では，保育者や家庭に焦点をあて，保育者と保護者・地域の連携，保育者自身の姿勢や態度について事例を交えて解説する。

1　保護者とのパートナーシップ

（1）イマドキの親たち

　子どもの問題を考える際，育つ子どもと同時に，育てる存在である「親」としての在り方や育て方が大きな問題になる。2006年現在の親は1970年代に生まれた親が多くを占めるが，その前の世代である1960年代生まれの親世代から，日本の子育て事情が大きく変わったと言われる。そのことは保育の現場にとど

第11章 保護者とパートナーシップをつくる

まらず，保健所などを訪れる親の姿や，企業の先人達，精神科を受診する姿からも異常な状況の訴えがある。以下では，いくつか特徴的な姿を浮き彫りにしたい。

① 1960年以降に生まれた世代

現代の幼児子どもの保護者は，1960年，70年代以降に生まれた世代である。この時代は，日本国の高度経済成長時期と重なり，貧しかった時代から，豊かで，便利で，快適な生活が追い求められた時代であった。新幹線や飛行機，高速道路などの高速交通網も整備され，日本国中，速く便利に時間通りに移動できるようにもなった。家庭の生活環境もどんどん電化が進んだ。1950年代前半までは朝食の段取りのために，主婦は家人よりも1時間以上も前に起床し，練炭やカマドに火をつけることから朝食づくりをしなければならなかった。冷蔵庫もなく，毎日氷を入れて食物を冷やしていた。そのために食物の保存はしにくく，毎日食材の買い出しに行くのが当然な時代であった。家族の洗濯物に2～3時間も格闘する姿もあった。生活そのものにかかるエネルギーは相当のもので，家事は家族と共に母親が主となり，必死に担っていた時代であった。それは，よほどのことがない限り共働き（稼ぎ）を選択することは難しい状況でもあった。

1960年代に生まれた人たちは，電化され，高速化され，快適な生活が送れるようになった文明を享受して育った世代である。子ども時代に手伝いや家事労働に力を注ぐ必要があまりなく，生活そのものにもさほど力を掛けなくても生きられた時代で，勉強やスポーツを楽しみ，家族も専業主婦家庭が多数を占めていた。

② 精神科に新しい患者が現れる

1975年頃になると，精神科の医者の間で，新しい患者のことが話題になりはじめた。それまでの患者は，そううつ病や総合失調症などの患者が主だったものが，家庭内暴力に耐えかねた親たちが，子どものことで相談に訪れ始めたのである。家庭状況を調べてみると，父は企業戦士のエリートサラリーマン，母親は専業主婦で教育に熱心，子どもは一人か二人で，特に家庭に問題があると

は思えない普通の家庭である。ところが，進学志向が強く，家庭での厳しい管理で，追いつめられているような状況で子ども時代を過ごすことを余儀なくされたのである。親の力が子どもを上回っている時には問題にならないが，大きくなり，思春期を迎えると，子どもの力が親の力を越え，家庭で突然家庭内暴力などの「キレル」行動が出現するようになってくる。そして，親はあわてて受診しにくる。

③ 無気力で指示待ち，仲間との協力がへたな若者の出現

前述のような家庭生活を送り，一心に塾に通い，受験勉強に取り組んで，一流企業に入社する。ＩＱは高いものの，生活力や人と関わる力はあまりない。一応に無気力で指示待ちという状況が，各会社の上司から訴えられたのもこの時代の特徴である。もちろん，自分たちの問題を本人たちは感じていないので，カウンセリングを受診したり，自ら対策が取られることもなかった。

④ 宇宙人のような母親たち

1990年代になると，保健師たちから「このごろの母親は宇宙人のようだ」という話が聞かれるようになった。こちらの言っていることは通じないし，母親たちの話していることも理解ができない，言葉が通じないという意味で，宇宙人という言葉が使われている。

1歳半検診の案内には「おむつ，ミルク，母子手帳持参」と書かれている。実際の検診にそれらの物をも参するものの，肝心の子どもを連れてこない母親も現れる始末。笑い話のような状況に「宇宙人……」という表現なのである。また離乳食指導の場面では，「白湯は何処に売っていますか？」と真顔で聞く母も出現していた。

(2) 1960年代とはどういう時代だったのか

① 都市化，住宅の高層化，核家族化，地域社会の崩壊のように日本の国に長く続いた「家」自体の大きな変化がもたらされた。

② 物質的豊かさの追求＝電化製品，ファミコン第１期生，コンビニなどの普及により隣人に頼らない生活が一般化された。

③　共通一次試験第1期生，偏差値教育の申し子と呼ばれた。
④　1930年代生まれの親に育てられた子どもたち＝1945年敗戦により感じやすい青春期に敗戦の経験，日本的価値観の大変換で，日本的文化が継承されていない親たちに育てられた人たち。
⑤　密室の子育てが一般的となった。

　日本は，農耕を中心に懸命に耕作することを複相的（3〜4世代）家族全体で担い，子育てもその家族のなかで行われていた時代から，親子の2世代だけの単相的子育てが一般的となった。ほとんど母親だけで子育てを担わなければならない状態が普通となる時代となった。いまの親はそのなかで，子育てをしている世代である。人間も動物の1種で「育てられる者が育てる者に変化する」という当たり前のことがなかなか伝わらず，なかには育児の煩わしさから保育所に依存する家庭が増大し，保育所入所待機児童が年々多くカウントされるようになった。貧困や共働き，一人親家庭で保育所に入れなければならない家庭も多く存在している。「子どもを保育所に入所させたいために仕事を探す親」も多くいて，保育所の存在意味自体が，1947（昭和22）年制度発足当初と意味合いが大きく変化していることが感じられる。

(3) 現代の親の特徴

①　自己を肯定的に捉えているが他者に対しては否定的感情をもっている。このことは自分で自分を受け入れる自己受容が難しい「自己否定」の裏返しだとも考えられている。
②　子どもを育てる方法や大切にしなければならないことなどの正解はよく知っており，多くの情報も得ている。その正解の姿のように育たない我が子に対してイライラ感を募らせている姿もかいま見える。
③　とてもオシャレである。かつては子育て中は髪を振り乱して……というのが通り相場だったが，朝からお化粧もきちんとしている人が多くなった。また，着ている服もオシャレである。
④　総じて人間関係を保つのがあまり得意ではない人が増えた。母親同士もそ

うであるが，担任との関係や自分の子どもとの関係で悩む方も多くみられる。小さい頃からたくさんのぶつかり合いや人間関係の修復を経験できずに育ってきたことが想像される。

（4）近頃の子育て環境
① 地域の変化
　高度経済成長以降，日本国中至る所にコンビニエンスストアー（便利な店）が作られた。それまでは，田植えの前になると，池から水を田に引き入れるための溝掃除が地域の人たちで行われたり，うっかり米や味噌が切れたりすると，夜遅い時間には店は開いていないので，隣の家庭に少量借りに行く姿はそこあそこにあった。その都度近隣の人や地域の人との交流の機会があり，息苦しさやうっとうしさもあるにはあったが，地域が支え合う地域社会が存在していた。また，1950年代までは「向こう三軒両隣」は近所，「町内」は身近な自治体というように暗黙裏に合意され，子どもたちはほとんど町内から外に出ることはなかった。しかし今では，モータリゼーションの普及で，車で10分も走れば違う市域に出てしまうなど，行動する範囲が大幅に広がり，「地域で」という概念が，以前と全く変化してしまった。これは，住民同士が顔が見えない関係になっているという意味で，子育てを難しくしている大きな原因であると思われる。

② 幼稚園入園前の子育て
　共働きや一人親家庭，介護などの何らかの事情で，乳児の時から保育所（園）に入所（園）する子どもたちは，保育士や共に子どもを通わせる保護者同士のつながりなども徐々にできてきて，共通の話題で話しをすることもあるが，幼稚園に通わせている保護者と子どもの場合，近年はかなり深刻な事態が起こりつつある。子ども家庭センターなどが扱う虐待ケースも，保育所通所家庭よりも，親子在宅家庭の方が多いという報告もある。

　全く，親と子どもの堅いカプセルの中に入り込み，密室のなかで子育ては行われるようになった。娘時代までは自分は優しい女性だと認識していた女性が

結婚し，出産によって赤ちゃんが生まれたとたん，自分はこれほど意地悪で，冷たい人間だったのかと落胆したという母親の訴えを聞いたことがある。機嫌によって，全くコントロールできない赤ちゃんを前に，途方に暮れ，イライラし，パニックになっている母親たちの悲鳴が聞こえてくるようである。このような家庭には，制度による公的支援も公的補助による支援も届いていない。その率は全０，１，２歳児家庭の約80％を超える。保育所に通えていて，ある意味救われている子どもは20％に満たないのである。そのような状況であるにもかかわらず，やはり母が子育てを担わなければならないのであろうか。「母親が一人で子育てするのは無理」ということを社会的共通認識として，地域に存在する子育てに関する施設を総動員して門戸を開き，支援の手をさしのべることが急がれる。

③ 父の働き方が変わらない

　明治以降，男の人の働き方はあまり変わっていない。次世代育成支援対策推進法の成立などで男性の価値観も若干動きつつあることは感じるが，企業の価値観もなかなか変化していないのが実際である。男は夜遅くまで必死に会社で働き，家には母親と子どもだけが取り残されているという現状である。1950年代以前は，前述のように，そのような状況であったにしても，３世代家族であったり地域の支え合いにより乗り切れていたわけで，その支えが全くなくなった現代，子育てにひずみが出るのは当然の結果といえよう。　　（安家　周一）

2　家族全体に対する援助

（1）父親と母親，そして父性性と母性性

　幼稚園で保護者の方と接していると，些細なことで悩んだり，とまどったりしているのを感じる。子どもがマーケットでお菓子を買ってほしいとだだをこねた時，拒否するべきか買ってやるべきか悩むという親もいる。接し方を時と場合によって変えることはよくないことで，一貫した子育て姿勢を示さなければならない，と堅く考えている人も多くみられる。また反対に，非常にルーズ

で，朝ご飯を食べさせなくても平気，ユニフォームは2週間位も洗濯せず臭う。爪も伸び放題で提出物はほとんど期限に提出されないなど，家庭とのパートナーシップを考える時，お手上げ状態と感ずるケースもある。そのような場合，父親の存在が感じられないのは何故だろうか。

　前述のように，育てられる存在から育てる存在へと変化するのが動物の習性である。ただ，自分の父親は企業戦士でほとんど子育てには関わっておらず，父親のモデル（父性モデル）をみていないのではないかとも感じることもある。また，とても母性的な父親が増えた。両親なのに，母親二人で子育てしているような感じも受ける。もちろん，乳児の時期には受け入れられることが大切で，幼児に育つ過程では切断されることにも大きな意味があるように，受容と切断の両方が機能してこそ健全な精神構造が育成されるのであるが，どうも切断ばかりの家庭があったり，いつまでも甘いばかりの家庭であったりバランスの悪さが感じられる。

　何も父親が父性的で母親は母性的であれといっているのではない。母親にも父性性はあるし父親に母性性も備わっている。それをバランスよく出しながら子どもを育てることが必要なのである。

　子どもは幼稚園と家庭だけしか世界をもっていない。地域で子どもが群れをなし，悔しさや優越感などさまざまな経験をするなかで自分を見つめることもなかなかかなわない。親の養育態度そのものに大きく影響され，ほとんどそれだけが養育刺激の全てというケースもある。

（2）家庭の役割と幼稚園・保育所（園）の役割

　保育所は家庭保育の代替的存在，幼稚園は家庭教育の補完施設というのが，制度発足当初両施設に求められた機能であった。1950年代までの幼稚園児の場合，一生懸命な家庭教育と多様な地域社会があって，家庭や地域では経験できない群れ遊びや楽器演奏，歌を習うこと，絵を描いたりお遊戯を習うことが中心の課題であった。家に帰れば，悠久の時間とさまざまな年齢の仲間との群れ遊びがあり，人と関わること，特に，年長者とのつきあいや年少者への接し方

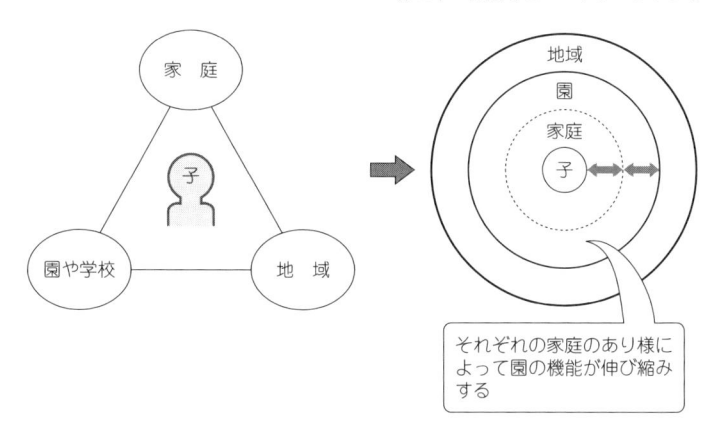

第11章　保護者とパートナーシップをつくる

図11-1　家庭，地域，園・学校と子ども

（それぞれの家庭のあり様によって園の機能が伸び縮みする）

などさまざまな教育が受けられるチャンスがあった。そのような地域環境が，都市からも地方都市からも消滅している現代では，幼稚園や保育所の担わなければならない役割が，発足当初のそれだけでは不足しているのである。

　保育所保育は家庭養育の代替的役割をもっているが，家庭によって，代替すべき内容に大きな差がある。同じ午前8時から午後7時まで保育が認められている家庭でも，A家庭の親には，「今晩のおかずは何にするの。帰りにマーケットに寄っておいしい物を物色して帰りなさい」と声を掛けるかもしれませんが，Bの家庭には「どう，夕食は作れるかな？　給食の残りがあるけれど……」と声を掛ける必要があるかもしれない。また幼稚園では家庭教育の補完的役割が求められていたが，家庭教育のレベルに大きな差があるため，補完すべき事もそれぞれによって大きく違ってくる。ただ共通するのは園という集団生活のなかで子ども同士群れ遊び，さまざまな価値観や人間関係を経験することである。

　そのように考えていくと，**図11-1**のように従来の家庭と地域，学校や園の正三角形のなかで，子どもが健全に育つ事を復活させるようにするのではなく，中心に子どもが居て，その周りに家庭があり，家庭が十分に機能している場合は園はあまり多くのかかわりをする必要はないが，機能が弱く，安定しない場

合などには手厚くきめ細やかに支援をするというような，家庭のありようによって，多様に機能を変化できるような幼稚園や保育所が求められているのではないだろうか。

　高齢者福祉の世界ではケアーマネージャーが存在し，それぞれの高齢者福祉機関への橋渡しや福祉メニューづくりを担っているように，各幼稚園や保育所にも「保育マネージャー」が配置されていて，それぞれの家庭や子ども，親や家庭の状態によって，さまざまな機関への橋渡しや保育サービスを指導してくれるシステムが今後必要だと思える。

　特に，軽度発達障がい児が全体の4～6％存在していると言われている現代では，親の不安感は計り知れないくらい大きく，自分の子どもの発達に自信がもてず，適切な指導を受けたくても養育機関を探しても，なかなか適切な指導が受けづらかったり，初診まで数か月も待機させられたりと対応できる機関が整備されていないのも現状である。

（3）親を元気づけ家族同士が交差するステーション機能

① 親を勇気づけること

　「近頃の親は……」と揶揄する言葉が多く聞かれる現代であるが，確かにそういいたくなるような親にも出会いますが，反対に現代の親はなかなか賢く，ドライでスマートな人も多くいます。物事も判る言葉できちっと説明すれば，理解も早く，ものすごい力を発揮される場合もある。ここで2つの事例を紹介する。

> **事例1　野外プログラムを見守る「マモリーヌ」**
>
> 　池田小学校で児童の惨殺事件が発生した時，日本中の幼い子どもをもつ親は恐怖のどん底に突き落とされた。どうすれば子どもを犯罪から守れるか，という1点であった。近隣にあるA幼稚園では，保護者がとても不安を感じ，園内で話し合いをもった。ここでは以前から「森と歩こう」と銘打った近くの広大な公園に出かける野外プログラムを実施していた。2クラス合同なので2名の担任とプログラムをリードする男性教諭，そして，フリーが1名，合計4名で50人ほどの園児を引率し実施していた。朝，リュックに弁当，水筒，カッパを入れて出かけ，降園前の2時

前に帰園する。とても楽しく，親も喜んでいたプログラムである。公園にはいろいろな人がいるので，子ども2人一緒のバディシステムで行動するようにしている。トイレに行く時も子どもたちだけであることに保護者には不安であるとして，もう1名ないしは2名，スタッフを増員してほしいという要望があった。しかし，残念ながら，園ではそれだけの余裕はなく，「そのことを皆さんが望まれるのであれば，このプログラムは中断せざるを得ない」旨の話しをした。会場は静まりかえった。その時，ある母親が，「私たちが警備に立ってはいけませんか？」と発言され，何人もの方がそのことに同意した。園長は，「それはとても嬉しい。是非皆さんの協力の下でプログラムを続けたい」とお願いし，継続することになった。始めのうちは「森の番人」と呼ばれていたが，何か物々しいネーミングなので，あるお母さんからの提案があり「マモリーヌ」という名称となった。携帯電話とホイッスルを携行し，腕にはマモリーヌの腕章をつけて，数人の親が子どもたちを遠巻きに見守ってくれている。

事例2　父親たちの砦づくり・友だちづくり

　日常はなかなか子育てに関わることが物理的にも難しい父親たち。父の会の飲み会のある日，「自分たちで子どものために何か遊具を作りたい」と発案があった。広告宣伝社の父親が企画をし，あっという間に設計士の父親が設計図を書き，工務店に勤めている父親が監督になって，延べ160人の素人大工の父親たちが，土日3ヶ月掛けて砦づくりに取り組んだ。完成した日には，餅つきをして，その後餅まき会を行い，その後バーベキュー大会で祝うというイベントまで計画された。砦の名前を募集したところ，「よっとりで（ヨットイデとトリデの合体語）」という名前に決まり，今も1年に1回は現役の父親たちによってペンキ塗りなどのメンテナンスが行われている。その時の父親たちの生き生きした顔はなかなかの見物である。卒園後も園の前を通った時に「俺がつくったんや！！」と自慢するとのこと。そのことがきっかけで，毎年，夏にはキャンプ，冬にはスキーが自主企画され，多数の参加者で活動が続いている。「まさかこの歳になって，家族同士つきあえる友人ができるとは思いませんでした」と話す父親も多くみられる。

　このように，要求だけを園に突きつけたり，怠惰なのではなく，問題を共有化することによって保護者と園が共に考え合い，自ら行動を起こし，協力していただけることはこれにとどまらずたくさんある。そして，一生つきあえる家族仲間が誕生していく。園が親同士を結びつけるステーション機能を発揮していると感じる時である。

　　　　　　　　　　　　　　　　　　　　　　　　　　　（安家　周一）

3　地域との連携と支援

(1)「地域」という概念の変化

　向こう3軒両隣を近所と規定すれば,「地域」という言葉の概念はどのくらいの範囲を指すのであろうか。町内という言葉もあったように,元々そのあたりを地域と考えていくのがごく自然なように思う。子育てなどの助け合いが機能する地域の面積はそんなに広くはないとは思うが,現代は車を運転できる母も多くなっているので行動範囲は自動車がまれだった時代とは異なり,かなり遠い範囲にも広がっているだろう。5～60年前には考えられなかった広がりのなかで,これだけ通信手段が発達した環境にもかかわらず孤立している親が多いということは,逆に文明が進めば進むほど人間の繋がる力が弱くなるということだと思われる。

(2) 核家族の出現と消滅

　1960年代日本の高度成長期以降顕著だが,地方の次男三男が仕事を求めて都市部に移り住んだり,仕事を求めて炭坑に働きにきて家庭をもったりすることが当たり前となり,3世代で生活することが当たり前だった農業生活から,勤め人の家族が核家族を形成して生活するのが一般的となった。現代ではすでに,自分自身も核家族の子どもとして生まれ,自分も核家族を形成して生活している核家族2世が誕生し生活している時代でもある。その核家族に,過去とは違った状態が出現している。以前の核家族は親と子の世代だけで暮らしている事を指したが,現代の家族は,その核さえなくなりつつあるのである。
　具体的に言うと,以前であれば電話は一家に1台,テレビもそうで,電話をかけるには自分の部屋から出て,家族のそばで周りを気にしながら話したり,テレビを観ようと思えばきょうだいとチャンネル争いしながら,やっと観たい番組が観られていた時に突然父親が帰ってきて,いきなりチャンネルを野球に変えられてふてくされたりということも起こっていた。それはそれで子どもに

とってはうっとうしかったものの，何かほのぼのとした情景でもあった。食事も時間に帰ってこない家族の分はハエがたからないように網（我が家では「ハエ入らず」と呼んでいた）がかぶせられ，用意されていた。そのような家庭が核家族の典型だった。

　現代では，中学生くらいにもなると携帯電話を所持することが珍しくなくなり，誰といつどんな話しをしているのか，親に全く知られることなく沢山の人とつながることも特別なことではないし，インターネットの普及で情報もテレビでなくても得られるようになり，一度もあったことのない人とメル友になったりする時代である。ワンセグと言われる携帯電話のサービスで，テレビが観られるようになるなど，チャンネル争いをする必要さえなくなっている。食事も，用意がなければコンビニまで走っていって，個人用のインスタント食品を買えば困ったりはしない。この状況は，核家族という家族の「核」さえ崩壊してしまい，すでに完全に分断され孤立した人たちが，たまたま一つの屋根の下に数人で住んでいるだけという状況になりつつある。

　日本の家屋は元々木と土で作られていて，家の間仕切りも障子とふすまで仕切られ，家の中の声はまる聞こえで，姿は見えなくても家人の気配を察しながら生活するようになっていた。そのことによって，家人の息づかいを感じ，家族であるという意識も少しずつ醸成されていったと思われる。その延長線上で，近所や，町内というつながりが感じられており，家庭の共同体から地域共同体のつながりへと広がりをもっていた。50年前には母だけで育てるのではなく，そんなつながりのなかで，地域の人に支えられて子育てができていた。母が偉かったり母親の子育て能力が高かったのではなく，みんなと共に子育てしてもらっていたのである。

（3）子育てがしんどい理由

　子育て支援という言葉が，国や行政機関をはじめ幼稚園や保育園関係者のなかでよく使われるようになり，少子化のためとか虐待対策などでファーストエイドしなければならない家庭だけではなく，一般のごくごく普通の親子でも，

常に手をさしのべる必要が叫ばれてからしばらくの時間が経った。これに関しての私たち幼稚園の取り組みを紹介したい。

① **地域のグループを意図的に組織する**

入園が決まった家庭に，元々近隣に住んでいる先輩幼稚園ママから電話がかかってくる。入園間近の2月か3月のころである。「○○日に親睦会を開催するの。良い機会だから来たら」という誘いかけである。うまく交われるか不安に思いながら出かけて輪に入る。来年度入園の決まった知らない方も来ていて，自己紹介があり，徐々に仲間に入れてもらう。これがその方にとって最初の地区の集まりとなる。住居地域ごとに在園生を15位の地区に分け，年間に4～5回親睦会の開催や，幼稚園の送迎当番など世話を担当していただく。弟妹が居る親は下の子どもにも手を取られるため，なかなかみんなのために力を発揮することはできないが，そのときは先輩ママに支えてもらう。自分が少し楽になったら今度は私が助ける番とばかりに張り切られる。幼稚園が主導して意図的に疑似町内を設定するのである。この取り組みはすでに50年の歴史がある。

② **保護者同士で子育て支援**

第3子を妊娠した母が，近所の人に支えられて出産した例がある。2人目までの出産は，長子が幼稚園在園であったため，出産期間から約1か月実家に帰って出産ゆっくりする方が多くいる。しかし第3子となると，長子が小学校に進学していることも珍しくなく，出産を断念する話もよく聞くが，第3子出産の期間，地域の仲間が，子どもの通学や通園，食事作り，洗濯，旦那さんの晩酌の肴まで配達されたり，風呂に入れたり泊まり合ったりして約2週間位支えられたことがあった。その後，とても嬉しそうに皆さんに支えられたことを報告してくれた。調べてみると，我が園の家庭の約30％が（2004年調べ）3人きょうだいであった。少なくとも我が園において言えば少子化はない。

子育ては段々うまくなる。第1子より2子，3子になればベテランといえる。親自身がとても落ち着かれ，親として立派に見える。第1子を育てておられた時と比べて，見違えるようである。私たちにとってもとても嬉しい瞬間である。

（4）「地域の連携を大切にする」

「地域の連携を大切にする」と一般に唱えられるが，お題目をいくら唱えても勝手に連携することはない。幼稚園や保育園が渦巻きの最初のエネルギーとなって渦を巻き起こさなければつながることが難しい時代となった。幸いにして，私立の園は設置者や園長が地元に住んでいる場合が多い。また，園の運営を親子代々担っている園も多くあり，これはとても幸運なことで，地域とのつながりも当たり前のことであるが強い。この強みをいかんなく発揮して，地域を「子ども」というキーワードで再構築したいと思う。　　　（安家　周一）

4　信頼関係と人間関係づくり

（1）保育サービス≠子育ての外注

　乳幼児は両親や保育者の愛情に満ちあふれた心のやりとり（コミュニケーション）のなかで，身体的・精神的に健全に育つことができる。ところが，少子高齢化，核家族化，都市化，情報化が進み，保護者のなかには，乳幼児の保育・教育機関に子育てを『外注する』という意識が芽生えてきている。『最善の利益を受ける権利』は子どもにあることを忘れ，『保育サービス』のサービスを受ける主体が保護者であると勘違いしている者もいる。

　子育ては，乳幼児期だけでなく児童期，青年期の教育にいたるまで親が責任をもって行なうものである。保育園や幼稚園が，「子育ての専門家である保育者に全てまかせてください」というものではない。子育て支援は，「親を運転席に！　支援職は助手席に！」という標語のように，保育者が保育をするなかで子どもの育ちと親の子育てについて支援し，乳幼児期から親を主体とした子育ての援助が実を結べば，子育ての不安や学校教育の課題解消されるだろう。

（2）過剰反応する親

　子どもの数だけ，子ども・親・家庭の事情があり，今後はより複雑な家庭の問題も増加するであろう。ここで保護者の例をいくつかあげてみよう。

① 心配ばかりで現状不満の親

　保育所に入所するまで，授乳，沐浴，オムツ代え，誕生以来24時間一緒に生活を共にした母親にとって，泣き喚く我が子を置いて保育所を後にする時，罪悪感や身を切られるような思いをもつものである。

　保護者は，このような気持ちから，子どもが長期間園を嫌がったり，友だちから嚙まれたり，引っかかれたり，怪我をしたりすると，園での生活が見えないだけに「本当に先生は面倒を見てくれているの？　放っておかれているのでは？」と過剰な不安をいだくこともある。そんな際に，たまたま起こった保育者同士で伝え忘れやプリントの入れ忘れ，衣服の行方がわからなくなるなどささいな行き違いが重なると，保護者は，自分の望んでいたような対応をしてくれない保育者に不信を募らせ不親切だと思い込むようになる。

　保育者は，日々，一人ひとりの子どもをきめ細かく保育し，少ない時間のなかで日報や連絡帳で保護者に子どものことを伝え，出来る限りのことをする必要がある。園に慣れた保護者にはそれを理解してもらえても，初めて子どもを預ける保護者のなかには，心配の余り不満を感じ，過剰な反応をする場合がある。

② 無反応な親

　反対に子どもに意識が向かない保護者もいる。子どもに朝ごはんを食べさせてこない，洗濯してこない，子どもを平気で叩く，罵声を浴びせるなど，親自身が不安定で，子どもを育てる心の余裕のない保護者の場合，何かと働きかけてもなかなか反応や効果が見られず，保育者が悩むこともよくある。

③ 攻撃的な親

　保育者の中には，保護者との関係に苦慮している者も少なくない。ケンカでの引っかき傷，嚙まれた，薬の飲み忘れなどの保育中のトラブルから，保育者に対して不信をあらわにし，保育の拙さから保育者の人格まで否定するような保護者も存在する。その剣幕や言葉の威力に傷つき，その保護者に対して苦手意識や嫌悪感をもち始め，ついには保育者としての自信を失い，保育者失格という気持に至り職を辞する者もいる。

④ 要求過多の親

　保護者にとって保育者は，大切な子どもを託し，子どもの成長を支えてもらうべき存在である。保護者のなかには，厳しい仕事や生活環境で仕事も家事も誰にも頼れない状況の人もいる。そういった人は精神的余裕がなく，さまざまなことを保育者に要求してくることも少なくない。しかし，その要求が時には子どもの実体や育ちの方向性からずれていたり，保育のなかでは叶えられないものであったりする。

　「こうしてほしい」「してもらうのが当然」と強く要求して，それが応えられないと拒否感や拒絶感，ストレスからついには攻撃的になる。自分の要求がかなえられないのが許せないからである。

　かかわりの難しい保護者をただ非難するだけで保育者からは働きかけずにいたり，『この子のためにもっと時間を取って関わってあげて下さい。』と相手の状況を無視した『べき論』を振りかざしたりするなど，否定的なまなざしを向けることのないよう十分配慮する必要がある。なぜなら保護者も否定されている保育者から痛いところを突かれ，反発し，しまいに保育者の言葉に聞く耳をもたなくなる。

　保育者はどんな保護者であっても，相手の事情や余裕の無い状況をまず認め，保護者を指図する"指示者"ではなく，保護者を支える"支持者"になることが大切である。たとえ苦手な保護者に対しても，子どもの育ちや育児について説明し，理解を求めなければならない。

(3) 保育者と保護者の鏡映関係

　「あなたがたは，自分の裁く裁きで裁かれ，自分の量る秤で量り与えられる」聖書のなかの言葉である。「保育者の保護者に対する思い」は「保護者の保育者に対しての思い」を反映している，いわばミラーリング（鏡映）関係といえる。

　「いくら言っても忘れ物が多いの。だらしなくていい加減な人」「あの子は，

親があんな人だからね」などと保育者が思っていると，保護者の方も『先生から良く思われていない』ことに気づき，「あの先生は，冷たい人」「あの先生子どもを生んだことが無いから解らないのよ」などと保育者の言動をネガティブに受け取り，拒否的な態度を取るようになっていく。

　保育者のかかわり方次第で，子どもにも保護者にも「自分が受け入れられた，理解され解ってもらえた」という思いが生まれ，信頼が育まれる。そういう信頼関係を相互に築かねばならない。それが保護者にとっては，園や保育者に対する信頼となり「自分の子育てを承認された」という安心感から，保護者は子どもや子育てへの意欲がさらに喚起され，保育者のアドバイスを前向きに受け入れることができる。そして子どもに対する愛情が深まり，保護者自身も丁寧なかかわりや子どもの理解ができるようになる。こうした信頼関係の連鎖が子どもの健全な成長につながる。

　過剰な反応をする親に対しては，苦手意識で避けたり，特別扱いしたりなど，一方的な思い込みで接したりせず，子どもの成長を中心に置いた温かい目や援助の手を差し伸べられるように保育者自身も成長することが重要である。

　イソップ童話の『北風と太陽』で旅人のコートを脱がせる話があるが，現状の改善という正論を強風のように子どもや保護者に働きかけたところで，子どもや保護者は混乱に陥り，自分の殻に閉じこもって，なかなか自らコートを脱いではくれないだろう。保育者が太陽となって子どもや保護者を温かく見守り，包み込み照らすことで，はじめて自分たちのコートを脱ぎ，本音の付き合いができるようになる。　　　　　　　　　　　　　　　　　　　（濱名　浩）

5　保育者の育ちとチーム保育——保育者の姿勢とあり方

　保育所では，未満児保育や3歳児保育でチーム保育が行われている。幼稚園でも，3歳児や特別支援のために複数担任制を設けている園も増えてきた。
　チーム保育は，大まかに捉えると次のような効果を期待されている。
　①　複数の保育者が協力をしながら乳幼児一人ひとりを多面的に捉え，個の

よさや発達に応じた適切な指導ができる。

② 外遊びや食事など,保育活動において役割を分担し,よりきめ細かい保育を実施できる。

③ 乳児保育では,保育者が一人ひとりの乳児の心の拠り所となるよう個別的な担当制をとり,乳児と愛着関係を築くことができる。

④ リーダーやサブリーダーなど保育活動の責任的な役割をローテーションで協同的に果たすことで,保育者の資質が向上する。

⑤ 障碍のある幼児や,十分にコミュニケーションが取りにくい乳幼児のために,専門的な援助ができる。

一人の保育者では子どもの理解や指導の仕方,環境構成の工夫など,どうしても固定的になりがちになる。また,保育者との相性によって認められる子どもと,良さを見出されていない子どももいる可能性もある。また,持続して子どもの些細な変化に注意をもち続けることも容易ではない。

チーム保育が上手く機能すると,子どもは多様な保育者にかかわってもらい,理解され,子どもにとって多くの人からかかわりのなかで愛される実感を得ることができ,安定につながる。また,多様な視点で子どもが理解され,その子に応じた指導の選択肢が増え,効果的な援助をすることもができる。結果,それぞれの保育者の持ち味による個性が発揮され,互いに刺激しあい,それぞれの良さで欠点を補いあうことができる。

ところが反面,保育者同士の意見が嚙み合わない,保育観が異なり保育のやり方が違う,私的な感情を保育に持ち込み対立する,気の合う仲間や同僚に頼り過ぎるなど,保育者同士のチームワークが悪いと,子どもは混乱し不安定になる危険性がある。チーム保育での統一されていない価値観のなか,子どもは何をモデルとし,どの価値判断を受け入れたらよいのか戸惑い,保育者は子どもを良い育ちへと導けない。

今,現場で保育者に求められているのは,コミュニケーション力である。保育者が同僚や先輩と上手くコミュニケーションが取れない,保育者同士が仲良くなれないことなどが憂慮されている。なかには保育をしないうちから,批判

的な見方に始終する新人保育者もいると聞く。主任保育者は，子どもの様子が年々違って頭を抱える上に，新人保育者が何を考えているのが解らないといった悩みも抱えている。

　誰に対しても声に出して言える姿勢がないとチーム保育は成立しない。まずは，新任であろうが，経験者であろうが，自分の意見を言う，他の保育士の話を聴くといった，コミュニケーションを図ることがとても大切である。

　まず，日々自分なりの考えをもつこと，そしてその考えをもとに感じたことを話す。そして聴いてもらうという姿勢が大切である。チームの保育者同士が絶えず意見を出し合い，共通理解を重ね，積み上げていくことを忘れてはならない。そうした保育者の姿勢が保護者や子どもたちとの関係をよりよいものにする。

（濱名　浩）

6　保育者の専門性

　保育者の専門性とは何か？　さまざまな考えがあるが，日々の保育実践の深まり，広がり，高まりを支える実践的な子ども理解，専門的知識，技能という保育の能力や資質という視点で考える。

　養成機関で学んで現場に入り新任研修したからといって，すぐに専門性の高い保育ができるかというと当然ながら無理である。目の前の子どもの性格や発達に対する理解，保育の組み立てや実践の理解など，保育者の専門性は，目の前の子どもや保育実践からの「学び」によるところが大きい。それを踏まえた上で，以下，保育者の専門性について述べる。

（1）乳幼児を理解し，発達を見通す専門性

　子どもの理解といっても，子どもの心やその子の発達を推し量る能力や深さが存在する。個々の子どもと向き合い共感的に気持ちを理解し，その子の発達を知り，発達を見通す専門性である。目の前の子どものすべてを受け止め（見えるものだけでなく，見えないものも見取り），一人ひとりの発達や育ちをき

ちんと捉え，今行っているこの保育がその子の成長につながるという発達を見極める目と，次の育ちへの見通しをもったかかわりの専門性である。

すなわち，目の前の子どもの実態から，子どもの成長に対してどうかかわるか，将来に向けてのそのかかわりの方向性と見通しがもてるということが大切である。『見きる・見通せる』ということは，保育者にとって短期ではなかなか難しく，失敗を重ねながら経験し，獲得していくものである。

(2) 子どもの実態に根ざした保育を立案計画する専門性

保育には，一人ひとりの子どもたちの実態に根ざして立案計画する専門性が必要である。しかも「クラス一人ひとりの子ども理解」「子どもの知的発達や仲間関係の発達に関する専門的知識」「五領域に関する専門的知識」「季節の行事や運動会や生活発表会などの園の行事」といった多様な要素を考慮に入れ行わなければならない。

また，計画の中には，保育実践で子どもにとって適当な教材や素材などの教材研究できる教材観も深め，子どもたちが主体的に活動に取り組むことができるような環境を検討し構成しなければならない。

保育者には，そうした子どもの発達や教育に関する専門的な知識や技能，技術，教材の開発やそれを生かす経験知と指導力といった専門性が求められる。

(3) 反省的実践者としての専門性

集団のなかで一人ひとりの子どもを育てることが保育である。仮に一人であっても集団のなかでも保育者の話に興味をもち集中して聞き，理解し，友達と協力しながら行動できる子どもたちばかりだと，マニュアル通りの保育をすることが可能かもしれない。

しかし，実際には，自分の興味のあることのみ取り組む子ども，自分の気に入らないことや友だちとトラブルになったとき，気持ちを切り替え，立て直すことが難しい子ども，自信がなく初めての活動に興味を示さない子，友だちとなかなかかかわろうとしない子ども，状況判断ができずに常に話の腰を折る子

ども，同じ遊びばかりで他の遊びに興味がいかない子どもなど多様な様相を呈する。遊びや活動の見通しや，主体的なかかわり，やり遂げた満足感など，保育中の子どもたちの反応はさまざまである。

そういった子どもたちの姿に対して，保育者は保育実践中に，「発展・発達の契機」となるように方針（plan）を立て，かかわり（do），一瞬一瞬に反省・評価し，次の的確な対応を考え（see）保育実践していける反省的実践者としての専門性が必要である。これは形成的評価ともいわれるもので，保育や自らの働きかけを分析的に捉え，対応していける専門性と言える。

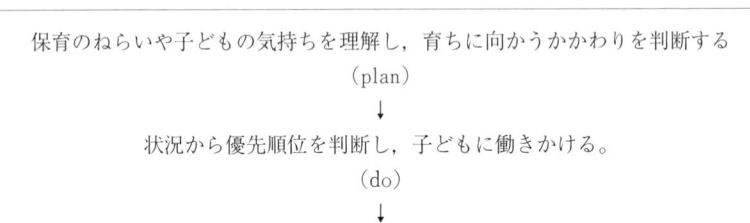

> 保育のねらいや子どもの気持ちを理解し，育ちに向かうかかわりを判断する
> （plan）
> ↓
> 状況から優先順位を判断し，子どもに働きかける。
> （do）
> ↓
> 働きかけた子どもたちの反応から自らのかかわりについて反省評価する
> （see）

集団での保育において一人ひとりをいかに理解し，育ちにむけて働きかけるか，それは瞬時に行なわれており，保育者の子ども観・発達観・保育観によるものである。それは，マニュアルや技術では対応しきれないもので，保育者には保育の見通しと，発達などの専門的な見通しとを実践する専門性が必要となってくる。

(4) 振り返りの専門性

乳児にとっては，遊びより日常生活の安定性が大切である。たとえば，運動会前の保育所の空気があわただしくなったような時に，1歳児などは，夕方に嚙み付きが多くなる。ある保育者は「なぜ，この子は嚙み付きをし始めたのだろう」と振り返り，その乳児が「自分を見てもらっていない」という自己否定感をもっているのではないかと考え，その子に「あなたのことを見ているよ」

ということが伝わるように保育者による認めをふやすと嚙み付きが無くなっていったというケースもある。

　保育者は，保育終了後自分の保育のあり方・仕方がこれで良かったのかという反省をふまえ，明日の保育へ繋げていかねばならない。計画やねらいに沿った保育がなされたか，子どもの様子で気になった点はなかったのか，うまくいかなかった理由は何なのか，この子はどこでつまずいたのだろうか，どこで混乱したのかなどを，振り返り，感じたことを記録する。そして次の取り組みの際にその記録を見て振り返り，生かしていく。

　「振り返り」は保育に対する問題意識や，子どもに対する理解の深まりなどを助長する大切な専門性といえる。さらに，「ではあの時どう配慮・援助すればよかったのか」「あの子に対してはどういうかかわりや言葉がけがよかったのか」といった『問題（problem）』をもち，専門的な知識をもとに筋道だてて考え，それを解決していくといった日常の姿勢が，子どもに対する理解とかかわりの専門性を深めることになる。

　また，そのような保育の記録や個人の記録を長期的に振り返ることで，自分自身の保育者としてのあり方や保育のあり方などについての『課題（issue）』が見え，保育観や発達観などの『保育の信念（belief）』を深められるのである。

（5）協働の専門性

　保育所（園）・幼稚園は，園長・主任を初めとする教職員，時間講師，栄養士，調理や事務担当者，子どもたち，子どもたちの両親，祖父母，兄弟など，さまざまな人々が集まり，子どもたちの成長を願うという共通の思いで，コミュニケーションを取り合い，互いに協力しながら保育活動を行う場である。

　そして保育園・幼稚園では，チームによる保育が行われている。チームでの保育では「チーフ」や「メイン」と呼ばれるリーダー的な役割を果たす保育者と「サブ」的な役割を果たす保育者が協働している。月ごとや週ごと日ごとに順番にその年齢の保育のリーダーを決めて，リーダーが保育内容を決めて保育を進めているところもある。リーダーは，発達を見通しつつ年間の保育計画に

基づいた子どもたち全体の保育の流れを行い，サブは，援助を必要とする一人ひとりの子どもに的確な援助を行うようになっている。

　保育は一人ひとりの子どもの実態の上に成り立つものである。しかし，子ども一人ひとりに対して注意をもち続けることは容易ではない。リーダーの保育の流れのなか，サブの保育者が個別に見てかかわるからこそ，子どもに応じた丁寧な保育ができ，チーム保育ならではの良さがある。保育者同士が意見を出し合い，その意見を基に新たな保育の展開や在り方を求め，助け合いの協同的な営みになると，これほどやりがいのある楽しい仕事はない。

　しかし，経験年数の浅い保育者のなかには，保育にかかわっていても何を質問してよいのかわからなかったり，先輩保育者や保護者とコミュニケーションする力も未熟で，チーム保育のなかで同僚や先輩とコミュニケーションが取れなかったり，あるいは上下関係の厳しさや陰口，対人関係に悩む者も少なくない。

　保育者の経験年数や人間関係の強弱による保育が進むと，新人保育者は意見出し合うことなくただ従うことになる。そうなると，チーム保育の良さがなくなり，子どもの育ちだけでなく保育者としての成長も望めず，一部の保育者ばかりが保育の準備や片付けを負うことになったりする。保育の一人ひとり違うといことを了解し，互いの人格を認め合い，さらに保護者とのコミュニケーションをもうまくとれるという「協働的な専門性」こそが求められるのである。

　保育者のチームづくりが，子どもたちと保育者双方の成長につながるために，一人ひとりの保育者の感性の豊かさ，人間性，自己研修の姿勢，応答力と共感力，人と向き合う能力，コミュニケーション能力などを養うことが大切である。

　「あの園ならば安心，子どもが育つ」という評価は，組織の教育力の評価である。より良い保育の実現のため協力し合い，助け合い，保育者集団の問題解決能力を高めながら集団思考ができる保育者集団の構築に向けて，保育者全員の協働的な専門性を磨いていく必要がある。

(6) 家族援助者としての専門性

　いつも暗い表情の子ども，笑顔や表情の変化の無い子どもなど，園のなかの気になる子どものなかには，園児の問題だけでは済まされないことがある。たとえば，いつも昼前にしか登園しない，朝ごはんを食べてこない，汗をかいているのに何日も入浴していない，衣服の洗濯をしてもらえないなど，子どもへの適切なかかわりがなされていない場合がある。実は虐待であったり，母親が病気であったり，家族にDV（ドメスティック・バイオレンス）があったりなどの家庭の事情が，子どもたちの健全な発達を阻害しているといった深刻な事態をかかえていることもある。

　保育者は，このような子どもたちだけを保育（ケア）するだけでは，本来の健全な発育を阻害している解決することにならない。その子どもたちの背後にある問題を解決しなければならない。

　たとえば，虐待を受けているのではないかと疑われる子どもには，児童相談所に通報する，保健センターと連絡を取り合う，祖父母に相談する，父母の身近な存在となり孤立させないよう配慮するなど，子どもの実情に合わせた対応が望まれる。また，虐待ほど深刻な事態でないにしても母親が出産で上の子どもが不安定になるとか，父親がリストラされたなど，子どもを取り巻く家族の生活状況やニーズを考え，園以外の社会的資源（病院，役所，公共施設）と連携していくことが求められるであろう。

　子どもと家族を中心にすえ，園だけではなく，さまざまな社会資源を組み合わせながら総合的に子育て支援（ケアマネージメント）していく，家族援助・支援していく専門性も今後ますます必要になってくるであろう。

　保育における専門性は，子どもや大人との信頼関係の上に成り立つ専門性である。保育者自身が心から希望と勇気をもち続けることを大切にしたいものである。

（濱名　浩）

参考文献
安家周一編著『先望郷』あけぼの学園出版局，2003年。

第 2 部　乳幼児保育の実際

　生き生き子育てを応援する会編『子育ての悩み解消 BOOK』チャイルド本社，1998年。
　小田豊・菅野信夫編著『保育がみえる子どもがわかる』ひかりのくに株式会社，1997年。
　小田豊・菅野信夫・中橋美穂編著『保育臨床相談』北大路書房，2006年。
　鯨岡俊・鯨岡和子『よくわかる保育心理学』ミネルヴァ書房，2004年。
　榊原洋一・今井和子編著『今求められる質の高い乳児保育の実践と子育て支援』ミネルヴァ書房，2006年。
　ドナルド・ショーン，佐藤学・秋田喜代美訳『専門家の知恵』ゆみる出版，2001年。
　関口はつ江・大田光洋編著『実践への保育学』同文書院，2003年。
　無藤隆・神長美津子編『幼稚園教育の新たなる展開』ぎょうせい，2003年。
　無藤隆・網野武博・神長美津子編著『幼稚園，保育所の経営ビジョン』ぎょうせい，2005年。
　保育と仲間づくり研究会編『満 3 歳児保育』小学館，2002年。
　山縣文治著『現代保育論』ミネルヴァ書房，2002年。

索　引
（＊は人名）

■ア行■

愛着　115, 168
アイデンティティの課題　165
預かり保育　14
遊び環境　90
遊びを予測する　93
「新しい少子化対策について」　10
アニミズム（汎心論）　32
あやし言葉　121
安心感　105
安全基地　105, 164, 168
生きる力　10
育児文化　4
依存　30
一時保育　12
営みの意味　190
いないいないばあ　120
意味　199, 219
意味の共有　165
イメージ（表象）　26
因果　209
ウソをつく　38
映し合う関係　174
＊エリクソン，E.H.　7
援助　131
延長保育　12
応答性　85
親の子ども虐待　165

■カ行■

「我」の誕生　27
回旋（おまわり）　24
かかわりの根拠　186, 189
核家族　232
核家族化　3

家族援助　245
学校教育法　40
葛藤　30, 105, 206
家庭連絡帳　193
感覚的な心地よさ　115
環境　19
環境構成　91
環境と相互作用　99
環境の再構成　94
環境を通して行う保育　131
環境を通しての保育　41
関係性　183, 184, 202, 203
感情　206
感触遊び　99
儀式的な行動　31
規制改革・民間開放3カ年計画　13
帰属意識　66
期の計画　91
基本的信頼　7
客観　192
休日保育　12
教育課程　80
教育の生活化　109
共応動作　122
共感的かかわり　174
共同あそび　128
興味・関心　84, 188, 218
共鳴　174
協力　114
虚構の世界　124
クーイング　23
空間構成　91
＊倉橋惣三　109
行為　183
行為の意味　185

247

合計特殊出生率　8
肯定的感覚　7
行動統制の基盤　110
行動の意味　207
コーディネーターとしての役割　100
心地よさ　206, 210
心の安定　115
心の居場所　105
心の杖　37
心の揺れ（心の動き）　183, 185, 186, 188
心もち　174
子育て支援センター　12
子育て不安　4
国家資格化　12
ごっこ遊び　38, 126, 126
子ども・子育て応援プラン　10
子どもとの相互作用　115
子どもに寄り添う　99
子どもの活動　186, 190
子どもの実態　81, 92, 216, 218
子ども理解　95, 184
「子どもを取り巻く環境の変化を踏まえた今後の幼児教育のあり方について」　11
コミュニケーション能力　99
根拠　217
コントロール　206, 209

■ サ行

＊佐々木正美　126
「自我」の誕生　28
自我の形成過程　68
自我の発達　22
自我の芽生え　118
時間的環境　129
自己活動　116
自己管理能力　111
自己教育力　99
自己肯定感　165
自己充実　155

自己主張　118
自己性　107
自己存在　118
自己存在感　165
自己の枠組み　166
自己表現　155
自己理解　184
自制心・自励心　32
次世代育成支援推進法　10
自然事象　87
指導　131
指導計画　218
指導上の留意点　186
社会的事象　87
「社会福祉基礎構造改革に関する報告」　12
集団活動　114
集団生活行動　110
主観　192
主体的な生活　110
障害児保育　12
条件反射　22
少子化　3, 10
少子化社会対策基本法　10
少子化社会対策大綱　10
「少子化と教育について」　10
「少子化にふさわしい保育システム」　12
成就感　111, 113
情緒的安定　7
情緒的な絆　116
情緒的なコミュニケーション　116
自立　30
自立心　111
自律性　7
人的環境　44, 86, 129
心的世界　174
親密性　7, 105, 165
信頼感　105, 106
信頼関係　60, 105
信頼と誇り　111

索引

生活習慣の自立 110
生殖性 7
『センス・オブ・ワンダー』 19
＊仙田満 87
総合施設 13
相互干渉 96
相互主体的かつ間主観的な理解 162
育ち 199, 200, 219
育ちを捉える 199, 201

■ タ行 ■

第3の世界 35
第一反抗期 118
待機児童の解消 12
第三者評価 13
対人援助専門職 12
達成感 113
多様な保育サービス 12
短期指導計画 81
探索活動 116
担当制 119
地域の子育て支援 12
チーム保育 238
力だめし 30
長期指導計画 81
調整 206
調整機能 122
対の世界 29
月の計画 91
つながり 208, 209, 210
　　感情のレベルでの── 210
つもり 117, 118
つもり行動 119
＊津守真 126, 182
定型的な遊び 111, 112
定型的な遊び 不 111, 112
道徳性の芽生え 11
当番活動 114
特定の第二者の形成 25

■ ナ行 ■

内的な世界 206
仲間意識 66, 114, 115
仲間集団 115
なぞなぞ 33
名もない遊び 111
喃語 26
2か月児革命 22
認定こども園 11
寝返り 24
ネットワークづくり 15
年間指導計画 83

■ ハ行 ■

＊パーテン, M.D. 127
パートナーシップ 222
8か月不安 25
発達の原動力 20
　　新しい── 22
　　生後第一の新しい── 23
発達の最近接領域 20
発達要求 37
バランス 206
ハンタイ確かめ 30
人・もの・場 85
人見知り 25
ひみつ 34
病児保育 12
表象機能 119
物的環境 86, 129
ふり 117
＊ブリテン, W.L. 97
プレイリーダー 90
分担 114
並行あそび 127
保育カンファレンス 158
保育記録 183
保育記録の視点 184
保育計画 80

249

保育行為の意味　189
保育行為の根拠　189
保育サービス　235
保育者の援助　186, 190
保育者の専門性　240
保育者の役割　184
保育所サービス　12
保育所保育指針　42, 57, 81
保育の質　190
保育の目標　47
放課後保育クラブ　12
方向転換　27
＊ホール, S.　113

■■マ行■■

「間」の世界　33
まね　117
見立て遊び　126
見通し　184, 209
＊ムーア, R.　90

夢中経験　169
目に見えない世界　203, 204
ものの操作　117
模倣　27

■■ヤ・ラ行■■

夜間保育　12
やりとり遊び　26
指さし　28
揺れ動き　206
揺れ動く体験　211
幼児教育振興アクションプログラム　12
幼児教育振興プログラム　11
幼児教育センター　11
幼稚園教育要領　40, 41, 57, 81
リーチング　23
両義性　204
両義的　205
臨床　191
連合あそび　128

執筆者紹介 （執筆順，執筆担当）

寺見　陽子（てらみ・ようこ，編者，中部学院大学）　第1章，第6章1節(1)-①，第8章

服部　敬子（はっとり・けいこ，京都府立大学）　第2章

浅野　俊和（あさの・としかず，中部学院大学）　第3章

吉村真理子（よしむら・まりこ，元・松山東雲女子大学）　第4章

奥　美佐子（おく・みさこ，名古屋柳城短期大学）　第5章

山田　陽子（やまだ・ようこ，中部学院大学）　第7章

小川　圭子（おがわ・けいこ，梅花女子大学）　第6章1節(1)-②〜④，(2)〜(4)，3節(1)(2)，4節

坂根美紀子（さかね・みきこ，神戸親和女子大学）　第6章2節(1)〜(3)

木戸　啓子（きど・けいこ，倉敷市立短期大学）　第6章2節(4)，3節(3)

西垣　吉之（にしがき・よしゆき，編者，中部学院大学）　第9章，第10章

西垣　直子（にしがき・なおこ，岐阜・黒野保育園）　第9章，第10章

安家　周一（あけ・しゅういち，豊中・あけぼの幼稚園）　第11章，1・2・3節

濱名　　浩（はまな・ひろし，関西国際大学）　第11章4，5，6節

MINERVA保育実践学講座　第14巻
乳幼児保育の理論と実践

2008年5月30日　初版第1刷発行　　〈検印省略〉

定価はカバーに
表示しています

編著者	寺　見　陽　子
	西　垣　吉　之
発行者	杉　田　啓　三
印刷者	中　村　嘉　男

発行所　株式会社　ミネルヴァ書房
607-8494 京都市山科区日ノ岡堤谷町1
電話(075)581-5191／振替01020-0-8076

© 寺見，西垣他，2008　　　　中村印刷・新生製本

ISBN978-4-623-05040-6
Printed in Japan

MINERVA 保育実践学講座

全16巻
（A5判・並製・各巻平均200頁）

① 保 育 の 基 礎 理 論　　　　　　　田中亭胤／三宅茂夫 編著
② 保 育 者 の 職 能 論　　　　　　　田中亭胤／尾島重明／佐藤和順 編著
③ 子 ど も 理 解 と 保 育 援 助　　　　寺見陽子／石野秀明 編著
④ 保 育 内 容 総 論　　　　　　　　田中亭胤／名須川知子 編著
⑤ 教 育 課 程・保 育 計 画 総 論　　　　田中亭胤／佐藤哲也 編著
⑥ 保 育 指 導 法 の 研 究　　　　　　中島紀子／横松友義 編著
⑦ 保 育 内 容「健 康」論　　　　　　嶋崎博嗣／奥田援史 編著
⑧ 保 育 内 容「人 間 関 係」論　　　　横川和章／鹿嶌達哉 編著
⑨ 保 育 内 容「環 境」論　　　　　　三宅茂夫／大森雅人／爾 寛明 編著
⑩ 保 育 内 容「言 葉」論　　　　　　横川和章／深田昭三 編著
⑪ 保 育 内 容「表 現」論　　　　　　名須川知子／高橋敏之 編著
⑫ 幼 稚 園 教 育 実 習 の 展 開　　　　　名須川知子／青井倫子 編著
⑬ 保 育 実 習 の 展 開　　　　　　　佐藤哲也／坂根美紀子 編著
⑭ 乳 幼 児 保 育 の 理 論 と 実 践　　　　寺見陽子／西垣吉之 編著
⑮ 特 別 支 援 保 育 の 理 論 と 実 践　　　村田美由紀／石野秀明 編著
⑯ 子 育 て 支 援 の 理 論 と 実 践　　　　子育て支援プロジェクト研究会 編